MICHAEL SAUGA

FRÜHLING DER AUTOKRATEN

MICHAEL SAUGA

FRÜHLING DER AUTOKRATEN

Wie sie an die Macht kommen,
wie sie herrschen und was
ihr Aufstieg für die Demokratie
bedeutet

Deutsche Verlags-Anstalt

FSC www.fsc.org
MIX
Papier | Fördert
gute Waldnutzung
FSC® C014496

Penguin Random House Verlagsgruppe FSC® N001967

2. Auflage

Redaktion: Fabian Bergmann, Gmund am Tegernsee
Umschlaggestaltung: Büro Jorge Schmidt, München
Umschlagabbildung: © picture alliance/Anadolu/Mustafa Kamacı;
© picture alliance/AP/Sergey Savostyanov;
© picture alliance/AP/Mark Schiefelbein
Satz: satz-bau Leingärtner, Nabburg
Druck und Bindung: GGP Media GmbH, Pößneck
Printed in Germany
ISBN 978-3-421-07046-3
www.dva.de

INHALT

Für meine Mutter

VORWORT

Es war meine erste Auslandsreise in meinem neuen Job als SPIEGEL-Korrespondent in Brüssel. Vier Monate hatte ich im Europaviertel der belgischen Hauptstadt vor meinem Computer verbracht, weil wegen Corona so gut wie alle Veranstaltungen abgesagt waren. Es gab keine Pressekonferenzen und keine Parlamentssitzungen, keine Briefings der Kommission und keine Begegnungen mit Kollegen. Stattdessen saß ich in den ersten Monaten des Jahres 2021 allein vor meinem Bildschirm und verfolgte ein ödes Webinar nach dem nächsten. So hatte ich mir meinen Start in der Brüsseler Szene, die für ihre wirbelige Betriebsamkeit bekannt ist, nicht vorgestellt.

Umso mehr gefiel mir das Angebot einiger grüner Abgeordneter des Europäischen Parlaments, sie nach dem Abklingen der Coronawelle auf eine Informationsreise in die slowenische Hauptstadt Ljubljana zu begleiten. Das Land wurde seit mehr als einem Jahr von dem Rechtspopulisten Janez Janša regiert, einem Gesinnungsfreund des ungarischen Autokraten Viktor Orbán und erklärten Bewunderer Donald Trumps. Im Juli würde Janšas Regierung die Präsidentschaft im Europäischen Rat übernehmen. Sie würde dann die Sitzungen der EU-Minister leiten, Vorschläge für Kompromisse erarbeiten und im Ratsauftrag die Verhandlungen mit Parlament und Kommission führen. Konnte man diese Aufgabe einem Mann übertragen, der Orbáns Modell der illiberalen Demokratie anhing? Der die Ernennung unabhängiger Kandidaten für die europäische Staatsanwaltschaft blockierte? Der gegen kritische Journalisten vorging und mithilfe orbánnaher Unternehmer aus Ungarn ein regierungsfreundliches Presseimperium aufbauen wollte? War Janša der Propagandist einer Bewegung, so lautete die Frage, die zu einer Bedrohung für die europäische Demokratie werden konnte?

Persönlich hielt ich die Gefahr für gering. Vor wenigen Monaten erst hatte Donald Trump nach seiner ersten Präsidentschaft das Weiße Haus verlassen, unter Protest zwar und mit den hässlichen Bildern des Sturms seiner Anhänger auf das Kapitol, doch am Ende, so schien es, hatte sich die amerikanische Demokratie als stärker erwiesen. In London regierte derweil noch immer der populistische Brexit-Premier Boris Johnson. Allerdings war in den vergangenen Monaten deutlich geworden, dass der britische EU-Austritt dem Land nicht den versprochenen Aufschwung, sondern Versorgungsengpässe, Preiserhöhungen und den Exodus Hunderttausender dringend benötigter Lkw-Fahrer und Krankenschwestern beschert hatte.

Zugleich wurden die Kernländer der EU von einer neuen politischen Aufbruchsstimmung erfasst. Nach den Demonstrationen der Fridays-for-Future-Bewegung hatte die neue EU-Kommissionspräsidentin Ursula von der Leyen ihren sogenannten Green Deal ausgerufen, um der europäischen Industrie mit einer Klimaschutzoffensive zu neuer Stärke zu verhelfen. In Frankreich hatte Staatspräsident Emmanuel Macron zwar Sympathien eingebüßt, doch deutete alles darauf hin, dass er mit seiner dominanten Position in der Mitte des politischen Spektrums die Wahlen im kommenden Frühjahr gewinnen und Frankreich auf proeuropäischem Kurs halten würde. In Deutschland wiederum versprach die gerade gebildete Ampel-Regierung, sich nach den lähmenden Jahren der Schwarz-Rot-Bündnisse unter Angela Merkel als »Fortschrittskoalition« für Ökologie und Ökonomie zu bewähren. Stets, so hieß es an zentraler Stelle ihres Regierungsabkommens, werde die Bundesregierung das europäische über das nationale Interesse stellen. Die populistische

Welle, so mein Eindruck in jenen Tagen, hatte ihren Höhepunkt womöglich schon überschritten.

Doch dann machten mir mehrere Recherchen und Begegnungen klar, dass meine Annahme wahrscheinlich zu optimistisch war. Die ersten Zweifel weckte meine Reise mit den Grünen-Politikern nach Ljubljana. In der gut zwei Millionen Einwohner zählenden ehemaligen jugoslawischen Teilrepublik Slowenien, diesem Postkartenland zwischen Adria und Alpen, schien der Übergang zu Demokratie und Marktwirtschaft besser gelungen zu sein als in den meisten übrigen Staaten des untergegangenen Kommunismus. Das höchste Pro-Kopf-Einkommen im ehemaligen Ostblock, ein stetiger Strom ausländischer Investitionen und eine geringe Armutsquote zeugten von einem Wohlstand, der nirgends so ins Auge sprang wie im blühenden Ljubljana, einer quirligen und sympathischen Metropole, die mit ihrer sanierten Altstadt und den belebten Straßencafés ebenso Habsburger Grandezza wie mediterrane Leichtigkeit verströmte.

Doch bei den Gesprächen, die das Parlamentarierteam mit Vertretern von Regierung und Opposition, mit Beamten von Rechnungshöfen und Antikorruptionsbehörden sowie Aktivisten von Nichtregierungsorganisationen führte, stellte sich heraus, dass sich hinter der schönen Fassade des erfolgreichen Musterstaates einige hässliche Flecken verbargen. Janša war ein bedenkenloser Demagoge, der sich darauf verstand, mit populistischen Tiraden gegen Ausländer und Andersdenkende nach Stimmen zu fischen. Aber das war längst nicht der einzige Grund, warum seine Partei bei den jüngsten Wahlen zur stärksten Kraft geworden war. Sein Erfolg verwies vielmehr auf eine tiefe Unzufriedenheit mit dem Zustand der slowenischen Demokratie in großen Teilen der Bevölkerung. Genährt hatte den Frust nicht nur die Flüchtlingskrise, bei der die Regierung zeitweise die Armee einsetzen musste, um das Weiterleiten von Tausenden Migranten zu organisieren. Ursache des Unmuts war auch die verbreitete Korruption im Land. Nach jeder Wahl pflegten sich die siegreichen Parteien, egal ob Konservative oder Sozialdemokraten, an den Früchten des Gemeinwesens zu mästen: Wichtige Positionen in Verwaltung und staatlichen Betrieben wurden mit Parteifreunden besetzt, der öffentlich-rechtliche Rundfunk auf Linie gebracht, Aufträge und EU-Gelder an parteinahe Unternehmer vergeben. Das vertiefte die Gräben in der Politik und erschwerte die Arbeit jener unabhängigen Behörden, die über den rechtmäßigen Einsatz öffentlicher Mittel wachen sollten.

Der Präsident des slowenischen Rechnungshofes etwa drückte den EU-Parlamentariern eine Petition in die Hand, in der er sich gemeinsam mit seinen Kollegen aus den Datenschutz-, Bürgerrechts- und Antikorruptionsbehörden gegen »konstante und koordinierte Angriffe aus Medien und sozialen Netzwerken« verwahrte. Das ging gegen Janša und seine Anhänger, die nach der Regierungsübernahme eine Kampagne gegen die institutionellen Aufseher gestartet hatten. Es richtete sich aber auch gegen eine verbreitete Haltung in der slowenischen Politik, die Arbeit unabhängiger Kontrollbehörden bestenfalls als »notwendiges Übel«, nicht aber »als Errungenschaft der Zivilisation« zu betrachten, wie es in dem von den Vertretern der vier Organisationen unterzeichneten Papier hieß.

Der Präsident einer Privatuniversität wiederum berichtete den Parlamentariern von seinem Ringen mit der sozialistischen Vorgängerregierung, die den Start seines nach EU-Recht errichteten Instituts unbedingt verhindern wollte. »Es gibt seit Langem einen linken Orbánismus im Land«, klagte er, »in dem sich das Establishment die Pfründe zuschiebt.«

Bei den Gesprächen in Ljubljana wurde offenkundig, dass die Demokratien Osteuropas nicht nur durch die Propaganda böswilliger Populisten bedroht waren, sondern auch durch große rechtsstaatliche Defizite und die Fehler des politischen Establishments. Es gebe »ein polarisiertes politisches Klima« im Land, das Slowenien

»seit dreißig Jahren am Aufbau einer Zivilgesellschaft« hindere, sagte der grüne EU-Außenpolitiker Sergey Lagodinsky zum Abschluss des Besuchs in einem Video-Chat mit Anhängern.

Einige Monate später flatterten mir Unterlagen aus Ungarn auf den Tisch: Die Zeitungsbeiträge, Redeausschnitte und internen Dokumente belegten, mit welcher Skrupellosigkeit das Orbán-Regime nicht nur gegen unabhängige Medien, Juristen und die Opposition vorging, sondern auch gegen Unternehmen aus EU-Ländern wie Deutschland, Frankreich oder Österreich. Die Firmen hatten das Pech, in Branchen aktiv zu sein, die Orbán in ungarische Hände bringen wollte. In Wirtschaftszweigen wie dem Bau- und dem Telekommunikationssektor oder dem Einzelhandel erklärte es die Budapester Regierung zu ihrem Ziel, europäische Unternehmen aus Ungarn zu verdrängen. Erst wurden sie mit willkürlich festgesetzten Sondersteuern, behördlichen Auflagen oder Verboten belastet. Dann erreichte sie überraschend das Angebot eines orbánnahen Unternehmers, ihre Firma zu kaufen.

Es handelte sich um »Mafiamethoden«, wie nicht nur Vertreter der ungarischen Opposition feststellten, sondern Bundestagsabgeordnete der CDU, die sich mit den Fällen befassten. Die EU feierte sich wegen ihrer demokratischen Werte und rechtsstaatlichen Prinzipien. Orbán indes war es gelungen, innerhalb der Union ein autokratisches System zu errichten, das die Regeln des Gemeinsamen Marktes zynisch aushebelte. Der gerissene Regierungschef hatte die Institutionen des Staatenbundes, der sich den Prinzipien des Rechtsstaates und der Demokratie verpflichtet fühlte, in Instrumente zur Förderung und Sicherung seiner Vetternwirtschaft verwandelt.

Etwa zur selben Zeit hatte ich ein Gespräch mit dem Brüsseler Vertreter eines großen europäischen Automobilherstellers. Die FDP versuchte gerade, in letzter Sekunde das Verbot von Diesel- und Benzinfahrzeugen in der EU zu stoppen. Doch das war es nicht, was den Lobbyisten umtrieb; vielmehr zeichnete er ein düsteres

Bild seiner Branche: Europas Konzerne lägen bei den zukunftsträchtigen Elektroautos technologisch um Jahre hinter der chinesischen Konkurrenz zurück. Sie hätten der asiatischen Dominanz bei der Batterieproduktion nichts entgegenzusetzen und seien bei der Softwareentwicklung weit hinter den US-Konzern Tesla zurückgefallen. Die einzige Chance, gegen die Konkurrenz zu bestehen, liege darin, Chinas aufstrebende Autokonzerne zu Investitionen in Europa zu ermuntern. Es gehe darum, von den neuen Technologieführern zu lernen.

Ein osteuropäisches Musterland, das mit der Demokratie fremdelte. Ein anderes, das sich zu einem autokratischen Mafiastaat entwickelt hatte. Und eine deutsche Vorzeigeindustrie, die im Wettbewerb mit einem Land ins Hintertreffen geriet, das sich noch immer »kommunistisch« nannte: Mit den Leitsätzen, die ich einst in meinem Wirtschaftsstudium gelernt hatte, ließ sich das nur schwer in Übereinstimmung bringen. Danach war die Demokratie doch die eindeutig überlegene Regierungsform. Sie brachte den Bürgern nicht nur ein Höchstmaß an Freiheit und Selbstbestimmung, sondern lieferte auch die besseren ökonomischen Ergebnisse. Diktaturen, so hatte ich es gelernt, erstickten Kreativität und Unternehmertum und waren mit den Prinzipien einer Marktwirtschaft nur schwer in Übereinstimmung zu bringen. Demokratien dagegen förderten den technologiegetriebenen Wettbewerb, der die Industriegesellschaften reich gemacht hatte. Und sie sorgten durch die Mitsprache von Gewerkschaften, Bürgerinitiativen oder Interessenverbänden für Teilhabe und Gerechtigkeit.

So lauteten die Glaubenssätze aus dem letzten Viertel des vorigen Jahrhunderts. In Wahrheit dachten die Ökonomen längst viel differenzierter. Eine Studie des Kiel Instituts für Weltwirtschaft, über die ich im SPIEGEL eine Geschichte geschrieben hatte, bestätigte zwar die These, dass populistische und autokratische Regime langfristig weniger Wohlstand erzeugten als demokratische Vergleichsländer. Andererseits waren die »starken Männer« vom Schlage eines Viktor Orbán, Recep Tayyip Erdoğan oder Hugo Chávez jedoch meist länger im Amt als ihre demokratischen Kollegen. Sie wurden häufiger wiedergewählt, und vielen von ihnen gelang es sogar, zumindest in ihren ersten Amtsjahren, mit ähnlichen oder besseren wirtschaftlichen Ergebnissen aufzuwarten als die Regierungschefs vergleichbarer Demokratien.

Forscher aus aller Welt hatten in den vergangenen Jahren zudem eine Art politische Ökonomie der modernen Autokratien des 21. Jahrhunderts entwickelt. Die Regime Russlands, Chinas oder Ungarns waren noch immer mit den typischen Defiziten von Diktaturen behaftet, wie sie auch die Staaten des untergegangenen osteuropäischen Kommunismus gekennzeichnet hatten. Doch zugleich war es ihnen gelungen, neue Strukturen und Strategien zu entwickeln, um die Nachteile auszugleichen. Der serbisch-amerikanische Ökonom Branko Milanović etwa hatte gezeigt, dass China eine neue Form des Kapitalismus entwickelt hatte, die sich mit der westlichen Variante messen konnte.

Nicht weniger aufschlussreich waren die Arbeiten des US-Ökonomen Daron Acemoğlu, der sich so ausgiebig wie kaum ein anderer mit dem Vergleich von politischen Systemen beschäftigt hat. Im Herbst 2024 erhielt der Professor am Massachusetts Institute of Technology (MIT) für seine Forschungen den Wirtschaftsnobelpreis, nachdem er in den vergangenen Jahrzehnten bahnbrechende Arbeiten zu den Strukturmerkmalen von Demokratien und Diktaturen sowie den Bedingungen für gutes Regieren vorgelegt hatte.

Als ich ihn vor einigen Jahren in seinem kleinen Universitätsbüro in Boston besuchte, war er noch zuversichtlich, dass sich die liberale Demokratie als das überlegene System erweisen werde. Zuletzt zeigte er sich deutlich skeptischer. Während sich die Autokratien im 21. Jahrhundert neu erfunden hatten, steckten die liberalen Demokratien in einer Krise, deren deutlichstes Zeichen der Aufstieg des

Populismus war. Trump, so warnte Acemoğlu in einem SPIEGEL-Gespräch, das ich wenige Monate vor der amerikanischen Präsidentschaftswahl 2024 mit ihm führen durfte, sei »eine Gefahr für die Demokratie« und ein »Rezept für Chaos«. Die modernen Autokraten wiederum hätten zahlreiche Instrumente entwickelt, um sich »den Rückhalt des Publikums zu sichern« und »populär zu bleiben«. Das Problem bestehe darin, dass sie damit »manchmal besser die Stimmung« in Teilen der Bevölkerung träfen.[1]

Das zeigte mir, dass die demokratischen Kräfte in den westlichen Gesellschaften vor einer doppelten Gefahr stehen. Einerseits müssen sie sich dem wirtschaftlichen und politischen Druck der erstarkten Autokratien in aller Welt erwehren. Andererseits sind sie im eigenen Land durch den Aufstieg der Populisten herausgefordert, bei denen sich oft schwer ausmachen lässt, wie weit sie in ihrer Neigung zu autoritären Lösungen die Demokratie selbst infrage stellen.

Das war die Lage, in der die Idee zu diesem Buch entstanden ist. Mit dem Instrumentenkasten des Ökonomen soll es die Entstehungsgründe sowie die Strukturen und Strategien moderner Autokratien in den Blick nehmen. Zugleich gilt es, Hinweise zu liefern, wie die demokratischen Kräfte in den westlichen Demokratien auf die doppelte Herausforderung reagieren können.

Es ist offenkundig, dass sich die Demokratien erneuern müssen, wenn sie überleben wollen. Seit dem Mauerfall sind aus den Trümmern des Kommunismus mächtige Herrschaftssysteme entstanden, die nicht nur außerordentlich stabil, sondern auch wirtschaftlich erfolgreich sind. Mit verschiedenen Methoden und Techniken ist es Diktatoren wie Wladimir Putin oder Xi Jinping gelungen, die typischen ökonomischen Schwächen von Autokratien zu beseitigen oder zumindest zu mildern. Zugleich haben die westlichen Demokratien einen erheblichen Teil ihres früheren ökonomischen Vorsprungs eingebüßt. Unter dem Einfluss von Verbändemacht und Gruppeninteressen hat sich eine politische Blockade festgefressen, die sich in

Verteilungskonflikten und Wachstumskrisen niederschlägt. Ein lähmender Pessimismus hat das Fortschrittsversprechen abgelöst, das die Gesellschaften Europas und der USA einst ausgezeichnet hat. Dieses Versprechen muss glaubwürdig erneuert werden, wenn das politische System des Westens überleben soll.

»Die Demokratie ist die schlechteste Regierungsform mit Ausnahme aller anderen.« Das berühmte Wort Winston Churchills ist wahrscheinlich noch immer richtig. Aber heutzutage ist es um einen Zusatz zu erweitern. Die demokratischen Kräfte müssen lernen, aus der Geschichte der modernen Autokratien die richtigen Schlüsse zu ziehen.

EINLEITUNG

Als sich in der Nacht zum 6. November 2024 der zweite Sieg Donald Trumps bei US-Präsidentschaftswahlen abzeichnete, dauerte es nicht lange, bis die Autokraten dieser Welt ihre Jubelmeldungen absetzten. Über das »größte Comeback in der politischen Geschichte der USA« freute sich der ungarische Herrscher Viktor Orbán und sprach von einem »dringend benötigten Sieg« sowie »großen Plänen für die Zukunft«. Der serbische Präsident Aleksandar Vučić vermerkte eilig, dass Trump im Wahlkampf in keinem anderen europäischen Land so stark unterstützt worden sei wie in Serbien. Und der türkische Despot Recep Tayyip Erdoğan gratulierte dem künftigen Präsidenten bereits, bevor die Stimmen ausgezählt waren. Er nannte Trump seinen »Freund« und kündigte eine »neue Ära« der türkisch-amerikanischen Beziehungen an.

Demokratische Politiker in aller Welt dagegen waren geschockt. Nun würde zum zweiten Mal ein Mann ins Weiße Haus einziehen, der aus seiner Verachtung für die Regeln, Verfahren und Institutionen des liberalen Rechtsstaats nie einen Hehl gemacht hatte. Der seine Wahlniederlage im Jahr 2020 geleugnet, seine Anhänger zum Sturm aufs Kapitol getrieben und Parteifreunde wie seinen Vize Mike Pence dazu angehalten hatte, das Wahlergebnis zu fälschen und die Verfassung zu brechen. Über Diktatoren wie Wladimir Putin in Russland oder Kim Jong Un in Nordkorea pflegte er dagegen mit Bewunderung und Hochachtung zu sprechen.

In den Partei- und Regierungszentralen des Westens gab es deshalb viele, die hinter dem Trump-Slogan »America First« eine zweite, verborgene Bedeutung vermuteten. Der nächste US-Präsident, so fürchteten sie, wolle nicht nur amerikanische Interessen an die erste Stelle rücken. Seine wahre Absicht bestehe darin, den Vereinigten Staaten eine führende Rolle in der weltweiten Bewegung gegen die liberale Demokratie zu sichern.

Trump verfolge einen »brutalen Plan«, prophezeite etwa der Harvard-Professor und Populismusforscher Jan-Werner Müller am Tag nach der Wahl – und skizzierte in einem SPIEGEL-Beitrag, wie der künftige Präsident der amerikanischen Demokratie autoritäre Züge verleihen könnte. Wie sein ungarischer Gesinnungsfreund Orbán oder die rechtskonservative Partei »Recht und Gerechtigkeit« (PiS) in Polen werde Trump in seiner zweiten Amtszeit »eine neutrale Beamtenschaft durch Parteisoldaten« ersetzen, die Justiz »gefügig machen« und einen »Kulturkampf gegen linke Journalisten, Künstler und Professoren« ausrufen.

Nur, so fragten viele, würden sich die Institutionen der liberalen Demokratie Trump nicht entgegenstellen? Könnten die unabhängigen Gerichte und Medien, die gesetzestreuen Behörden sowie die Regierungen der mächtigen US-Bundesstaaten nicht das Schlimmste verhindern?

Nein, befand Müller, das sei wenig wahrscheinlich. Der neue Präsident könne sich mithilfe loyaler Staatsanwälte sowie regimetreuer Wirtschaftseliten und Medien die nötige Unterstützung sichern. Schließlich müsse er »nur noch ein wenig an den Stellschrauben des Wahlsystems drehen«, und schon könne er die eigene Macht langfristig sichern – und zwar »ohne bei Urnengängen etwas manipulieren zu müssen«.[1]

Tatsächlich hatten sich nach diesem Muster in den vergangenen Jahrzehnten zahlreiche demokratisch gewählte Regierungschefs zu autokratischen Langzeit-Machthabern aufgeschwungen: Wladimir Putin in Russland, Viktor Orbán in Ungarn, Recep Tayyip Erdoğan in der Türkei oder Hugo Chávez in Venezuela: Sie alle waren in freien Wahlen ins Amt gekommen und nach der von Müller genannten Methode zu Alleinherrschern aufgestiegen, obwohl es in ihren Staaten oft weiter ein professionelles Gerichtswesen und in Maßen kritische Medien gab. Es waren Diktaturen, die aussahen wie Demokratien und von sich behaupteten, dem Volkswillen zu entsprechen. Auch Xi Jinping, der starke Mann des Einparteienregimes in Peking, führte sein autokratisches System mit diesem Anspruch.

Seit geraumer Zeit hatten diese Herrscher zudem ihre Zusammenarbeit verstärkt und sich nach Einschätzung der US-Historikerin Anne Applebaum zu einer Art »Autokraten-AG« zusammengefunden – einer Gemeinschaftsfirma, deren Anteilseigner die besten Strategien zur Kontrolle von Opposition und Medien austauschten, sich gegenseitig beim Verstecken ihrer kleptokratisch erworbenen Vermögen halfen und in politischen Krisen unterstützten.[2] Was sie verband, war keine gemeinsame Ideologie, so Applebaum, sondern die »Entschlossenheit«, ihren Bürgern »echte Mitsprache- und Mitwirkungsmöglichkeiten vorzuenthalten« und »jeden abzuwehren, der ihre Macht bedroht«.[3]

Zudem versteht sich der Autokratenbund bestens darauf, antiwestliche Verschwörungserzählungen zu streuen, zum Beispiel über den Ukrainekrieg. Mal setzten ihre Trollfabriken die Mär in die Welt, die USA würden in der Ukraine Labore zur Entwicklung biologischer Kampfstoffe unterhalten. Mal verbreiteten sie die Falschmeldung, der ukrainische Präsident Wolodymyr Selenskyj habe Luxusyachten für sich und seine Familie gekauft.[4] Mitunter helfen ihnen auch populistische Organisationen und Parteien im Westen, die häufig dieselben Feindbilder pflegen wie die Autokraten: gegen eine angebliche Überfremdung durch Einwanderer, gegen den vermeintlichen LGBTQ-Kult, gegen die westlichen Eliten, die der Welt denselben globalisierten Lebensstil aufzwingen wollen.

Solche und ähnliche Botschaften haben der informellen Allianz aus Autokraten und Populisten einen anhaltenden Aufschwung beschert. Unter den 136 Schwellen- und Entwicklungsländern der Welt stufte die Bertelsmann-Stiftung 2024 eine deutliche Mehrheit von 74 Staaten als Autokratien ein. Erst kürzlich sind ihrer Studie zufolge Tunesien, Benin und El Salvador hinzugekommen. Im letztgenannten Land regiert seit 2019 der selbst ernannte »coolste Diktator der Welt«, Nayib Bukele, ein früherer Werbeunternehmer und ehemaliger Bürgermeister von San Salvador, der die Basecap gern verkehrt herum trägt, einen erfolgreichen Kampf gegen die Drogengangs seines Landes führt und eine Art Autoritarismus für das Zeitalter von Trump und Tiktok erfunden hat. Sein Leitsatz lautet, dass es in einer Welt der skrupellosen Autokraten nicht schaden kann, selbst ein skrupelloser Autokrat zu sein.

Obwohl das Phänomen spätestens damit in der Popkultur angekommen zu sein scheint, verläuft der Aufschwung der Bewegung keineswegs so geradlinig, wie es mitunter den Eindruck macht. Während die autoritären Regime in vielen Ländern Erfolge feierten, mussten sie in anderen Rückschläge hinnehmen.

In Bangladesch trieb ein Volksaufstand die seit zehn Jahren regierende Autokratin Sheikh Hasina aus dem Land. In Großbritannien schickte der pragmatische Labour-Politiker Keir Starmer die Tories in die Opposition, deren populistischer Brexit-Kurs die wirtschaftliche Misere des Landes befördert hatte. In Indien verlor der Hindu-Nationalist Narendra Modi bei den Parlamentswahlen die absolute Mehrheit und musste einen Koalitionspartner in seine Regierung aufnehmen. In Polen wechselten sich Sieg und Niederlage ab. Nachdem der liberale Europafreund Donald Tusk 2023 die nach Orbán'schem Vorbild herrschende PiS-Partei abgelöst hatte, siegte bei den Präsidentschaftswahlen im Frühsommer 2025 der Rechtspopulist Karol Nawrocki.

Hinzu kam, dass sich in manchen Kernländern des Autokratennetzwerks die Probleme häuften. Die Partei Erdoğans zum Beispiel hatte wegen der galoppierenden Inflation bei den Kommunalwahlen Ende März 2024 so gut wie alle Großstädte verloren. Die Volksrepublik China, das wirtschaftsstarke Zentrum der Bewegung, hatte in den letzten Monaten desselben Jahres mit dem entgegengesetzten Phänomen zu kämpfen. Ein allgemeiner Verfall der Preise drohte in einen sich selbst verstärkenden Abschwung überzugehen. »Der Aufstieg autokratischer und populistischer Politiker«, urteilte der US-Politikwissenschaftler Francis Fukuyama, sei »keineswegs unausweichlich«.[5]

Auf die Frage indes, wie die demokratischen Kräfte auf die autokratische Herausforderung reagieren sollten, gab es unterschiedliche Antworten. Manche plädierten dafür, die sozialen Medien besser zu kontrollieren, in denen populistische Trollfabriken Desinformation und Propaganda streuten. Andere schlugen Reformen des politischen Systems vor, um populistischen Wahlgewinnern das Durchregieren zu erschweren.[6] Wieder andere sahen die Verantwortung bei den Führern der demokratischen Parteien, die sich den Verlockungen der »Wir sind das Volk«-Bewegung entschiedener entgegenstellen müssten.

Für die Vorschläge gab es gute Argumente. Seltsam war nur, dass die politischen Kräfte der linken wie rechten Mitte kaum darüber debattierten, ob es auf das Phänomen nicht eine ökonomische Antwort geben müsse.

Dabei hatten die jüngsten Wahlen gezeigt, dass es wirtschaftliche Themen waren, die das Votum der Bürger prägten. Bei der US-Präsidentenwahl hatten die Demokaten mit der Angst vor einer Trump-Diktatur Stimmen holen wollen. Doch rund zwei Drittel der Wähler waren vor allem unzufrieden über den schleppenden konjunkturellen Aufschwung sowie die hohen Preise und stark gestiegenen Zinsen.[7] Und so holten die Republikaner nicht nur die Stimmen der weißen Arbeiter, die sie besonders eifrig umworben hatten. Die Partei war auch bei Schwarzen und Latinos erfolgreich, die einst zur Kernzielgruppe der Demokraten gezählt hatten.

Bei den Europawahlen im Juni 2024 zeigte sich ein ähnliches Bild. In Frankreich und Deutschland, wo die Wirtschaft unterdurchschnittlich wuchs, gewannen die Populisten Stimmenanteile hinzu. In den dynamischeren Volkswirtschaften im Süden und Norden des Kontinents dagegen verzeichneten sie Verluste. In Spanien etwa blieb die nationalistische Partei Vox um drei Prozentpunkte hinter ihrem Ergebnis bei den Parlamentswahlen 2023 zurück. In Finnland holte die Partei Die Finnen nur noch knapp 8 Prozent der Stimmen. Fünf Jahre zuvor waren es noch rund 14 Prozent gewesen.

Für den US-Politikwissenschaftler Larry Bartels verbirgt sich dahinter eine tiefe Kluft zwischen politischem Establishment und breiten Bevölkerungsschichten. Für die Eliten in Parteien, Behörden oder Universitäten gebe es kaum etwas Verwerflicheres als einen Politiker, der sich über die Normen und Regeln von Rechtsstaat und Demokratie hinwegsetze. Viele Wähler dagegen sähen darüber großzügig hinweg. Jedenfalls dann, wenn sie im Gegenzug auf größere Sicherheit, steigende Einkünfte oder einen höheren sozialen Status hoffen dürften. »Eine der zentralen Lektionen beim Studium demokratischer Systeme besteht darin«, schrieb Bartels, »dass sich die Bürger mehr um Ergebnisse als um Prozesse kümmern.«

Studien belegen, dass es die Bürger nur mäßig beunruhigt, wenn ein Politiker zu autoritären Maßnahmen greift. Die öffentliche Meinung zeige nur »eine höchst begrenzte Reaktion auf das undemokratische Verhalten einzelner Kandidaten«, so Bartels. Seine Schlussfolgerung dürfte vielen nicht gefallen: Wenn politische Theorie und politisches Verhalten derart weit auseinanderfielen, sei möglicherweise die Theorie falsch – und nicht das Verhalten.[8]

Psychologen wissen seit Langem, dass Menschen eine Neigung fürs Autoritäre haben. Bei Wahlen würden sich häufig nicht die Kandidaten mit den vernünftigsten Ansätzen und der größten intellektuellen Brillanz durchsetzen, sondern jene, die »Selbstbewusstsein und Überzeugungskraft« ausstrahlten, befand der britische Neurowissenschaftler Dean Burnett in einer Kolumne des *Guardian*, deren Überschrift übersetzt »Warum die Menschen Idioten wählen« lautet. Er verweist darin auf das Parkinsonsche Gesetz der Trivialität, nach dem Menschen lieber Zeit mit etwas Einfachem verbringen, das sie verstehen, als mit etwas Komplexem, das sie nicht verstehen.[9] Darin sieht Burnett auch den Grund für den Erfolg der Trump- und Brexit-Kampagnen. Sie seien polarisierend und spalterisch, aber gerade deswegen erfolgreich gewesen; denn so funktioniere das Gehirn. Die Mehrheit der Menschen sei voller »unterbewusster Wertungen, Vorurteile, Stereotype«, sie bevorzugten ihre eigene Gruppe. »Wir identifizieren uns selbst, basierend auf denen, mit denen wir zusammen sind, und denen, denen wir entgegenstehen.« Für Burnett ist das eine anthropologische Konstante. Jahrhundertelang hätten sich die Menschen in kleinen Gemeinschaften entwickelt, in denen sie sich hätten sicher fühlen können.[10]

Tatsächlich sind Demokratie und Rechtsstaat eine vergleichsweise junge Entwicklung. Zeitgleich mit Aufklärung und Industrialisierung konnten sie sich nur in wenigen Regionen Westeuropas und Nordamerikas durchsetzen. In anderen Weltgegenden vermochten die Ideen von Gewaltenteilung, Rechtsstaat oder Parlamentarismus dagegen nie wirklich Fuß zu fassen. In Russland und China gingen die absoluten Monarchien aus Kaiser- oder Zarenreich mehr oder weniger nahtlos in die Einparteiendiktaturen des Kommunismus über. In den fragilen Demokratien Afrikas oder Lateinamerikas putschten sich immer wieder Militärs oder entschlossene zivile Diktatoren an die Macht. In Südasien schlug das Pendel mal in die eine und mal in die andere Richtung aus: Es gab Einparteienregime, die sich zu liberalen Demokratien entwickelten, wie in Südkorea oder Taiwan. Und es gab die Demokratie in Indien, die unter Modi zunehmend autoritäre Züge annahm.

Die Nationen Europas wurden ebenfalls über Jahrhunderte autokratisch regiert. Zwar gab es einzelne demokratische Episoden, doch blieben diese meist räumlich und zeitlich äußerst begrenzt. Die Volksherrschaft im antiken Athen etwa dauerte nur rund 170 Jahre. Zwar brachte sie eine bis dahin unbekannte gesellschaftliche und kulturelle Blüte hervor, politisch aber blieb sie höchst zerbrechlich. Mal ergriffen Diktatoren die Macht, mal entwickelte die Athener Demokratie derart populistische Züge, dass die führenden Denker sie keineswegs favorisierten. Im Gegenteil: Platon zog ihr eine Gelehrtenherrschaft vor, und Aristoteles plädierte für eine Verfassung, die Elemente der Monarchie, der Aristokratie und der Demokratie verband.

Die Römische Republik existierte zwar mehr als dreimal so lange wie ihre Vorläuferin in Athen, litt aber unter dem typischen Stadtstaatendilemma. Ihre zentralen Regierungsinstitutionen, die Volksversammlung und der Senat, funktionierten bestens, solange sich das römische Herrschaftsgebiet auf eine halbwegs überschaubare Fläche und Einwohnerzahl beschränkte.

Als die Republik jedoch durch Eroberungen und Bevölkerungswachstum immer größer wurde, nahmen die Verteilungskonflikte um das römische Bürgerrecht und seine Privilegien zu. Schließlich wurden die Widersprüche derart groß, dass »der Senat mit den Schwierigkeiten des weltweiten Herrschaftsbereichs nicht mehr fertigwurde«.[11] In den Krisen der Republik bot er »ein Bild der Korruption und des Versagens«, wie der Historiker Christian Meier urteilte.[12] Um die Lähmung zu überwinden, riefen seine überforderten Mitglieder immer häufiger politisch begabte Außenseiter zu Hilfe, von denen Julius Caesar schließlich die entscheidende Machtprobe wagte. Aus Sorge, für Gesetzesbrüche aus seiner Zeit als Konsul zur Verantwortung gezogen zu werden, stürzte er Rom in den Bürgerkrieg, aus dem die Diktatur und das Kaiserreich erwuchsen. Wenn es um das Regieren großer Imperien ging, erwies sich die

Monarchie fortan für viele Jahrhunderte als die überlegene Staatsform.[13]

Dass die Demokratie häufig ein vorübergehendes Phänomen war, zeigte sich auch in den oberitalienischen Städten des Spätmittelalters. In Florenz, Siena oder Bologna hatte sich eine selbstbewusste Bürgergesellschaft das Recht auf kommunale Selbstverwaltung erkämpft und für eine frühkapitalistische Blüte gesorgt. Banken-, Handels- und Produktionsnetze entstanden, die wirtschaftliche Innovationen wie die doppelte Buchführung oder eine frühe Form von Aktiengesellschaft hervorbrachten.

Was die Ratsgremien der Stadtgesellschaften indes vielfach nicht in den Griff bekamen, waren die Konflikte zwischen den führenden Familien um die politische und wirtschaftliche Vorherrschaft. Nicht selten endeten die Kämpfe damit, dass die rivalisierenden Elitengruppierungen, mitunter aber auch die Vertreter des Volkes einen Alleinherrscher einsetzten, der die Streitigkeiten schlichten, in den Kommunen für Ordnung sorgen und mit harter Hand regieren sollte. So machte eine frühe Form städtischer Selbstherrschaft vielerorts wieder einer mehr oder weniger harten Ausprägung von Tyrannei Platz. Zerfällt die Demokratie, ertönt der Ruf nach dem autoritären Retter: Das war das Muster, nach dem Jahrhunderte später auch in hoch entwickelten Industriegesellschaften populistische Autokraten an die Macht kommen sollten.[14]

»Das Fürstentum wird entweder vom Volke oder von den Großen verursacht«, schrieb der italienische Philosoph und Diplomat Niccolò Machiavelli in seinem Autokraten-Leitfaden *Der Fürst* im frühen 16. Jahrhundert. Wenn die Eliten sähen, »dass sie dem Volke nicht widerstehen können, so machen sie einen aus ihrer Mitte zum Fürsten, um in seinem Schatten ihre Leidenschaften austoben zu können«. Auch das Volk gebe »einem Einzigen die Ehre«, wenn es sich den Eliten nicht anders erwehren könne, und mache ihn »zum Fürsten, um durch seine Macht geschützt zu sein«.[15] Die internen

Positionskämpfe in den Stadtgesellschaften waren der Grund, weshalb in Mittelalter und früher Neuzeit Formen von Volksherrschaft die Ausnahme blieben.

Eine demokratische Ordnung auf nationaler Ebene konnte sich erst bilden, seit die Industrialisierung in der zweiten Hälfte des 18. Jahrhunderts die technologischen und sozialen Voraussetzungen dafür schuf: ein Kommunikations- und Verkehrswesen, das den Austausch von Informationen und regelmäßige Treffen repräsentativer Vertreter erlaubte, und eine selbstbewusste und wohlhabende Bürgerschaft, die nach Mitsprache und Rechtssicherheit drängte. So entstand schließlich jene gesellschaftliche Ordnung, in der zwei gegensätzliche Kräfte ein »Gleichgewicht der Macht« schufen, wie das die Ökonomen Daron Acemoğlu und James A. Robinson nennen. Auf der einen Seite stand ein Staatswesen, das für innere, äußere und soziale Sicherheit sowie für Rechtsfrieden und eine funktionierende Infrastruktur sorgte. Auf der anderen hatte eine starke Zivilgesellschaft mit repräsentativen Parlamenten sowie unabhängigen Gerichten, Universitäten und Medien darauf zu achten, dass der Staat nicht zu mächtig wurde. Im Idealfall würden sich die beiden Kräfte in einem »schmalen Korridor der Freiheit« (Acemoğlu, Robinson) beständig weiterentwickeln, um die beiden schädlichen Extremfälle politischer Ordnungen zu vermeiden: eine Anarchie wie im Libanon, wo sich ein schwacher Staat nicht gegen destruktive Kräfte wie Milizen oder Volksgruppenverbände durchsetzen konnte. Oder eine Gewaltherrschaft wie in Nordkorea, die jede Regung der Zivilgesellschaft brutal unterdrückt.[16] Freiheit und Ordnung gleichermaßen zu gewährleisten, bezeichneten die Forscher dagegen als das große Verdienst des westlichen Politikmodells.

Dennoch wäre die liberale Demokratie wohl kaum zum weltweiten Exportschlager aufgestiegen, wenn ihre Wegbereiterinnen, die Führungsnationen USA und Großbritannien, nicht auch die ökonomische Vorherrschaft errungen und behauptet hätten. Gemeinsam schufen sie nicht nur prägende Modelle für Parlamentarismus und Rechtsstaat, sondern auch die wesentlichen Institutionen und Prinzipien des Kapitalismus. Washington und London bildeten das Zentrum der ersten Globalisierung um die Wende zum 20. Jahrhundert. Im Zweiten Weltkrieg rangen sie die faschistischen Achsenmächte Deutschland, Italien und Japan nieder, nicht zuletzt durch ihre überlegenen industriellen Kapazitäten. Und schließlich gewannen sie gemeinsam mit ihren Partnern aus dem westlichen Europa und Asien den Kalten Krieg, indem sie die kommunistischen Mangelökonomien im Rüstungs- und Technologiewettlauf der Siebziger- und Achtzigerjahre hinter sich ließen.

Knapp 40 Jahre später ist der Westen wieder in einem Systemkonflikt gefangen, diesmal mit der modernen »Autokraten-AG«, deren Zentren in Moskau und Peking liegen, in einer neuen, ungewohnten Schlachtordnung. Wieder steht Demokratie gegen Diktatur, aber diesmal sind die wirtschaftlichen Gewichte längst nicht so eindeutig verteilt wie in der zweiten Hälfte des vorigen Jahrhunderts. Russland hat neben seinem lukrativen Rohstoffsektor eine funktionierende Kriegswirtschaft aufgebaut, die den westlichen Sanktionen trotzt. China sticht Europa bei den Green-Tech-Industrien aus und ist auf dem besten Weg, den US-Vorsprung bei der Künstlichen Intelligenz und den Chiptechnologien aufzuholen. Zugleich mehren sich im Westen die Krisensignale: Die Vereinigten Staaten ringen unter Trump um Demokratie oder Autoritarismus, Europa dagegen fürchtet, im ökonomischen Wettbewerb mit den USA und China zurückzufallen.

Wie ist es den modernen Diktatoren gelungen, eine konkurrenzfähige Wirtschaft aufzubauen – obwohl es doch eine gesicherte Erkenntnis der Ökonomie zu sein schien, dass Innovation und Fortschritt nur in einer freiheitlichen Gesellschaft gedeihen können? Wie sehr werden die Volkswirtschaften durch das autokratische Regierungsmodell beeinflusst, welche Stärken hat es, und wo liegen seine Schwächen? Welche Kräfte lähmen die liberalen Demokratien, und wie könnten sie im weltweiten Wettlauf wieder an Boden gewinnen?

Diese Fragen stehen im Mittelpunkt des vorliegenden Buches, das eine Nahaufnahme der modernen Alleinherrschaften liefern möchte: ihres Aufstiegs, ihrer Strukturen und Strategien, ihrer Probleme und ihres möglichen Falls. Diesen Themen widmen sich die ersten beiden Teile, während der dritte die Krisen der liberalen Demokratien in den Blick nimmt. Den Schluss bildet die Frage, welchem Politikmodell die Zukunft gehört.

Im Zentrum der Untersuchung steht dabei jene Region, die nach dem Fall der Mauer ausersehen schien, dem westlichen Politik- und Wirtschaftsmodell der Nachkriegszeit zu folgen: jener riesige Raum des ehemaligen kommunistischen Staatenblocks, der von Peking über Moskau bis Havanna reicht. Die drei Städte kennzeichnen zugleich die verschiedenen Autokratiemodelle, die sich zur Verblüffung und zum Entsetzen des Westens in der ehemaligen kommunistischen Staatenwelt bildeten.

Der Eiserne Vorhang war gefallen. Doch die Autokratie war geblieben – und erlebte ihren zweiten Frühling.

TEIL 1
WIE AUTOKRATEN AUFSTEIGEN

DIE RACHE DES KOMMUNISMUS

Es sollte ein Treffen gegen den Hunger in der Welt und gegen die Klimakrise werden. Auf Einladung des britischen Premierministers Tony Blair waren die Staats- und Regierungschefs der wichtigsten Industrienationen im Juli 2005 nach Schottland gereist, um von ihrem jährlichen Weltwirtschaftsgipfel ein Zeichen der Einigkeit zu senden.

Nicht nur US-Präsident George W. Bush und sein französischer Amtskollege Jacques Chirac hatten Suiten im luxuriösen Golfhotel Gleneagles in der Nähe Edinburghs bezogen. Angereist waren auch Bundeskanzler Gerhard Schröder, der japanische Premierminister Junichiro Koizumi sowie der russische Staatschef Wladimir Putin, den die Führer der freien Welt nach Ende des Ost-West-Konflikts in ihren Club aufgenommen hatten. Gemeinsam sollten die ideologischen Feinde von einst ihre Solidarität mit dem Globalen Süden bekräftigen.

Das war der Plan, den Blair für den Gipfel entworfen hatte. Dann kam alles anders. Religiöse Fanatiker übernahmen die Regie.

Am Morgen des ersten Verhandlungstages zündeten vier islamistische Selbstmordattentäter ihre Rucksackbomben im Berufsverkehr der Londoner Innenstadt. Drei U-Bahnen und ein Doppeldeckerbus flogen in die Luft, 52 Menschen starben, mehr als 700 wurden verletzt. Von einer »barbarischen Attacke« sprach ein geschockter Premierminister, bevor er sich von Schottland auf den Weg nach London machte.[1]

Wenn die Terroristen indes geglaubt hatten, mit ihrem Anschlag die Differenzen unter den Gipfelteilnehmern über den Irakkrieg anheizen zu können, sahen sie sich getäuscht. Zwar hatten sich Chirac, Schröder und Putin von dem Feldzug distanziert, den die USA und Großbritannien zwei Jahre zuvor begonnen hatten. Nun aber stellten sie sich in seltener Einmütigkeit an die Seite der angelsächsischen Regierungschefs. Man werde »die Werte unserer Gesellschaften aufrechterhalten und verteidigen«, hieß es in einer rasch formulierten Erklärung aller Gipfelteilnehmer. »Wenn solche unmenschlichen Verbrechen geschehen«, ergänzte Putin, müssten sich »alle zivilisierten Staaten im Kampf gegen den internationalen Terrorismus vereinen«.[2]

Die Industrieländer gegen die Steinzeitfundamentalisten des Islamischen Staates oder der al-Qaida: Das war die neue Frontstellung in der Welt, die nach Meinung vieler westlicher Politiker den Kalten Krieg abgelöst hatte.

Die Blutspur, die der religiös aufgeladene Terror seit 2001 in den Metropolen der entwickelten Welt hinterlassen hatte, schien ihnen recht zu geben. Der 11. September 2001 in New York (fast 3000 Tote), die Geiselnahme tschetschenischer Islamisten im Moskauer Dobrowka-Theater ein Jahr später (über 130 Tote), die Bombenattacken auf Pendlerzüge im Madrider Vorort Atocha 2004 (mehr als 190 Tote): Dass sich die Industriestaaten in einer Auseinandersetzung mit zu allem bereiten Gotteskriegern befanden, war kein Hirngespinst fantasiebegabter Philosophen und Sozialwissenschaftler. Es war brutale Realität.

Zugleich bestärkte die Entschiedenheit, mit der sich die Mitglieder des ehemaligen Warschauer Pakts an die Seite der Nato stellten, viele Beobachter in der Erwartung einer neuen, die früheren Blöcke überwindenden Einigkeit. Mit dem Fall der Mauer waren auch die einstigen ideologischen Gegensätze dahin, so schien es, und daher waren Politiker, Ökonomen und Sozialwissenschaftler überzeugt, dass sich die Staaten des gescheiterten Kommunismus über kurz oder lang in liberale Demokratien nach westlichem Vorbild verwandeln würden. Zwar gab es in dem Transformationsprozess, in dem sich die einstigen Planwirtschaften zwischen Peking und Prag befanden, ständige Rückschläge, Verzögerungen und Umwege. Doch dass sich der Trend zu mehr Marktwirtschaft, Demokratie und Rechtsstaat umkehren könnte, wurde als Außenseitermeinung unbelehrbarer Pessimisten abgetan.

In China galt zwar noch immer das Machtmonopol der Kommunistischen Partei, das mit dem Massaker auf dem Tian'anmen-Platz 1989 noch einmal brutal durchgesetzt worden war. Zugleich aber hatte sich die Volksrepublik wie kaum ein anderes Land der Marktwirtschaft und dem Welthandel verschrieben, und so schien es nur eine Frage der Zeit zu sein, bis eine wohlhabende Mittelschicht mehr politische Mitsprache verlangen würde.

In Russland hatte Präsident Putin immer mehr Macht in seinen Händen konzentriert, aber das galt vielen im Westen nicht als Vorzeichen drohenden Unheils, sondern als notwendige Korrektur der anarchischen Zustände der Jelzin-Ära. Nicht alle mochten Gerhard Schröders berühmt-berüchtigter Einschätzung zustimmen, wonach Putin ein lupenreiner Demokrat sei. Die Argumentation des Kanzlers aber, wonach der Machthaber in Moskau »den Staat wieder in seine Funktion eingesetzt« habe, wurde nicht nur im wiedervereinigten Deutschland von vielen geteilt. Es sei klar, hatte Schröder in einer Talkshow im Spätherbst 2004 befunden, dass »in einem solchen Prozess nicht alles idealtypisch laufen« könne.[3]

Hinzu kam die Genugtuung, dass sich die übrigen Staaten des einstigen Warschauer Paktes offenbar unwiderruflich dem Westen zugewandt hatten. Wenige Monate zuvor erst, im Mai 2004, hatten sieben frühere Ostblockmitglieder von Estland bis Ungarn ihren Beitritt zur Europäischen Union gefeiert. Bulgarien und Rumänien würden bald folgen.

Das westliche Regierungs- und Gesellschaftsmodell, davon waren die Teilnehmer des Gleneagles-Gipfels überzeugt, war auf dem besten Weg, sich weltweit durchzusetzen. Das zeigten auch die Zahlen der amerikanischen Organisation Freedom House, die seit dem Zweiten Weltkrieg die globale Verbreitung von Demokratie und Bürgerrechten analysierte. Danach war die Zahl der Staaten, die das Washingtoner Institut als »frei« einstufte, seit Mitte der Achtzigerjahre von 56 auf 76 gewachsen. Rund 46 Prozent der Weltbevölkerung lebten im Jahr 2005 in liberalen Demokratien, so viel wie noch nie.[4] Drei von fünf Ländern wurden in jenen Jahren zudem von Regierungen geführt, die aus halbwegs freien und fairen Wahlen hervorgegangen waren.[5]

Kein Wunder, dass sich die Regierenden bei ihrem Treffen in Schottland allenfalls über das Tempo des weltweiten Demokratisierungsprozesses uneinig waren, nicht aber über die Tatsache an sich. Die Regierungen der Industrieländer würden nicht nur ihre Anstrengungen »gegen den Terrorismus intensivieren«, hieß es im Gipfelprotokoll, sondern sich auch gemeinsam für »Demokratie, gute Regierungsführung und Transparenz« einsetzen.[6]

Putin stimmte zu, als der Gipfel forderte, in Nordkorea »das Atomwaffenprogramm zu stoppen«, in Afghanistan »den Rechtsstaat wiederherzustellen« und in Afrika »die Korruption zu bekämpfen«.[7] Die industrialisierte Welt, so dachten viele Teilnehmer in Gleneagles, war zu einer Wertegemeinschaft geworden, die von Moskau über Madrid bis Miami reichte.

Sie sollten sich täuschen. In Wahrheit markierte der Gipfel, der so tragisch begonnen hatte, keine Etappe im unaufhaltsamen Siegeszug des westlichen Politikmodells, sondern den Scheitelpunkt der globalen Demokratieentwicklung. Später bezeichneten Wissenschaftler das Jahr 2005 als »Peak Democracy«, als Höhepunkt jener Liberalisierungsbewegung von Staat, Wirtschaft und Gesellschaft, die mit dem Fall des Eisernen Vorhangs eingesetzt hatte.

15 Jahre lang war die Welt von Jahr zu Jahr ein wenig westlicher und freier geworden. Doch seither ging es in die entgegengesetzte Richtung, wie die Daten von Freedom House zeigten. Danach gab es seit dem Gleneagles-Treffen von Jahr zu Jahr mehr Staaten, in denen Demokratie und Freiheitsrechte abgebaut wurden, als Länder, in denen das Gegenteil geschah. Zu Anfang der Zwanzigerjahre lebte nur noch ein Fünftel der Weltbürger in einem liberalen Rechtsstaat nach westlichem Muster. Die übrigen waren in Diktaturen oder sogenannten Hybridstaaten zu Hause, in denen die Grundrechte eingeschränkt waren.[8]

Und noch etwas belegten die Zahlen. Das Zentrum des neuen Autokratismus lag ausgerechnet in jener Weltregion, von der im Jahr 2005 viele in Europa und den USA angenommen hatten, dass sie nach ihrer Niederlage im Kalten Krieg über kurz oder lang das siegreiche Wirtschafts- und Gesellschaftssystem des Westens übernehmen würde. So wie sich Deutschland und Japan nach dem Zweiten Weltkrieg in erfolgreiche Marktwirtschaften und liberale Demokratien verwandelt hatten, werde das auch in Russland, Ungarn, Polen und sogar in China gelingen.

Es kam anders. Nur wenige Jahre später präsentierten sich die meisten Staaten des einstigen Ostblocks als mehr oder weniger repressive Diktaturen, mit politischer Strahlkraft in ihre jeweilige Nachbarregion. China war zum Modell einer asiatischen Entwicklungsautokratie geworden, die »mit dem Mythos aufgeräumt hatte, dass Modernisierung nur im System des Westens funktioniert«, wie Staatschef Xi Jinping stolz verkündete. Zu den Ländern, die ähnliche Merkmale aufwiesen wie die Volksrepublik, zählte der Londoner *Economist* Pazifikstaaten wie Vietnam oder, mit Abstrichen, Indonesien.[9]

Auf dem Gebiet der früheren Sowjetunion tarnten Staatschefs wie Kassym-Schomart Tokajew (Kasachstan), Ilham Alijew (Aserbaidschan) oder eben Wladimir Putin in Russland ihre kleptokratischen

Alleinherrschaften seit Jahren als gelenkte Demokratien. Ähnliche Täuschungsmanöver, auf die lange Zeit auch Teile der politischen Elite im Westen hereinfielen, entwickelten bald nicht nur Balkanstaaten wie Serbien, Montenegro oder Albanien. Auch EU-Länder wie Ungarn unter Ministerpräsident Victor Orbán oder Polen in der Zeit des Regiments der PiS-Partei schlossen sich an.

Von den 29 Staaten Euroasiens, die einst allesamt zum kommunistischen Ostblock gezählt hatten, stuften die Freedom-House-Experten im Jahr 2024 nur sechs als »konsolidierte Demokratien« ein: die baltischen Staaten Lettland, Estland und Litauen sowie die Slowakei, Slowenien und Tschechien. Die übrigen Nationen, darunter die EU-Mitglieder Rumänien, Bulgarien und Kroatien, klassifizierte die Organisation als »teilkonsolidierte Demokratien«, »hybride Systeme« oder »gefestigte Autokratien«.[10] Der Kommunismus war gefallen. Aber die Einparteienherrschaft war – zumeist unter neuen Vorzeichen – geblieben.

Damit nicht genug. Das kommunistische Kuba, das nach dem Zerfall der Sowjetunion vielen als skurriler Museumsstaat aus der Zeit des Kalten Krieges galt, hatte nicht nur das jahrzehntelange Wirtschaftsembargo der USA überlebt. Es wurde auch zur Inspirations- und Ideenquelle für den »Sozialismus des 21. Jahrhunderts«, mit dem Venezuelas Linkspopulist Hugo Chávez nach der Jahrtausendwende Anhänger in ganz Südamerika fand. In Ecuador zum Beispiel, wo zehn Jahre lang der selbst ernannte Volkstribun Rafael Correa herrschte. Oder im Bolivien des mehrfach wiedergewählten Präsidenten Evo Morales, der »im Interesse der Massen« gegen die weiße »Landbesitzer-Oligarchie« und das »neoliberale Paradigma« vorzugehen versprach.[11]

30 Jahre nach dem Fall der Mauer hatten sich aus den Trümmern des Kommunismus Regierungssysteme entwickelt, die oft so aussahen wie westliche Demokratien, aber keine waren. Mal traten sie unter dem Banner des Klassenkampfes an, mal im Namen von

Nation, Familie oder Religion. Nur freiheitlich und liberal – das waren sie nicht.

In Lateinamerika versuchten sich die neuen Diktatoren an einem Comeback der sozialistischen Planwirtschaft, die auf dem Ölreichtum Venezuelas basierte. In Russland und Osteuropa errichteten sie einen staatlich gesteuerten Kapitalismus, der jene Oligarchenökonomie zu zähmen versprach, die dort nach dem Fall der Mauer entstanden war. Und in China sprach die Führung von einem »Sozialismus mit chinesischen Charakteristiken«, der in Wahrheit die Methoden einer technokratischen Entwicklungsdiktatur mit den Mechanismen der Marktwirtschaft verband.

Immer aber waren die neuen Herrschaftssysteme auf den normalerweise männlichen Führer an der Spitze ausgerichtet, der mit mehr oder weniger starkem Durchgriff die Medien und die öffentliche Meinung manipulieren, die Parlamente steuern und die Gerichte beeinflussen konnte.

Kein Comeback eines totalitären Faschismus hatten die Diktatoren im Sinn (zumindest zu Beginn nicht) und auch keine Umerziehung ihrer Untertanen zu neuen sozialistischen Menschen, wie es sich einst der Kommunismus vorgenommen hatte. Stattdessen bekannten sie sich zu einer sanfteren Form autoritären Herrschens, die ihren eigenen Machtinteressen dienen, aber auch den Wohlstands- und Sicherheitsbedürfnissen ihrer Untertanen gerecht werden sollte. Während die zeitgenössischen Demokratien an den Interessen einer abgehobenen kosmopolitischen Elite ausgerichtet seien, so behaupteten sie, orientierten sich ihre Regime an den Belangen breiter Volksschichten. Das Establishment sei »der Feind des Volkes und müsse ausgemerzt werden«, befand Venezuelas Machthaber Chávez. Ungarns Autokrat Orbán konnte sich über nichts so ereifern wie über die abgehobene Brüsseler Politikelite, die mit ihren bürokratischen Vorgaben über den Willen seiner Landsleute hinwegregiere.[12]

War die Bewegung anfangs auf die Regionen des ehemaligen

Ostblocks begrenzt, so breitete sie sich nach der Jahrtausendwende auch im Westen aus. Im Nato-Mitgliedsland Türkei gab der Islam-Populist Recep Tayyip Erdoğan eine Zeit lang den liberalen Reformer, um die Armee von der Macht zu verdrängen. Doch als das geschafft war, verwandelte er seine Regierung Schritt für Schritt in eine Alleinherrschaft, von der sich bald auch die Regierungschefs anderer Schwellenländer inspirieren ließen, Indiens Staatschef Narendra Modi zum Beispiel, der sein autoritäres Regime mit dem religiösen Element des Hindu-Nationalismus aufzuladen pflegte.

Selbst in den Kernregionen des freien Westens fasste die Bewegung Fuß. In Europa verfolgten Teile des progressiven Lagers begeistert die sozialistischen Experimente in Lateinamerika und gründeten linkspopulistische Parteien, die vor allem in den Südländern des Kontinents die politischen Verhältnisse aufmischten.

In Spanien erstarkte die Podemos-Bewegung, die im Jahr 2019 in eine Linksregierung unter dem sozialdemokratischen Regierungschef Pedro Sánchez eintrat. In Frankreich waren nicht mehr die Sozialisten die führende Kraft im linken Lager, sondern die Gruppierung des früheren Erziehungsministers Jean-Luc Mélenchon, der sich in flammenden Aufrufen als Anhänger des Chavismus zu erkennen gab. Chávez' Regierung sei »eine Quelle der Inspiration«, lobte Mélenchon im Jahr 2012. Sie sei »zu einem einzigartigen Beispiel des Widerstandes der Linken gegen die zerstörerische Kraft des Neoliberalismus« geworden.[13]

Noch größer war der Zuspruch, den in Frankreich die Konkurrenten vom rechtspopulistischen Rassemblement National (RN) bekamen. Bei den Europawahlen des Jahres 2024 wurden sie im ersten Wahlgang zur stärksten politischen Kraft. RN-Chefin Marine Le Pen war ein gern gesehener Gast im Kreml und zeigte eine kaum verhüllte Begeisterung für autoritäre Regenten, so wie andere Politiker ihres Lagers auch. US-Präsident Donald Trump äußerte sich anerkennend über Despoten wie Nordkoreas Alleinherrscher Kim

Jong Un. Italiens rechtsgerichteter Lega-Chef Matteo Salvini streifte sich bei seinen zahlreichen Moskaubesuchen gern ein Putin-T-Shirt über, bevor er mit der kremlfreundlichen Losung »Keine Sanktionen« vor die Kameras trat.

35 Jahre nach dem Fall der Mauer war offenkundig geworden, dass der US-Politikwissenschaftler Francis Fukuyama allzu voreilig »das Ende der Geschichte« ausgerufen hatte. Die große Mehrheit der einstigen sozialistischen Volksrepubliken hatte sich nicht in liberale Demokratien verwandelt, wie es der Westen erwartet hatte. Stattdessen waren überwiegend autoritäre Regime entstanden, die sich bald mindestens so militant gegen die Demokratien in Europa und Amerika wandten wie einst die Staaten des Warschauer Pakts.

Der Kreml pflegte seinen Angriffskrieg gegen die Ukraine zum Abwehrkampf gegen den Westen zu stilisieren. Die Führung in Peking wiederum blies die wirtschaftliche Konkurrenz mit den USA oder Europa gern zur grundlegenden ideologischen Auseinandersetzung mit dem Kapitalismus auf. Der Westen verfolge »die Maximierung von Kapitalinteressen, anstatt den Interessen der großen Mehrheit der Menschheit zu dienen«, klagte Xi. Weder Washington noch Brüssel könnten »die Gier des Kapitals zügeln« und »chronische Krankheiten wie Materialismus und geistige Armut lösen«.[14]

Kein Wunder, dass die Industrieländer eine gänzlich andere Tonlage anschlugen, als sie sich zwei Jahrzehnte nach ihrem Gleneagles-Gipfel im Juni 2024 erneut zusammensetzten, diesmal in Süditalien und ohne Putin, den sie schon seit Jahren nicht mehr einluden. Nicht mehr von der Ausbreitung der Demokratie war bei dem Treffen die Rede, sondern von ihrer Verteidigung gegen jene Mächte, die man vor einer Generation noch auf die eigene Seite zu ziehen gehofft hatte. Ihre Sorgen seien »größer denn je«, so mahnten die Staats- und Regierungschefs aus Washington, Berlin oder Paris, dass feindliche Staaten die westlichen »Institutionen und Prozesse auszuhöhlen« und mit »zerstörerischen Cyberaktivitäten demokratische

Werte« zu untergraben versuchten. Sie brauchten nicht hinzuzufügen, dass sie von China und Russland sprachen. Gemeinsam müssten die Regierungen deshalb Maßnahmen ergreifen, um die »ausländischen Bedrohungen der Demokratie zu bekämpfen« und »das verantwortliche Verhalten von Staaten bei der Nutzung von Informations- und Kommunikationstechnologien« zu fördern.[15] Der Westen, daran konnte es nach dem Treffen keinen Zweifel geben, war in die Defensive geraten.

Wie die demokratische Welt in ihrem neuen Ringen mit der Autokratie wieder Boden gutmachen könnte, war indes nur eine der Fragen, die sich stellten. Die andere lautete, wie es zu der Entwicklung hatte kommen können. Was war der Grund, dass sich die Staaten des einstigen kommunistischen Machtbereichs so ganz anders entwickelt hatten als gedacht? Dass sich vielerorts nicht die Demokratie durchgesetzt hatte, sondern eine neue Klasse von Diktatoren, die sich gegen Gewaltenteilung, Pressefreiheit und Rechtsstaat wandten und dem Führungsanspruch des Westens mit zunehmender Aggressivität entgegentraten?

Was war schiefgelaufen?

DIE PROFITEURE DER SCHOCKTHERAPIE

Am Ende des kurzen Filmchens standen die beiden Helden vor einem Kamin im Kreml und schüttelten einander zufrieden die Hände. Der eine, Russlands Präsident Wladimir Putin, blinzelte linkisch in die Kamera, als wäre ihm nicht ganz wohl bei der Inszenierung. Der andere, Ungarns Ministerpräsident Viktor Orbán, reckte triumphierend das Kinn in die Höhe, während am Bildrand die Signalwörter seiner sogenannten Friedensmission aufleuchteten: »Verhandlungen«, »Waffenstillstand«, »Dialog«.[1]

Anfang Juli 2024 war der ungarische Regierungschef nach Kiew, Ankara, Moskau und Peking gereist, um im Krieg zwischen Russland und der Ukraine zu vermitteln. Und jedes Mal, wenn er zur nächsten Station aufbrach, ließ er ein Video auf die Plattform X stellen, das in den schnellen Schnitten einer Netflix-Serie den Fortgang seiner diplomatischen Bemühungen dokumentierte.

Er habe wissen wollen, ob »ein Waffenstillstand noch vor Friedensverhandlungen möglich« sei, hieß es etwa im Moskauvideo. Doch leider habe er lernen müssen, dass die Positionen der Parteien »noch weit« auseinanderlägen. Immerhin gebe es Hoffnung, raunte Orbán, untermalt von dramatischer Musik: Seine Mission werde »fortgesetzt«.[2]

Dass die Reise den Krieg in der Ukraine rasch beenden könnte, glaubte der starke Mann aus Budapest wahrscheinlich selbst nicht. Orbán verfolgte andere Ziele. Zum einen wollte er die Bürokraten aus Brüssel vorführen, die auf Sanktionspakete und Militärhilfe setzten – statt wie er auf Verhandlungen. Zum anderen nutzte er die Chance, sich dem heimischen Publikum im Kreise jener Mächtigen zu präsentieren, mit denen er im besten Einvernehmen stehe: Xi Jinping, der sich rühmen konnte, der dynamischsten Volkswirtschaft der Welt vorzustehen und im großen Stil in Ungarn zu investieren. Sowie Putin und Erdoğan, mit denen er inzwischen eine Art Männerbund der Methusalem-Regenten bildete. Orbán hatte seine erste Amtszeit noch im vorigen Jahrhundert, 1998, angetreten. Putin war 2000 gestartet, Erdoğan zwei Jahre später.

Tatsächlich verband das Trio mehr als ihre langen Regierungszeiten. Obwohl ihr Weg zur Macht höchst unterschiedlich gewesen war und es vieles gab, was das Nato-Land Türkei vom EU-Mitglied Ungarn und der einstigen kommunistischen Weltmacht Russland unterschied, regierten sie ihre Staaten doch nach einem ähnlichen Muster.

Entwickelt hatte es Putin in den turbulenten Jahren nach der Jahrtausendwende. Er war das Modell, so urteilt der *Financial-Times*-Kolumnist Gideon Rachman, dem andere folgten,[3] allen voran Orbán. In seiner zweiten Regierungszeit nach 2010 wagte es der ungarische Regierungschef als Erster, Teile der antiliberalen Strategie des Kremlherrschers auf ein EU-Land zu übertragen. Wer seither im ehemaligen kommunistischen Machtbereich ein autoritäres Regierungssystem aufbauen wollte, orientierte sich an den Strukturen und Strategien des Putin-Systems.

Beide gewannen als Wirtschaftsreformer Profil und begannen zugleich, die Freiheitsrechte ihrer Bürger zu beschränken. Orbán wie Putin machten sich Schritt für Schritt die Gerichte, die Verwaltung und die Medien untertan, während sie ebenso systematisch darauf achteten, mit einer volksnahen Sozialpolitik die Mehrheit der Bevölkerung hinter sich zu bringen. Sie förderten die Wirtschaft und setzten sie zugleich unter Druck, um sie für ihr zentrales Ziel einzuspannen: den Erhalt der Macht.

Hinzu kam, dass ihr Aufstieg ähnlichen gesellschaftlichen Verhältnissen entsprang. Bevor sie ins Amt kamen, hatten in ihren Ländern schwere Finanz- oder Bankenkrisen gewütet. Große Teile der Bevölkerung fühlten sich als Verlierer, während eine schmale Oberschicht enorme Gewinne einstrich und die politische Führung im Ruf stand, korrupt und unfähig zu sein.

In Russland zum Beispiel war nach dem Zusammenbruch der Sowjetunion Boris Jelzin zum Präsidenten gewählt worden, der gemeinsam mit seinem Chefberater Anatoli Tschubais das Land so schnell wie möglich in eine Marktwirtschaft nach westlichem Vorbild hatte verwandeln wollen. Einen Plan dafür hatten sie nicht, und so setzten sie auf die Blaupausen, die ihnen westliche Finanzinstitutionen wie der Internationale Währungsfonds (IWF), die Weltbank sowie der Harvard-Ökonom Jeffrey Sachs lieferten.

»Schocktherapie« nannten sie ihr Konzept, das vorsah, die meisten Preise unverzüglich freizugeben, die Märkte für ausländische Waren zu öffnen und große Teile der Wirtschaft zu entstaatlichen. Kern des Plans war die sogenannte Gutschein-Privatisierung, bei der die Anteile von rund 15 000 russischen Firmen an Manager, Mitarbeiter und Bürger ausgegeben wurden, um die sozialistischen Untertanen von einst zuerst zu Kleinkapitalisten und dann zu Demokratiefreunden zu machen.

Russlandberater Sachs bekniete die westlichen Regierungen, das riskante Projekt mit einem internationalen Hilfspaket in Milliardenhöhe abzusichern.[4] Die Regierung in Washington lehnte ab, ihre Fachleute folgten einer anderen Prognose. Nach einem kurzen wirtschaftlichen Einbruch, so sagten sie voraus, werde die unsichtbare Hand des Marktes die Wirtschaft auf einen neuen Wachstumspfad lenken.

Das war ein Irrtum. Die maroden russischen Kombinate mussten sich über Nacht dem internationalen Wettbewerb stellen, in dem sie hoffnungslos unterlegen waren. Die Produktion brach ein, die Preise stiegen. Arbeiter mussten oft monatelang auf ihren Lohn warten. Weil zugleich aber der Wert ihrer Firmenanteile verfiel, schlugen viele Russen das frisch erworbene Vermögen umgehend wieder los, um ihre Haushaltskasse aufzubessern.

Die Käufer der Anteilsscheine waren häufig frühere Kombinatsdirektoren oder Parteifunktionäre, die in den Wendejahren Banken gegründet hatten. Nun fuhren sie mit dicken Geldsäcken vor den Firmentoren vor, um den Arbeitern ihre Aktien abzuluchsen. So wurde die neue russische Oligarchenklasse geboren, die mit der Verbindung von kapitalistischem Gewinnstreben und politischer Skrupellosigkeit das prägende Geschäftsmodell des neuen Russland schuf.

Spätere Transaktionen waren noch profitabler. Ein Bankenkonsortium unter Beteiligung des früheren Jugend-Funktionärs Michail Chodorkowski beispielsweise erwarb für 156 Millionen US-Dollar 45 Prozent an einer Ölfirma, die nach Ansicht von Experten rund 44 Milliarden Dollar wert war. Wladimir Potanin, ehemaliger Beamter im sowjetischen Handelsministerium, kaufte für 130 Millionen Dollar 51 Prozent des Ölkonzerns Sidanko, um wenige Monate später 10 Prozent davon an British Petroleum zu veräußern. Der Preis: 571 Millionen Dollar.[5]

Während der Großteil der Russen unter steigenden Preisen und niedrigen Löhnen litt, hatte eine kleine Schicht gerissener Geschäftsleute in kürzester Zeit riesige Vermögen zusammengerafft. Sieben Banker waren in den Besitz von 50 Prozent des russischen Produktivvermögens gekommen, behauptete einer von ihnen in der *Financial Times*.[6] Das war etwas hoch gegriffen; doch dass die Radikalreform zu einer dramatischen Umverteilung von Einkommen und Vermögen geführt hatte, ließ sich nicht bestreiten. Die ökonomischen Daten wiesen es aus. Der Gini-Koeffizient, mit dem Ökonomen die soziale Ungleichheit einer Gesellschaft messen, hatte sich binnen zehn Jahren mehr als verdoppelt. 1988 war die Kluft zwischen Arm und Reich in Russland nicht größer gewesen als im egalitären Schweden. Zehn Jahre später hatte sie beinahe das Niveau Argentiniens erreicht, eines Staates, in dem ein Großteil des Vermögens traditionell einer kleinen Gruppe von Großgrundbesitzern gehörte.[7]

Vom Wohlstand, den ihnen der Schwenk zu Kapitalismus und Demokratie bringen sollte, konnten die Russen Mitte der Neunzigerjahre nicht viel erkennen. Stattdessen war das Land ärmer, ungleicher und unsicherer geworden. Die neue Geschäftselite scheute sich nicht, ihre Revierkämpfe um das Produktivvermögen des Landes mithilfe von Auftragskillern und Schlägertrupps auszutragen. In vielen Vierteln Moskaus oder Sankt Petersburgs herrschte das organisierte Verbrechen. Bei den sogenannten Aluminiumkriegen, in denen eine Reihe von Oligarchen um die Hoheit in einem der profitträchtigsten Wirtschaftszweige des Landes rang, starben Dutzende Banker, Manager und Mafiosi.[8]

Die lukrativsten Geschäfte waren in jenen Tagen mit dem Staat zu machen, und so begannen die neuen Kapitalisten, auch in der Politik mitzumischen. Chodorkowski verzeichnete zeitweise rund 100 Abgeordnete der Duma auf seiner Payroll.[9] Zugleich übernahmen zahlreiche Oligarchen Posten in der Administration, um ihre geschäftlichen Interessen zu befördern.

Ein Unternehmerkonsortium um den Ölmagnaten Boris Beresowski lieh der Jelzin-Regierung rund zwei Milliarden Dollar und finanzierte ihren Fernsehwahlkampf. Im Gegenzug sicherten sich die Oligarchen Anteile an einigen der wertvollsten russischen Unternehmen des Energiesektors. »Kredite für Aktien«, so lautete der Name des Deals, der als einer der schmutzigsten der Jelzin-Ära galt.[10]

Dass die von den Westberatern empfohlene Schocktherapie nicht das erwünschte Ergebnis brachte, wurde allmählich auch ihren Erfindern klar. Ein Großteil der Vermögenswerte sei nicht bei Russlands Kleinsparern, sondern bei »wenigen gut vernetzten Reichen«

gelandet, die sich häufig kaum um »die Neuausrichtung ihrer gerade erworbenen Firmenwerte kümmerten«, räumte ein hochrangiger Weltbank-Manager Ende der Neunzigerjahre ein. Mitunter, so befand der Finanzfachmann, seien sogar »Teile der Regierung von Gruppen gekapert« worden, deren Ziel vor allem darin bestehe, »mithilfe des Staates ihre Vermögensgewinne zu legitimieren«.[11]

Kurz: Die Oligarchen hatten nicht nur die Wirtschaft übernommen, sie dirigierten auch große Teile des Staates zum eigenen Vorteil. Ein Modell machte Schule, das ganz und gar nicht den Lehrbüchern von Marktwirtschaft und Demokratie entsprach, die das westliche Beraterheer zuvor in Moskau oder Sankt Petersburg verteilt hatte. Statt des versprochenen Wohlstands für alle war unverschämter Reichtum für wenige zur neuen Staatsdoktrin geworden.

Es sollte noch schlimmer kommen. Als 1998 im Gefolge von Asienkrise und Ölpreissturz Russland in den Staatsbankrott schlitterte, trafen die Folgen vor allem die Unter- und Mittelschicht. Viele Oligarchen hatten ihre Vermögen rechtzeitig ins Ausland geschafft. Unzählige Sparer hingegen verloren durch Rubelsturz und Teuerungswelle einen Großteil ihrer Einlagen.

Das Pro-Kopf-Einkommen stürzte auf den niedrigsten Wert seit Ende der Sowjetunion, und wieder einmal, so urteilte die britische Journalistin und Kremlkennerin Catherine Belton, musste nicht die Elite, sondern »die russische Bevölkerung die Hauptlast der Krise tragen«. Jelzin hatte Russland Freiheit und Demokratie gebracht, aber zugleich war unter seiner Führung ein »Regime der Rechtlosigkeit entstanden«, in dem »eine korrupte Oligarchie den Staat selbst zum Verkauf freigab«.[12]

Wie kein anderes Ereignis beschleunigte der Rubelsturz den Niedergang der jungen russischen Demokratie und ihres Präsidenten. Jelzin trat wegen seiner Herz- und Alkoholprobleme Ende der Neunzigerjahre kaum noch öffentlich auf. Stattdessen regierte seine Tochter Tatjana mit einem Küchenkabinett aus Vertrauten und Oligarchen, das einem Berg von Problemen ratlos gegenüberstand: der Finanz- und Wirtschaftskrise, die es nicht in den Griff bekam. Der Armut, gegen die es kein Rezept fand. Dem Verfall der öffentlichen Ordnung, dem es nichts entgegenzusetzen hatte. Dem Vorwurf, selbst in zahlreiche Betrugs- und Korruptionsaffären verstrickt zu sein.

Am Silvesterabend 1999 übergab Jelzin sein Amt einem weithin unbekannten Beamten der Präsidialverwaltung namens Wladimir Putin, den er erst wenige Monate zuvor zu seinem Ministerpräsidenten gemacht hatte. Jelzins Leute setzten darauf, dass der aufstrebende Politiker leicht zu steuern sei und ihren Kurs fortsetzen werde. Doch der junge Mann, der als Geheimdienstoffizier in Dresden und Vizebürgermeister in Sankt Petersburg aufgestiegen war, verfolgte andere Pläne. Einen Tag vor dem Machtwechsel hatte er einen langen Essay in der Moskauer Zeitung *Nesawissimaja Gaseta* veröffentlicht, in dem er einen radikalen Kurswechsel ankündigte.

Zwar bekannte er sich pflichtschuldig zu Marktwirtschaft und Demokratie, doch sein eigentliches Thema waren die Versäumnisse der Ära Jelzin. In den zehn Jahren seit der Wende sei das Land weiter hinter die fortgeschrittensten Staaten zurückgefallen, so befand er. Investitionen, Innovationen, Löhne: Überall sei fortgesetzter Abstieg zu vermelden, und auch jene »Schlüsselindikatoren, die die Lebensqualität einer Nation bestimmen«, hätten »sich verschlechtert«.[13] Die Ursache sah der künftige Präsident in der Politik der Liberalisierung, die allzu sehr westlichen Konzepten gefolgt sei. Eine »erfolgreiche Erneuerung« indes könne »nicht durch die einfache Übertragung abstrakter Modelle aus ausländischen Lehrbüchern erreicht« werden.

Das war nicht nur eine Spitze gegen Jelzin, dessen Berater und ihre Stichwortgeber aus dem Westen. Es entsprach auch dem verbreiteten Gefühl in der Bevölkerung, wonach der Staat die Kontrolle über wesentliche Teile der Wirtschafts-, Finanz- und Sozialpolitik verloren hatte und die Oligarchen auf Kosten der Allgemeinheit aufgestiegen waren.

Vor allem aber folgte es dem Denken jener Geheimdienst- und Sicherheitskreise, die schon lange der Auffassung waren, dass die neue Kapitalistenklasse zu mächtig geworden war. »Russland muss eine starke Staatsmacht haben«, kündigte Putin nun an. Ein starker Staat sei »keine Anomalie«, sondern »eine Quelle der Ordnung« und eine »Hauptantriebskraft jeder Veränderung«.[14]

Putin war mithilfe des Jelzin-Lagers an die Macht gekommen, aber seine Loyalität gehörte den Kadern der Sicherheitsorgane, denen er entstammte. Der ehemalige Geheimdienstmann hielt nichts vom Kommunismus, den er für die »schwerfällige und deformierte Struktur« der russischen Wirtschaft verantwortlich machte.[15] Aber er hielt auch nichts von einer Marktwirtschaft, die den Staat schwächte und nur einer kleinen Oberschicht zugutekam. Fortan regierte Putin wie einer jener oberitalienischen Fürsten des Mittelalters, die den Volkszorn gegen die Elite genutzt hatten, um die eigene Macht auszubauen.

Sieben Monate nach seinem Amtsantritt versammelte der neue Präsident zwei Dutzend Oligarchen im Kreml und stellte vor laufenden Fernsehkameras klar, dass die Unternehmer in seinem System eine dienende Rolle zu spielen hätten. Sie dürften weiter ihren Geschäften nachgehen, so kündigte er gnädig an, und vor allem: ihr zusammengetrickstes Vermögen behalten. Aber dafür dürften sie sich nicht mehr in die Politik einmischen. Als der Ölmagnat Michail Chodorkowski gegen Putins neue Ordnung aufbegehrte, ließ ihn der Präsident verhaften und für zehn Jahre ins Gefängnis sperren. Die Oligarchen waren noch immer reich, aber politisch waren sie entmachtet.

Wenige haben die fatalen Wirkungen der westlich inspirierten Wirtschafts- und Privatisierungspolitik der frühen Neunzigerjahre so gut verstanden wie Alexej Nawalny, der Regimegegner und Demokratieaktivist, der im Februar 2024 in einem sibirischen Straflager umgebracht wurde. Im letzten Essay vor seinem Tod hatte er über seine »Angst und seinen Hass« geschrieben, die ihn angesichts seines eigenen Schicksals und der verzweifelten Lage der russischen Opposition quälten.

Zur allgemeinen Überraschung galt sein Zorn dabei nicht nur Putin und dem staatlichen Unterdrückungsapparat. Er richtete sich vor allem gegen die russische Führungsschicht der Neunzigerjahre, die Geschäftemacher, Privatisierungshasardeure und ihre Helfer in der Politik. Sie hätten zwar »als Reformer« gegolten, schrieb Nawalny, aber in Wahrheit »nichts anderes im Sinn« gehabt, als »in die eigene Tasche zu wirtschaften«. Das habe den Boden für den russischen Rückfall in die Autokratie bereitet. »Nicht erst mit Putin im Jahr 2011, sondern mit Jelzin, Tschubais, den Oligarchen und der ganzen Komsomol-Bande, die sich Demokraten nannte, haben wir uns 1994, anstatt nach Europa zu gehen, in Richtung Zentralasien bewegt.«[16]

Dass die liberale Demokratie gefährdet ist, wenn sie nur einer kleinen Elite zugutekommt und ihr Wohlstandsversprechen nicht einlösen kann, hatten kluge Geister im Westen frühzeitig gesehen. »Wirtschaftliche Übergänge beginnen mit einem Tal der Tränen«, warnte der liberale Soziologe Ralf Dahrendorf bereits im Jahr 1990, wenige Monate nach den erfolgreichen Revolutionen in Osteuropa. Das sei ein »sicheres Rezept für Schwierigkeiten«, führte er aus, und könne »populistischen Führern nach dem Beispiel der Fundamentalisten, Peronisten oder sogar Faschisten den Weg ebnen«.[17]

Was Dahrendorf damit sagen wollte: Eine Plan- in eine Marktwirtschaft zu verwandeln, war keine leichte Aufgabe. Aber sie war so gut wie unlösbar, solange es keine funktionierenden Gerichte, keine erfahrene Bankenaufsicht und keine aufmerksamen Kartellbehörden gab. Das traf zumal für einen Staat wie Russland zu, in dem die Gewaltenteilung kaum entwickelt und autoritäres Denken jahrhundertelang eingeübt worden war.

Umso überzeugter waren viele im Westen, dass die übrigen Staaten Osteuropas weit besser auf den Umbau von Politik, Wirtschaft und Gesellschaft vorbereitet waren als das vermeintlich rückständige Russland. Zum einen, so lautete die herrschende Auffassung, konnten sich Länder wie Tschechien auf ihre demokratischen Traditionen vor dem Zweiten Weltkrieg stützen. Zum anderen blühten ihre Volkswirtschaften, seit sie der Europäischen Union Anfang des Jahrhunderts beigetreten waren.

Als an ihren Grenzen zu Deutschland, Italien oder Österreich die Zollhäuschen schlossen, standen Länder wie Rumänien oder Polen wirtschaftlich auf einer Stufe mit Schwellenstaaten wie Südafrika oder Argentinien. Knapp zwei Jahrzehnte später hatten sie die Vergleichsländer weit hinter sich gelassen. Das Pro-Kopf-Einkommen in den ehemaligen Ostblockstaaten hatte sich mehr als verdoppelt und erreichte etwa 70 Prozent des EU-weiten Durchschnitts. Slowenien und Tschechien brachten es sogar auf rund 80 Prozent.[18]

Ein ökonomischer Aufschwung hatte eingesetzt, der vor allem auf den Investitionen westlicher Industriekonzerne beruhte. Von Renault bis Rheinmetall hatten die Unternehmen nach der Jahrtausendwende Fabriken in die Beitrittsstaaten verlagert, um von den niedrigeren Löhnen und den gut ausgebildeten Arbeitskräften zu profitieren. Das kurbelte das Wachstum in Osteuropa an und erlaubte es den Westfirmen, ihre Produkte auf den Weltmärkten billiger anzubieten. Von einer Win-win-Situation sprachen Ökonomen, von einem Gewinn für alle Beteiligten, weil die neue Arbeitsteilung in Europa gut bezahlte Jobs in Ost wie West sicherte.

Wer genauer hinschaute, entdeckte freilich rasch, dass die Fundamente des vermeintlich fest gefügten Erweiterungsbaus brüchig waren. Das war etwa bei vielen der in Rekordzeit errichteten Westfabriken der Fall: Einerseits galten ihre Beschäftigten als Wendegewinner, weil sie mehr verdienten als Kollegen inländischer Betriebe. Andererseits aber lagen ihre Löhne deutlich unter

Westniveau, obwohl die Arbeit an den Produktionsbändern nahezu identisch war.

Kein Wunder, dass sich viele Beschäftigte als Arbeitnehmer zweiter Klasse fühlten. Im Juni 2017 etwa streikten die VW-Arbeiter in der slowakischen Hauptstadt Bratislava, weil sie höchstens halb so viel verdienten wie ihre Kollegen in Westeuropa.[19] Zwar gelang es dem Konzern aus Wolfsburg, den Arbeitskampf mit einer kräftigen Lohnerhöhung zu beenden. Doch verwies der Konflikt auf ein grundlegendes Problem im nachkommunistischen Europa, das im Übrigen auch die neuen Bundesländer im wiedervereinigten Deutschland betraf. Die Beitrittsregionen waren zu verlängerten Werkbänken der sogenannten Headquarter-Ökonomien geworden, zu denen Frankreich und Deutschland, aber auch Steueroasen wie Luxemburg und die Niederlande zählten.[20]

Das nährte in vielen Regionen des Kontinents das Gefühl, von einer fernen westeuropäischen Elite dominiert und abgeschöpft zu werden. Jedes Jahr, so zeigten die Studien von Ökonomen, flossen Gewinne in Milliardenhöhe von Ost nach West, was linke wie rechte EU-Kritiker in den Beitrittsländern nutzten, um Stimmung gegen den Staatenbund zu machen.

Hinzu kamen die Verwerfungen im Inland. In den meisten Staaten Osteuropas konzentrierten sich die Einkommenszuwächse auf die städtischen Zentren, wo das Geld in global vernetzten Design- und Softwarebüros verdient und in glitzernden Einkaufspassagen und Amüsiervierteln ausgegeben wurde. In Prag kletterten die Verdienste auf über 200 Prozent der durchschnittlichen Werte im Westen, in Bukarest auf knapp 180 und in Warschau auf mehr als 160 Prozent.[21]

In den agrarisch oder industriell geprägten Landstrichen des polnischen oder slowakischen Ostens hingegen erreichten die Einkommen oft nicht einmal ein Viertel des Metropolenniveaus; und so kam es, dass der Osterweiterung der Europäischen Union eine

Westwanderung der Arbeitskräfte folgte. In den zwei Dekaden seit der Jahrtausendwende verließen jährlich zwischen 200 000 und 700 000 Frauen und Männer ihre Heimat, um als Pflegerinnen in Wien, als Monteure in Hamburg oder Klempner in London zu arbeiten. Bulgarien verlor in dem Zeitraum über 15 Prozent seiner Bevölkerung an den Westen, Rumänien mehr als 10 Prozent.[22]

Vor allem gut ausgebildete junge Frauen gingen; zurück blieben alte, alleinstehende Männer, was die strukturschwachen Abwanderungsregionen noch mehr verarmen und veröden ließ. »Reiche Städte, armes Land«, das war die neue soziale Spaltung in vielen Staaten Osteuropas, der die Regierenden in Brüssel, Warschau oder Bratislava hilflos gegenüberstanden.[23] Obwohl sie Milliarden an EU-Geldern in die entvölkerten Gebiete pumpten, um Straßen zu bauen und Altstädte zu sanieren, konnten sie nicht verhindern, dass sich eine Mischung aus Frust und Fatalismus über viele Regionen legte.

So tief war die Kluft, dass sich bald Politiker fanden, die aus dem Konflikt zwischen städtischem Establishment und ländlicher Volkswut Kapital zu schlagen wussten. Vladimír Mečiar war der Erste, der als Ministerpräsident der Slowakei schon Anfang der Neunzigerjahre mit der populistischen Parole die Macht errang, er werde die Interessen des slowakischen Volkes gegen eine antislowakische Elite verteidigen.[24]

Zehn Jahre später folgte der bulgarische Premierminister Bojko Borissow demselben Programm. Der frühere Karatelehrer und Leibwächter des langjährigen Staatschefs Todor Schiwkow wurde wegen seines schwarzen Mantels gern »Batman des Königs« genannt; als Politiker indes gab er den Anwalt des »wahren bulgarischen Volkes«, der ankündigte, gegen die »Lügner im Parlament« vorzugehen.[25]

Das war sein erstes Versprechen. Das zweite bestand darin, mit der Korruption der sozialistischen Vorgängerregierung aufzuräumen – ein Plan, den Borissow nur teilweise einhielt. Als er im Jahr

2009 an die Macht kam, vertrieb er zwar die meisten Sozialisten von ihren lukrativen Posten, aber nur, um seine eigenen Günstlinge an ihre Stelle zu setzen. Borissows Mafiakontakte, seine dubiosen Bauprojekte und seine Gefälligkeiten für befreundete Oligarchen: All das führte dazu, dass die Organisation Transparency International Bulgarien fortan als eines der korruptesten Länder Europas einstufte.[26]

So ähnlich lief es in vielen osteuropäischen Staaten nach der Wende. Überall gründeten sich konservative, liberale oder sozialdemokratische Parteien, wie es sie auch im Westen gab. Weil sie aber nur auf wenige Mitgliedsbeiträge, staatliche Zuschüsse oder legale Spenden zählen konnten, mussten sie sich andere Finanzquellen suchen.

Die Lösung war ein meist unheilvoller Deal mit der Wirtschaft, bei dem der natürliche Gegensatz zwischen privatem und öffentlichem Interesse keine Rolle mehr spielte. Die Politiker waren den Unternehmern zu Diensten, indem sie ihnen Aufträge, Genehmigungen oder Baugrund beschafften. Im Gegenzug schmierten die Unternehmer die Politik. Von einem »System der gegenseitigen Korruption« sprach die Princeton-Professorin Kim Lane Scheppele.[27]

Immerhin: Solange es mehrere Parteien und Oligarchen gab, umwehte das System ein Hauch von Wettbewerb. Zugleich hatten Wahlen einen anderen Charakter als im Westen. Nicht nur um Programme und Positionen ging es, sondern um die Frage, welchem Parteien-Unternehmer-Bündnis es gelang, sich die Pfründe, Posten und Ressourcen des Staates zu sichern.[28]

Es lag in der Luft, dass ein osteuropäischer Politiker irgendwann den Versuch unternehmen würde, das Oligarchensystem nach dem autokratischen Vorbild Russlands in ein staatliches Monopol zu verwandeln. Überraschend war eher, dass ein ehemaliger Musterdemokrat dieses Experiment schließlich startete.

Viktor Orbán, ein früherer Funktionär der kommunistischen

Jugendorganisation Ungarns, hatte schon in den letzten Monaten des sterbenden Regimes mit einer Gruppe von befreundeten Jurastudenten eine eigene Bewegung gegründet, die sich bald als Partei aufstellte. Ihr Name: Fiatal Demokraták Szövetsége (»Bund Junger Demokraten«), abgekürzt Fidesz. Sie waren jung, liberal und unkonventionell, trugen Jeans und lange Haare, stritten gegen Nationalismus und Populismus. Besonders harsch wandten sie sich gegen das enge Bündnis zwischen Politik und katholischer Kirche, das die regierende Koalition unter dem konservativen Premier József Antall pflegte. Es sei »offensichtlich«, wetterte Orbán in einer Rede im Jahr 1992, dass die Kirchen Antalls Partei als »Verbündeten gegen die Gesellschaft« gewinnen wollten. Das aber, so befand er, entspreche nicht der »angemessenen Position« der Religion »in einer modernen Gesellschaft«.[29]

Als junger Mann schätzte Orbán die Freiheit, aber noch mehr schätzte er die Macht. Er war nicht in die Politik gegangen, um Preise von liberalen Stiftungen in aller Welt einzusammeln, auch wenn er die zeitweilig gern entgegennahm. Er wollte regieren, und so begann er, diesem Ziel alles andere unterzuordnen.

Orbán räumte seine innerparteilichen Rivalen zur Seite und verordnete seiner Truppe einen scharfen Rechtsschwenk. Die Freiheitsfreunde von einst mussten sich nun Krawatten umbinden, konservative Zeitungsverleger umschmeicheln und von nationaler Größe, christlicher Erziehung und traditionellen Familienwerten schwärmen.

Der Parteichef hatte die Wahl zum Ministerpräsidenten einmal gewonnen und einmal verloren. Nun wollte er die Macht erneut erringen und möglichst nie wieder abgeben. Er hatte gesehen, mit welchen Botschaften sich Kremlherrscher Putin Zustimmungswerte von 60 Prozent und mehr sicherte, und er war überzeugt, dass sich in Ungarn eine ähnliche Wut auf die wirtschaftlichen und politischen Eliten entwickelt hatte wie einst in Russland.

Vor der internationalen Finanzkrise des Jahres 2008 waren Hunderttausende Ungarn dem Rat ihrer Banken gefolgt und hatten zinsgünstige Kredite in Schweizer Franken aufgenommen. Dann war das US-Bankhaus Lehman Brothers zusammengebrochen, und der Kurs des ungarischen Forint war ins Bodenlose gestürzt. Viele Schuldner sahen sich plötzlich einer Kreditlast gegenüber, die sich über Nacht vervielfacht hatte. Auf Druck ihrer Geldhäuser, deren Zentralen fast ausnahmslos im Westen lagen, mussten sie ihre Kredite umschulden – oder ihr zumeist frisch erworbenes Wohneigentum verkaufen.[30] Die Banken, wetterte Orbán noch Jahre später, hätten ihre Kunden »schutzlos ausgetrickst«.[31]

Ähnlich heizte er die Wut auf die sozialistische Regierung an, die zum Opfer ihrer Schuldenwirtschaft geworden war. Das Budapester Kabinett musste um Hilfskredite bei der Weltbank, der EU und dem Internationalen Währungsfonds betteln. Im Gegenzug drückte das Washingtoner Finanzinstitut der ungarischen Regierung ein scharfes Sparprogramm auf: geringere Gehälter für die öffentlichen Beschäftigten, höheres Rentenalter, steigende Mehrwertsteuern.

Die Regierung hatte schon zuvor ein katastrophales Bild abgegeben. Sie war in zahlreiche Korruptionsskandale verstrickt, und im Jahr 2006 hatte Premier Ferenc Gyurcsány in einer internen Rede eingeräumt, dass seine Regierung die Bevölkerung »von morgens bis abends« und »nach Strich und Faden belogen« habe.[32]

Die sogenannte Lügenrede zerstörte nicht nur die Glaubwürdigkeit der Regierung, sie führte auch dazu, dass viele Ungarn das Vertrauen in Marktwirtschaft und Demokratie verloren. 1991 hatten noch rund 80 Prozent der Bevölkerung in einer Umfrage angegeben, dass sie den Übergang zum Kapitalismus für eine gute Sache hielten. 2009 teilten nur noch 46 Prozent diese Einschätzung. Die Zustimmung zum Mehrparteiensystem sank von 74 auf 56 Prozent, und fast drei Viertel der Befragten vertraten die Auffassung, es sei ihnen im Kommunismus besser gegangen.[33]

Ungarn galt mal als die »lustigste Baracke« im sozialistischen Lager. Das Regime des langjährigen Parteichefs János Kádár hatte mit seinen Freiheiten für Landwirte und Kleinunternehmer jenen »Gulaschkommunismus« der Sechziger- und Siebzigerjahre geschaffen, dem viele Ungarn nun nostalgisch hinterhertrauerten.

Die Transformation zur Marktwirtschaft hatte neue Freiheiten, Westwaren und Reisemöglichkeiten gebracht, aber auch eine bislang unbekannte Form der Unsicherheit. Viele Ungarn nahmen sie als fortlaufende Kette von Krisen und Katastrophen wahr. Erst mussten sie die Firmenzusammenbrüche und Inflationsjahre der Nachwendezeit überstehen, nun wurden sie Opfer eines außer Kontrolle geratenen westlichen Finanzkapitalismus. Die Regierenden in Budapest wiederum erschienen ihnen wie eine neue Variante der kommunistischen Nomenklatura, in der Politiker und Geschäftemacher die Pfründe des Staates unter sich aufteilten.

Es war die Mischung aus Regierungsversagen, sozialer Spaltung und Finanzkrise, die schon in Russland den Boden für den Aufstieg eines autoritären Retters bereitet hatte. In Ungarn übernahm die Rolle Viktor Orbán, der einst liberale Oppositionsführer, der sich zum Nationalkonservativen gewandelt hatte. Der ökonomische und moralische Bankrott der Nachwendeordnung bahnte ihm nicht nur den Weg für seinen Erdrutschsieg bei den Wahlen im Frühjahr 2010. Er lieferte ihm auch den Vorwand, seine Zweidrittelmehrheit im Parlament für einen tiefgreifenden Umbau der Verfassung und des politischen Systems zu nutzen.

Kaum an der Macht, besetzte Orbán die Schaltstellen des Staates mit seinen Vertrauten, machte sich das oberste Gericht des Landes untertan und änderte die Wahlgesetze zugunsten seiner Fidesz-Partei. Genauso gut hätte er auch »ein Präsidialsystem nach französischem Muster einführen können«, argumentierte er mit der Gerissenheit des studierten Juristen. Nun hatte er seine Position eben auf anderem Wege ausgebaut – und war dadurch in gewisser Weise noch mächtiger geworden, wie er im Interview mit der österreichischen *Kronenzeitung* klarstellte: Seine Reformen, so führte er aus, würden »nicht nur die Hände der nächsten, sondern der nächsten zehn Regierungen binden«.[34]

Es gehe um einen »Regimewechsel«, so kündigte er vier Jahre später an, nach einer weiteren gewonnenen Wahl. Zwar hatte sein Parteienbündnis diesmal deutlich weniger Stimmen eingefahren als zuvor, doch aufgrund der neuen, zu seinen Gunsten geänderten Gesetze reichte es wieder für eine Zweidrittelmehrheit.

Orbán sah das als Vertrauensbeweis, und so stellte er erstmals klar, was seinen angekündigten »Regimewechsel« leiten sollte. Nicht mehr die liberalen Werte des Westens, die sich nach seiner Auffassung in einem fortgesetzten Niedergang aus »Sex, Korruption und Gewalt« befanden. Sondern die neuen autoritären Ordnungen in anderen Teilen der Welt, die er im Aufwind sah. »Heute sind die Stars der internationalen Analyse Singapur, China, Indien, die Türkei und Russland«, so führte er aus. Nach ihrem Vorbild werde sich nun auch Ungarn »von westeuropäischen Dogmen verabschieden« und ein »Gemeinwesen organisieren, das international wettbewerbsfähig« sei. Für die neue Ordnung, die ihm vorschwebte, hatte er auch schon einen Namen. Er nannte sie »illiberale Demokratie«.[35]

Erstmals hatte die neue Form der Autokratie damit in einem Mitgliedsstaat der Europäischen Union Fuß gefasst. Es war ein Dammbruch, aber kaum jemand wollte ihn sehen. In den westlichen EU-Hauptstädten nahm man Orbáns diktatorische Wende nicht sonderlich ernst. Dort galt er als der skurrile Möchtegernautokrat eines osteuropäischen Kleinstaates, der sich schon bald wieder in den politischen Mainstream des Staatenbundes einfinden würde. Als der starke Mann aus Budapest ein Jahr später zum EU-Gipfel nach Riga kam, begrüßte ihn Kommissionspräsident Jean-Claude Juncker zwar mit einem spöttischen »Hallo Diktator«. Doch anschließend knuddelte er den Regierungschef umso herzlicher, um deutlich zu machen, dass alles nur ein großer Spaß war.

Orbáns politische Wirkung in der EU wuchs trotzdem, wie sich bald zeigen sollte. In einer wachsenden Zahl osteuropäischer Länder nahmen sich rechtskonservative Politiker Orbáns autoritäres Modell zum Vorbild, die Kaczyńsky-Brüder in Polen zum Beispiel, die das Land ab 2015 acht Jahre lang regierten. Oder der slowakische Regierungschef Robert Fico, der nach seinem Amtsantritt im Jahr 2023 ähnlich autoritäre Reformen umsetzte wie einst Orbán.

Die EU-Staaten Osteuropas galten nach der Wende vielen im Westen als sichere Zonen der Demokratie. Doch das erwies sich als eine allzu optimistische Einschätzung. In Wahrheit waren die Länder, die mit ihren »samtenen Revolutionen« einst den Kommunismus abgeschüttelt hatten, wirtschaftlich verwundbar, wie sich in der Finanzkrise zeigte. Damals brach die Konjunktur in Ungarn, Tschechien oder der Slowakei weit stärker ein als im Westen. Es gab große gesellschaftliche Gegensätze, und die Wirtschaft der ehemaligen Warschauer-Pakt-Staaten war durchsetzt mit oligarchischen Strukturen. Das machte sie anfällig für jene populistischen Politiker, die versprachen, die Interessen des Volkes gegen eine korrupte Elite zu vertreten.

Die fragilen Demokratien Osteuropas bildeten die Frontlinie in der neuen Systemauseinandersetzung zwischen Demokratie und Autokratie; doch wie schon im Kalten Krieg der Fünfziger- und Sechzigerjahre gab es noch eine weitere Konfliktzone, die in Europa nicht so stark beachtet, aber weltpolitisch kaum weniger relevant war. Sie lag jenseits des Atlantiks, rund 9000 Kilometer weiter südwestlich.

DER SOZIALISMUS DES 21. JAHRHUNDERTS

An einem schwülwarmen Oktobertag des Jahres 2003 bahnte sich ein Auto den Weg durch den dichten Berufsverkehr der venezolanischen Hauptstadt Caracas. Auf den Straßen stauten sich betagte amerikanische Oldtimer aus den Fünfzigerjahren, qualmende Reisebusse und moderne Luxuslimousinen mit getönten Scheiben; und so kam der Wagen auf seinem Weg durch die Elendsquartiere der Außenbezirke und die Hochhausschluchten der City nur langsam voran.

Im Innenraum saßen europäische und argentinische Journalisten sowie eine ehrgeizige Politikerin aus Deutschland. Sahra Wagenknecht, deren Markenzeichen es war, sich im Stil der sozialistischen Ikone Rosa Luxemburg zu kleiden, war damals stellvertretende Vorsitzende der SED-Nachfolgepartei PDS und Chefin ihres linken Flügels, der Kommunistischen Plattform. Sie wollte wissen, was es mit dem neuen lateinamerikanischen Sozialismus auf sich hatte, den der venezolanische Präsident Hugo Chávez knapp fünf Jahre zuvor eingeführt hatte.

In den folgenden Tagen begleitete sie Ministerialbeamte, die staatliche Lebensmittelläden in den armen Vorstädten aufbauten. Sie kam mit Passanten ins Gespräch, die spontan »Es lebe Chávez!« riefen. Und sie durfte im Studio einer Fernsehshow miterleben, wie der Staatschef mit den »unglaublich warmen, dunklen Augen in seinem charismatischen Gesicht« (Wagenknecht) den Zuschauern seine Land- und Bildungsreformen erklärte. Venezuela wolle »aus der verheerenden Entwicklungslogik ausbrechen, die seit dem Ende des Kalten Krieges und dem globalen Siegeszug des neoliberalen Kapitalismus herrscht«, so schrieb sie später in einem von ihr herausgegebenen Buch über »Hugo Chávez und Venezuelas Zukunft«.[1]

Begeistert hatten ihre Gesprächspartner nicht zuletzt von der guten medizinischen Versorgung erzählt, die ihnen der Präsident durch ein Abkommen mit einem befreundeten Nachbarland gesichert hatte: Kuba. Die Karibikinsel, die seit der Revolution von Fidel Castro und Ernesto »Che« Guevara im Jahr 1959 kommunistisch regiert wurde, schickte seit der Jahrtausendwende Tausende gut ausgebildete Ärzte in die Armenviertel von Caracas oder Valencia, der drittgrößten Stadt des Landes. Im Gegenzug lieferte Chávez Öl zum Vorzugspreis.

Der Handel war mehr als eines der üblichen Tauschgeschäfte zwischen Regierungen der Region. Er war das Signal an die Welt, dass Castro und Chávez nach dem Untergang der Sowjetunion einen neuen Sozialismus für Lateinamerika entwickeln wollten. Gegen den sogenannten Washington-Konsens des Westens sollte die Achse Havanna–Caracas beweisen, dass die Reichtümer des Kontinents nicht nur einer kleinen Klasse von Besitzenden und Privilegierten, sondern der breiten Masse des Volkes zugutekommen konnten.

Der Öl-gegen-Ärzte-Deal, so formulierte es Wagenknecht, sei aus »tiefempfundener Solidarität mit dem neuen Venezuela« entstanden. Zudem diene er dazu, »die Errungenschaften der Kubanischen Revolution wieder sicherer zu machen, als dies vor sieben bis acht Jahren der Fall war«.[2]

Tatsächlich speiste sich Chávez' Aufstieg in den Neunzigerjahren aus zwei Quellen: seinen persönlichen und politischen Verbindungen zu den Altrevolutionären in Havanna. Und dem politischen wie ökonomischen Bankrott der venezolanischen Demokratie.

Dabei hatte das Land noch in den Siebzigerjahren als Saudi-Arabien Lateinamerikas gegolten. Damals verfügte es über eines der höchsten Pro-Kopf-Einkommen der Welt. In Caracas schraubten sich futuristische Wolkenkratzer in den Himmel, und selbst Angehörige der Mittelschicht konnten es sich leisten, zum Shoppen nach Miami zu fliegen.[3]

Zudem hatte sich nach langen Jahren der Diktatur eine parlamentarische Demokratie herausgebildet, die im Ruf stand, eine der stabilsten Südamerikas zu sein. Eine Mitte-rechts- und eine Mitte-links-Partei wechselten sich nach europäischem Vorbild in der Regierung ab, Extremisten spielten im Gegensatz zu anderen Ländern des Kontinents kaum eine Rolle.

Doch dann fiel Venezuela einer Krankheit anheim, die in der Ökonomie als »Fluch der Ressourcen« bekannt ist. Es klingt paradox und ist doch ein wiederkehrendes Muster der Wirtschaftsgeschichte: Länder, die mit Bodenschätzen reich gesegnet sind, können an ihrem Reichtum zugrunde gehen. Jedenfalls dann, wenn sie die Erträge gleich wieder ausgeben und es ihnen nicht gelingt, Geld für die Zukunft zurückzulegen.

In Venezuela gelang es nicht. Weil sich die Währung des Landes im Ölboom der Siebziger- und frühen Achtzigerjahre stark verteuert hatte, lohnte es sich für die Industriekonzerne kaum noch, im Inland zu produzieren. Die dort hergestellten Waren ließen sich auf dem Weltmarkt nicht mehr verkaufen, und so schlossen viele Fabriken ihre Tore. Immer mehr Produkte mussten eingeführt werden.

Zugleich vertiefte sich die soziale Kluft im Land. Während die Mittelschicht verarmte, machte sich eine schmale Oberschicht aus Grundbesitzern und Ölbaronen, Gewerkschaftsbossen und Parteifunktionären den Staat zur Beute. Ein Machtkartell war entstanden, in dem 500 bis 700 Familien den Reichtum und die Herrschaft des Landes unter sich aufteilten. Manche waren über die Kolonialgeschichte und ihre Nachwirkungen zu Reichtum und Ansehen gekommen, andere durch die Politik, wieder andere durch ihre Rolle im Militär.

In der aufgeblähten Verwaltung blühte die Korruption. Und während die Regierung tatenlos zusah, wie sich Manager und Mitarbeiter die Gewinne der nationalisierten Ölgesellschaft zuschoben, versagte sie bei ihren ureigensten Aufgaben. In den Armenvierteln fielen notorisch Wasser und Strom aus, Hunderttausende mussten sich als Tagelöhner durchschlagen.[4]

Als dann der Ölpreis Mitte der Achtzigerjahre in ein lang anhaltendes Tief rutschte, geriet das einst so erfolgreiche Land endgültig aus der Balance. Um die schwindenden Öleinnahmen auszugleichen, machte die Regierung in großem Stil Schulden, für die sie von Jahr zu Jahr mehr Zinsen zahlen musste. Das Land saß auf den größten Ölreserven der Welt und konnte dennoch seine Kredite nicht mehr bedienen. Um Venezuela vor der Pleite zu retten, presste der Internationale Währungsfonds dem Land eines seiner berüchtigten Sparprogramme ab, das die soziale Spaltung weiter vertiefte.

Als die Regierung Anfang 1989 unangekündigt den Benzinpreis verdoppelte, kam es zur Explosion. Die Armee eröffnete das Feuer auf verarmte Slumbewohner, die plündernd durch die Innenstädte gezogen waren. Offiziell gab es 372 Tote, doch Experten gingen davon aus, dass der Aufstand allein in Caracas mehr als 2000 Einwohner das Leben gekostet hatte. Mehrere Tausend waren verwundet worden.[5]

Im selben Jahr, in dem in Europa der Eiserne Vorhang fiel, hatten die regierenden Parteien in Venezuela ihren Kredit verspielt. In den Ländern der ehemaligen Sowjetunion sollte sich die Oligarchenherrschaft erst noch entwickeln, in dem einstigen Vorzeigeland Lateinamerikas dagegen hatte ihre venezolanische Variante das politische Klima bereits unrettbar vergiftet. »Die Demokratie«, befanden führende Oppositionspolitiker, »ist diskreditiert.«[6]

So sah das auch Hugo Chávez, ein junger, linksgerichteter Offizier in der Militärakademie von Caracas, der mit gleichgesinnten Kameraden seit Langem an Plänen für einen Putsch arbeitete. Ihr

Versuch, im August 1992 den Präsidentenpalast zu stürmen, scheiterte indes kläglich. Erst verirrten sich die Rebellen im Straßenlabyrinth der Hauptstadt. Dann blieb ein Lastwagen mit Munition im Verkehr stecken.

Die Erklärung aber, mit der Chávez seine Kameraden im Staatsfernsehen zum Aufgeben anhielt, machte ihn schlagartig berühmt. »Legt eure Waffen nieder«, beschwor er sie. »Ich allein werde die Verantwortung für diesen militärischen Aufstand schultern.«[7]

Ein Anführer hatte sich zu Wort gemeldet, der anders als die zivilen Politiker des Landes bereit war, die Konsequenzen für sein Tun zu tragen. Und der überdies versprach, seinen Kampf gegen das verrottete System des Landes fortzusetzen, wenn auch künftig mit friedlichen, politischen Mitteln.[8]

Über Nacht war der Linken ein neuer Hoffnungsträger erwachsen, dessen Aufstieg nicht nur in den Slums von Caracas oder Valencia mit Begeisterung aufgenommen wurde, sondern auch in den Intellektuellencafés von Lima, Santiago de Chile oder Buenos Aires. Und, ganz besonders, in der kommunistischen Parteizentrale in Havanna.

Dort war Fidel Castro nach dem Zusammenbruch der Sowjetunion auf der verzweifelten Suche nach einem Ersatz für die finanziellen Hilfen, die bisher aus Moskau gekommen waren. Schon immer hatte er ein Auge auf das ölreiche Venezuela geworfen, zu dem er früh Verbindungen geknüpft hatte. Unmittelbar nach der Kubanischen Revolution 1959 war der »Máximo Líder« nach Caracas gereist. In den Sechzigerjahren hatte er linke Guerillakämpfer in den venezolanischen Bergen unterstützt. Und nun sah er in Chávez, der wegen des Putsches eine zweijährige Haftstrafe absaß, eine Art Perspektivagenten für einen neuen sozialistischen Aufbruch in Lateinamerika und darüber hinaus.[9]

Kaum war der ehemalige Putschist aus der Haft entlassen, empfing ihn der Revolutionsführer auf Kuba wie einen Staatsgast. Der

Venezolaner hatte im Gefängnis Castros Schriften studiert, der wiederum das »taktische und strategische Denken« seines Besuchers rühmte.[10] Zwei Volkshelden taten sich zusammen, die vieles verband. Beide hatten versucht, mit der Hilfe des Militärs an die Macht zu kommen. Beide hatten für ihre Überzeugungen im Gefängnis gesessen. Beide verstanden sich perfekt darauf, mit flammenden Auftritten Menschenmassen in ihren Bann zu ziehen.

Ihre politischen Positionen indes waren nicht in allen Punkten deckungsgleich. Chávez sprach gern lobend über »kleinere und mittlere Unternehmer«, die »durchaus nationale und regionale Visionen zur Lösung der Wirtschaftsprobleme haben«.[11] Sein Programm war eine wirre Mischung aus linken Umverteilungsideen, christlicher Erlöserrhetorik und lateinamerikanischer Unabhängigkeitsromantik. Nach seinem großen Vorbild, dem Freiheitskämpfer Simón Bolívar (1783–1830), nannte er es »Bolivarismus«.

Für Castro hingegen gab es keinen Zweifel, dass die neue Linke die alte sein müsse. »In Venezuela nennt ihr den Kampf um menschliche Würde Bolivarismus«, befand der Revolutionsführer, »in Kuba heißt er Sozialismus.«[12] Mehr als der Streit um Etiketten interessierte ihn jedoch, dass Venezuela anders als die notorisch klamme Karibikinsel über ausreichende Mittel für eine gesellschaftliche Weiterentwicklung verfügte. Mehr als 200 Milliarden Dollar Öleinnahmen seien in den letzten 20 Jahren in Venezuela »einfach verschwunden«, erzählte Chávez bei ihrem Treffen in Havanna. »Und wo ist das Geld geblieben?«, fragte Castro. »Auf den ausländischen Bankkonten der Mächtigen, Zivilisten wie Soldaten, die sich die Taschen gefüllt haben«, antwortete Chávez.[13]

Castro kannte einen besseren Ort für das Geld; seinen Vorschlag allerdings, in Venezuela eine Revolution nach kubanischem Vorbild zu organisieren, wies Chávez zurück. Er habe eine »überwältigende Mehrheit der Venezolaner hinter sich«, vor allem in den Armenvierteln, argumentierte der Ex-Offizier. Deshalb wolle er die Macht auf demokratischem, unblutigem Wege erringen: durch Wahlen, eine neue Verfassung, Referenden. Castro zweifelte, aber er stimmte zu, und so besiegelten die beiden Politiker im Havanna der frühen Neunzigerjahre eine Freundschaft, die dem Sozialismus genau in dem Moment neues Leben einhauchen sollte, in dem er in Europa zusammengebrochen war.

Dass ihr Plan aufging, hatten sie ausgerechnet den venezolanischen Altparteien zu verdanken. Während Chávez die Kräfte der radikalen Linken hinter sich versammelte, sahen die demokratischen Regierungen in Caracas hilflos zu, wie die Wirtschaft ihres Landes in immer neuen Krisen versank. Erst war Venezuela in eine Rezession gerutscht. Dann musste die Regierung einige der größten Banken des Landes mit Milliardenbeträgen vor der Pleite retten. Schließlich kletterte die Inflationsrate auf mehr als 60 Prozent und entwertete die Spareinlagen der Bevölkerung. Das Kapital floh aus dem Land, zugleich lebten nun mehr als drei Viertel der Venezolaner an der Armutsgrenze.[14]

Es war deshalb keine Überraschung, dass Chávez bei den Präsidentschaftswahlen 1998 eine überwältigende Mehrheit errang. Zuletzt hatten sich auch Vertreter der Wirtschaft und des alten Regimes hinter den Erneuerer gestellt.

Erstmals seit Langem hatte in einem lateinamerikanischen Schlüsselland wieder eine Regierung mit radikal linker Agenda die Macht errungen. Nach den Militärdiktaturen der Sechziger- und Siebzigerjahre waren auf dem Kontinent vielerorts Regierungssysteme nach westlichem Vorbild entstanden. Sie brachten Politiker an die Macht, die sich als Vertreter des Volkes gaben, aber in Wahrheit in die eigene Tasche wirtschafteten.

Ähnlich wie in manchen Staaten Osteuropas bereitete auch in Venezuela das Versagen von Demokratie und Marktwirtschaft den Weg für einen autoritären Rückfall. Die Kombination aus Ungleichheit und Korruption, aus Finanzkrise und Geldentwertung hatte schon in Russland und Ungarn den Nährboden für eine antiliberale Neuordnung geschaffen. Nun geschah Ähnliches in Venezuela.

In Osteuropa sollten bald Regierungssysteme entstehen, deren ideologischer Überbau eher rechtsgerichteten Denkschulen entstammte. Dagegen kam die Alternative in Lateinamerika von links, was sie zum Vorbild für eine ganze Reihe von ideologisch ähnlich ausgerichteten Regimen auf dem Kontinent machte. Zugleich bedeutete der Sieg der Chávez-Bewegung eine Überlebensgarantie für eines der ältesten und am meisten gefährdeten sozialistischen Regime der Region. Castros Sieg war eine Niederlage für den Westen, die in den Hauptstädten Europas und Nordamerikas freilich kaum zur Kenntnis genommen wurde.

Umso größer war die Freude der Beteiligten. Ein Jahr nach seinem Wahlsieg reiste Chávez nach Havanna, um in einem der größten Stadien der Stadt mit Castro Baseball zu spielen, eine Lieblingssportart des Kubaners und vieler US-Amerikaner. Das war nicht nur als kleine Gemeinheit gegen die Regierung in Washington gedacht, es sollte auch eines der seltsamsten politischen Bündnisse der Geschichte bekräftigen: zwischen einer Revolutionslegende und einem jungen Wahlsieger. Zwischen einer Touristeninsel und einem Ölstaat. Zwischen altem und neuem Sozialismus.

Die beiden Staatschefs sprachen von einer Allianz auf Augenhöhe, doch in Wahrheit sollte sich bald zeigen, dass Castro in der Beziehung den Ton angab. Es sei »bemerkenswert«, so schrieb der venezolanische Journalist Francisco Toro in einer Analyse für das US-Repräsentantenhaus, dass »die kleinere, ärmere, schwächere Nation in dem Verhältnis die Führungsfunktion ausübte«.[15] Von einer »kubanischen Mentorenrolle« sprach Toro, die Venezuelas Politiker zwang, »erst mal in Havanna nachzufragen, bevor sie eine Entscheidung von politischer Tragweite« trafen.[16]

Zunächst war davon aber wenig zu sehen. Ähnlich wie später

Putin und Orbán begann Chávez seine Regierungszeit als Reformer, als Reformer von links, versteht sich. Er wollte eine Politik im Interesse der Armen machen, ohne das einflussreiche Unternehmerlager des Landes zu verprellen. Ein Jahr nachdem in Venezuela der »Sozialismus des 21. Jahrhunderts« an die Macht gekommen war, konnten sich Beobachter allerdings des Eindrucks nicht erwehren, dass er sich vom Kapitalismus des 20. Jahrhunderts nicht sonderlich unterschied. Selbst Sahra Wagenknecht, die deutsche Chávez-Bewunderin, ließ in ihrem Reisebericht aus dem Jahr 2003 durchblicken, dass der neue Held der Linken keineswegs auf dem Boden kommunistischer Parteiorthodoxie zu stehen schien.

Zwar sei »die neoliberale Doktrin eine tödliche Bedrohung«, führte Chávez in einem Interview aus, das Wagenknecht in ihr Buch aufnahm. Doch sei er »kein Kommunist«. Stattdessen suche er wie sein Idol, der Unabhängigkeitskämpfer Bolívar, nach einem »Ausgleich zwischen den Extremen«. Nicht die gescheiterte Zentralverwaltungswirtschaft der Sowjetunion war sein Vorbild. Er orientierte sich an Modellen jener Länder, die abseits des westlichen Politik- und Wirtschaftssystems gerade sehr erfolgreich waren.

»China zum Beispiel«, sagte Chávez, »das eine sehr interessante Entwicklung hin zu einem marktwirtschaftlichen Sozialismus durchlebt.«[17]

CHINAS »FRIEDLICHER AUFSTIEG«

Am Nachmittag des 17. Mai 1989 versammelte sich die Spitze der Kommunistischen Partei Chinas im Privathaus von Funktionärspatriarch Deng Xiaoping. Gekommen waren KP-Chef Zhao Ziyang, die Mitglieder der Politbüroführung sowie Dengs Vertrauter Yang Shangkun, Vizechef der Zentralen Militärkommission.

Die Stimmung war angespannt. Seit Wochen hielten Studenten den Tian'anmen-Platz im Zentrum Pekings besetzt, verlangten Demokratie und Meinungsfreiheit und bejubelten Sowjetführer Michail Gorbatschow, dessen Staatsbesuch am Tag zuvor im Schatten der Studentenproteste gestanden hatte. Anstatt die politischen Gespräche zwischen den mächtigsten Parteiführern der kommunistischen Welt zu beleuchten, hatte die angereiste Weltpresse vornehmlich über die Forderungen der Demonstranten berichtet. Von einem »heillosen Schlamassel« sprach ein Teilnehmer.[1]

Dass die »chaotischen Zustände« (Deng) auf den Straßen dringend beendet werden müssten, darüber waren sich die Genossen einig. Über die richtigen Maßnahmen gab es Streit.

Parteichef Zhao wollte mit den Studenten verhandeln. Man müsse ihnen einen Ausweg zeigen, »damit sie zu ihren Universitäten zurückkehren«, argumentierte er. Sonst könne »alles Mögliche passieren«. Premier Li Peng dagegen plädierte für Durchgreifen. Es gebe »einen Berg von Beweisen«, dass die Protestierer »die Herrschaft der Partei beenden und das sozialistische System niederringen« wollten, warnte er. Das dürfe die Führung nicht dulden.[2]

Nun kam alles auf Deng an. Einerseits war der 84-jährige Altfunktionär der Vater der chinesischen Wirtschaftsreformen. Er hatte Ende der Siebzigerjahre jene Politik der Liberalisierung und Öffnung eingeleitet, die zahlreichen Regionen der Volksrepublik ein bislang unbekanntes Maß an Wachstum und Wohlstand eingebracht hatte. Andererseits war der altgediente Kommunist ein Mann der Exekutive. Er hatte das Chaos der Kulturrevolution erlebt, als Maos Rote Garden gegen die politische Elite der Volksrepublik gewütet und auch ihn selbst in die Provinz verbannt hatten. Er war fassungslos, als er sehen musste, wie die sowjetischen Genossen unter Gorbatschows Glasnost-Politik die Kontrolle über die Sowjetunion verloren. Und nun fürchtete er Ähnliches für die Volksrepublik, wenn die Partei auf die Forderungen der Studenten eingehen würde.

Natürlich wolle man »eine sozialistische Demokratie« aufbauen, belehrte er seine Funktionärskollegen. Was man aber nicht gebrauchen könne, sei »dieser westliche Kram«, wie ihn die Studenten forderten. Würde man jetzt eine Milliarde Chinesen zu freien Wahlen aufrufen, könnte dies »zu bürgerkriegsähnlichen Zuständen wie während der Kulturrevolution führen«. Um die Wirtschaftsreformen zu retten, fügte er hinzu, müsse die Partei die »Instabilität in Peking« beenden und »das Kriegsrecht« über die Stadt verhängen.[3] Die Führer von 22 chinesischen Provinzen signalisierten ihre Zustimmung.[4]

Kurz darauf rückten Soldaten auf den Platz des Himmlischen Friedens vor, zunächst unbewaffnet, später mit Panzern und Gewehren. Sie eröffneten das Feuer auf ihre jugendlichen Landsleute, es gab Hunderte, vielleicht auch Tausende von Toten, die Zahlen sind bis heute nicht geklärt. Sicher ist dagegen, dass der blutige Militäreinsatz, der auf jener denkwürdigen Parteisitzung in Peking beschlossen wurde, den Lauf der Geschichte veränderte.

Bis heute gilt im Westen der Mauerfall als wichtigstes Ereignis des Jahres 1989. Manches indes spricht dafür, dass das Massaker vom Tian'anmen-Platz mindestens genauso prägend war, definierte es doch jene chinesische Haltung zum westlichen Regierungs- und Gesellschaftsmodell, die für die nächsten Jahrzehnte bestimmend bleiben sollte. Während die Volksrepublik in Fragen der Wirtschaft in einem bisher nicht gekannten Ausmaß mit westlichen Methoden experimentierte, würde sie das Monopol der Partei um jeden Preis verteidigen.

Der Militäreinsatz auf dem Tian'anmen-Platz war eine Absage an die Demokratie, und er war das Signal, dass der Aufbau der Industrie auf Jahre hinaus Vorrang erhielt vor allem anderen. Die politische Führung könne die Wirtschaft nicht ordnen, wenn sie heute mit »großen Demonstrationen« und morgen »mit einem Haufen Wandzeitungen« beschäftigt sei, bekräftigte Deng.[5] Man benötige »Stabilität«, wenn man das Land »entwickeln« wolle.[6]

Das war das Besondere am chinesischen Modell. In Russland, Ungarn oder Venezuela waren es jeweils Krisen der Wirtschaft, die zu Krisen der Politik führten. Deng hatte eine andere Reihenfolge im Sinn: Die strenge Herrschaft der Partei solle sicherstellen, dass der Wohlstand im Land dauerhaft gesichert und ausgebaut werde. Später könne man dann immer noch über Demokratie reden.

Es gab gute Gründe, so glaubte er, sich auf die Ökonomie zu konzentrieren. Die chinesischen Wirtschaftsreformen, die unter seiner Leitung seit Ende der Siebzigerjahre vor allem in den Küstenregionen begonnen worden waren, hatten zwar zu einem enormen Aufschwung, aber auch zu großen Verwerfungen geführt. 1988 zum Beispiel war die Inflation in China auf hohe zweistellige Raten geklettert, nachdem die Regierung die Freigabe zahlreicher Preise, darunter die von Alkohol und Tabak, angekündigt hatte. In Panik hatten die Chinesen begonnen, Waren zu horten und Geld von ihren Konten abzuziehen. Die Pekinger Planer mussten zurückrudern, die Vergabe von Krediten erschweren und Investitionen zurückstellen.

Wie im kapitalistischen Westen kam es zu einer Konjunkturkrise, bei der das Wachstum um fast zwei Drittel einbrach.[7]

Besonders getroffen wurden Millionen von Wanderarbeitern, die zuvor aus ländlichen Regionen in die aufblühenden Küstenstädte gekommen waren, um unter oft prekären Verhältnissen in Textilfabriken oder auf dem Bau zu schuften. Nun fehlte es plötzlich an Jobs. Als die Behörden versuchten, das schlecht bezahlte Heer der Proletarier wieder in die Dörfer zurückzuschicken, kam es zu Aufständen und Unruhen.

Noch größer war der Ärger über Geschäftemacher und Spekulanten, die in Chinas neuem Wildwestkapitalismus zu Reichtum gekommen waren. Die Wut galt Unternehmern, die aus den Unterschieden zwischen staatlich festgesetzten und Marktpreisen Profit schlugen. Oder früheren Parteifunktionären, die als frischgebackene Firmenchefs ihre guten Drähte in die Verwaltung versilberten. »Wenn man die Fenster öffnet, um frische Luft hereinzulassen, kommen auch die Fliegen«, hatte Deng einst gewarnt. Nun kamen ganze Schwärme, und der Unmut über Chinas neue Bourgeoisie wurde zu einem Nährboden der Studentenproteste.

Die wachsenden sozialen Spannungen ließen sich jedoch nicht mit den Mitteln der liberalen Demokratie abfedern, davon war der Altkommunist überzeugt. Um die auseinanderstrebende Gesellschaft der Volksrepublik zusammenzuhalten, durfte der Blick nach seiner Meinung nicht gen Westen gehen. Er sollte sich nach Süden richten: ins benachbarte Taiwan zum Beispiel, das sich unter einem Einparteiensystem den Ruf eines »Tigerstaates« erworben hatte. Oder ins blühende Singapur, dessen Staatschef Lee Kuan Yew zwar ein Verbündeter der USA war, aber auch ein unerbittlicher Kritiker des westlichen Demokratie- und Gesellschaftsmodells.

In seiner langen Regierungszeit hatte der Cambridge-Jurist die ehemalige britische Kolonie in eine autoritäre Hochglanzmetropole verwandelt, in der Kaugummikauen genauso verboten wurde wie der Besitz von Drogen. Kommunisten wanderten ins Gefängnis, und Lees Partei errang bei den Parlamentswahlen nicht selten 90 Prozent der Mandate. Disziplin, Fleiß und Sparsamkeit waren seine Lieblingstugenden. Dass Politiker in Europa oder den USA allen alles versprechen mussten, um Wahlen zu gewinnen, war für ihn ein Zeichen des Niedergangs. In Asien baue alles »auf der Verantwortung des Einzelnen auf«, sagte er 1994 in einem Interview über gutes Regieren. Im Westen dagegen sei es umgekehrt: »Da sagt die Regierung, gib mir ein demokratisches Mandat, und ich löse alle Probleme der Gesellschaft.«[8] Das Ergebnis sei, so mahnte er, dass sich der Staat hoffnungslos übernehme.

Das Mittel, das Lee dagegensetzte, hieß Konzentration. Sein Ideal war der starke Staat, der sich fokussiert. Ein Staat, dem die Bürger Gehorsam schulden, der die Wirtschaft in die Zukunft steuert und sich vornehmlich um seine Aufgaben bei Bildung, Sicherheit und Infrastruktur kümmert. Demokratie? Das war eine westliche Spielerei, die keinen zählbaren Gewinn versprach.

Kein Wunder, dass sich Lee und Deng bestens verstanden, als sie sich Ende der Siebzigerjahre das erste Mal trafen. Der Chinese war nach Singapur gereist, um mit Lee über Außenpolitik zu konferieren, über die Sowjetunion, die USA, Vietnam. Als Deng wieder in Peking war, sprach er voller Hochachtung über Lees Weltoffenheit und Weitsicht. Mindestens genauso aber hatte ihn beeindruckt, was er in Singapur gesehen hatte: die Wolkenkratzer, die Fabriken, die sauberen Straßen; jene Zeichen von Modernität und Kontrollwut also, die der Stadtstaat zu seinem Markenzeichen gemacht hatte. »Es gibt eine gute gesellschaftliche Ordnung in Singapur«, sagte Deng. »Wir sollten von den Erfahrungen dort lernen und es dann besser machen.«[9]

Tatsächlich wurde Singapurs sanfte Autokratie zu einem der wichtigsten Orientierungspunkte in Dengs Plan, China ökonomisch voranzubringen und zugleich die Herrschaft der Kommunistischen

Partei zu bewahren. Er wollte weg von der gescheiterten Zentralverwaltungswirtschaft sowjetischen Typs, ohne das liberale Politik- und Wirtschaftsmodell des Westens nachzuahmen. Seine Antwort nannte er »Sozialismus mit chinesischen Charakteristiken«. In Wahrheit war es der singapurische Staatskapitalismus mit einer Prise sozialistischem Überbau. Deng hatte eine kontrollierte Form autoritärer Herrschaft im Sinn, wie sie später zum Ziel vieler Diktatoren im 21. Jahrhundert werden sollte.

Im Zentrum des Deng-Staates stand nicht das Parlament wie im Westen, sondern die Exekutive. Sie pflegte jenes Ideal der Bestenherrschaft, das Pekings Kommunisten noch aus dem chinesischen Kaiserreich geerbt hatten. Wer als sogenannter Mandarin in den Staatsdienst hatte eintreten wollen, hatte eine anspruchsvolle Aufnahmeprüfung ablegen müssen. So hatten die Herrscherdynastien über Jahrhunderte sichergestellt, dass die klügsten Köpfe das Riesenreich verwalteten.

Während der Kulturrevolution hatte Mao die Universitätsexamen ausgesetzt, um Arbeiter- und Bauernkinder zu fördern. Doch Deng führte die alte Praxis wieder ein. Seither stellte ein komplexes System aus Universitäten, Managementakademien und kommunistischen Hochschulen sicher, dass die künftigen Chefs der Partei- und Verwaltungseinheiten wie der Staatsunternehmen nicht nur hoch qualifiziert, sondern auch politisch zuverlässig waren. Das hatte Folgen für die gesamte Gesellschaft, führte das dazugehörige Prüf- und Kontrollsystem doch zu einem »ideologischen Homogenisierungseffekt für die chinesische Bevölkerung im Allgemeinen und für die Parteihierarchie im Besonderen«, urteilt der MIT-Professor Yasheng Huang.[10]

Zugleich erhielten die Führungskräfte in den Provinzen mehr Freiheiten. In der Planwirtschaft früherer Zeiten hatten die Kader strikte Vorgaben für Produktion, Beschaffung oder Personaleinsatz zu erfüllen gehabt. Deng gab ihnen neue Spielräume und setzte sie zugleich unter Druck. Einerseits durften die Regionen nun autonom Privatunternehmen zulassen oder Dorfkooperativen gründen. Andererseits wurden sie strikt am wirtschaftlichen Ergebnis gemessen, sodass es fortan einen intensiven regionalen Wettbewerb um die besten Unternehmenskonzepte und Ansiedlungen gab.

War das System zunächst auf die sogenannten Sonderwirtschaftszonen an den Küsten beschränkt, wurde es bald auf weitere Gebiete ausgedehnt. Hinzu kam, dass die Pekinger Zentrale weniger Mikromanagement betrieb und sich fortan vornehmlich an gesamtwirtschaftlichen Größen wie Steuern, Staatsausgaben oder Zinsen orientierte. Es waren Konzepte, die der US-Nobelpreisträger James Tobin im Auftrag der Weltbank für China entwickelt hatte.[11]

Dem Wettbewerb im Inneren folgte die Öffnung nach außen. Die regionalen Parteichefs durften ausländische Investoren anwerben, zugleich schickte die Regierung Millionen junge Chinesen zum Studieren nach Europa oder in die USA. Bedenken, dass die künftige Elite ihrer Heimat auf diesem Weg den Rücken kehren könnte, wischte Deng beiseite. Würden sie im Ausland bleiben, so war er überzeugt, könnten sie ihrem Vaterland ebenso nützlich sein.[12]

Das Forcieren der Wirtschaftsreform war das eine Erbe der Tian'anmen-Tragödie. Das andere war die Repression. Die politische Öffnung, die Pekings Führung vor den Protesten eingeleitet hatte, wurde zurückgedreht. Es galt wieder das Prinzip des »demokratischen Zentralismus«, wonach in der Partei diskutiert, eine einmal getroffene Entscheidung aber nicht infrage gestellt werden durfte.

Unangetastet sollten auch jene vier Prinzipien bleiben, die Deng einst zum Dogma erhoben hatte: der Sozialismus, die Diktatur des Proletariats, die Führungsrolle der Partei, die Lehren von Marx, Lenin und Mao. Wer gegen die Vorgaben verstieß, machte sich des »bürgerlichen Denkens«, des »Ultraindividualismus« oder der »geistigen Verschmutzung« schuldig.

Schlecht erging es auch jenen, die einer geächteten Religion angehörten oder nach Unabhängigkeit strebten. Tibetische Mönche wurden genauso weggesperrt wie muslimische Uiguren in der Provinz Xinjiang oder Angehörige der Falun-Gong-Sekte. Der Staat blieb Herr über Leben und Tod. In keinem anderen Land der Welt, so zeigten die jährlichen Berichte von Amnesty International, wurden so viele Menschen hingerichtet wie in China.[13]

Anfang der Zweitausenderjahre war die Volksrepublik ein autoritärer Obrigkeitsstaat, der sich von der westlichen Demokratie abgrenzte, aber sie war keine Autokratie. Und wenn es nach den politischen Führern jener Jahre ging, sollte sie das auch nie werden. Deng hatte durchgesetzt, dass die Amtszeiten der Parteispitze sowie des Staatspräsidenten auf maximal zehn Jahre begrenzt wurden. Das sollte die kollektive Führung des Landes absichern, eine Alleinherrschaft wie unter Mao verhindern und eine geregelte Nachfolge gewährleisten. So funktionierte es jahrelang: Der Wechsel im Amt des Generalsekretärs zu Hu Jintao im Jahr 2002 verlief genauso regelkonform wie die Übergabe des Postens an Xi Jinping im Jahr 2012.

Spektakulär waren Dengs Erfolge in der Wirtschaft. In Russland lagen die Pro-Kopf-Einkommen im Jahr 2000 in etwa genauso hoch wie 1990, in China hatten sie sich im selben Zeitraum beinahe verdreifacht, zehn Jahre später betrugen sie das Sechsfache. Millionen Chinesen waren in die Mittelschicht aufgestiegen. Die Volksrepublik baute Satelliten, Hochgeschwindigkeitszüge, Wolkenkratzer. Sie brachte Weltfirmen wie den Computergiganten Lenovo oder den Telekommunikationskonzern Huawei hervor. Das Land war zum größten Hersteller von Industriegütern und zum wichtigsten Gläubiger der USA aufgestiegen. Keine andere Nation hatte die Zahl der Armen so schnell verringert wie die Volksrepublik, kein anderer Staat beherbergte so viele Milliardäre.[14]

Das Wohlstandsversprechen, so sahen es die Genossen, hatten sie erfüllt. Doch in der Partei gab es neue Richtungskämpfe. Die Liberalen in der Führung glaubten noch immer, dass der ökonomische

Aufschwung über kurz oder lang das Parteimonopol aufweichen und politischen Wettbewerb ermöglichen werde. China werde seine »Reformen im Inneren beschleunigen und den Rechtsstaat stärken«, versprach 2005, im Jahr des Weltwirtschaftsgipfels im schottischen Gleneagles, der KP-Ideologe Zheng Bijian in einem Aufsatz für die US-Zeitschrift *Foreign Affairs*. Nach außen strebe die Volksrepublik »keine Vorherrschaft in weltpolitischen Angelegenheiten« an, sondern eine »Demokratisierung internationaler Beziehungen«.[15]

Von einer »harmonischen Gesellschaft« war in der Partei die Rede, worunter viele eine deutlich eingeschränkte Führungsrolle für die Genossen verstanden. Zum einen durften inzwischen auch Unternehmer Parteimitglieder werden. Zum anderen emanzipierte sich die Regierung immer stärker von den Vorgaben des Politbüros. Chinesische Diplomaten erklärten ihren westlichen Gesprächspartnern unumwunden, dass Dengs vier Prinzipien nur noch Folklore seien, ein nostalgisches Relikt der Vergangenheit wie der hölzerne Schaukelstuhl in einem Büro voller Bauhausmöbel. China wünsche sich nichts mehr, schrieb Zheng, als einen »friedlichen Aufstieg zum Großmachtstatus«.

Die Eliten aus der Zeit des Kommunismus spielten in der postsowjetischen Umgestaltung des früheren Ostblocks eine entscheidende Rolle. In Osteuropa unterwanderten sie die Demokratie und trugen zur Spaltung zwischen alten und neuen Führungsschichten bei. In Russland hatten sie Putin an die Macht gebracht. In China dagegen waren sie hin- und hergerissen zwischen Öffnung und Restauration – bis sie Xi Jinping ins Amt hievten.

Von diesen Entwicklungen ahnten die westlichen Staats- und Regierungschefs nichts, als sie sich zu ihrem Gipfel in Gleneagles trafen. Den chinesischen Staatspräsidenten Hu Jintao hatten sie als Gast geladen, um mit ihm über Klimaschutz und erneuerbare Energien zu diskutieren. Schließlich war die Volksrepublik schon damals der zweitgrößte Emittent von Treibhausgasen nach den

USA.[16] Dass sie zum wirtschaftlichen Rivalen werden könnte, war Schröder, Bush oder Blair bewusst. Die Unternehmer in ihren Ländern blickten seit Langem voller Bewunderung auf die dynamische Entwicklung in China. Es werde nicht mehr lange dauern, so warnten sie, bis die erstarkten Privat- und Staatsunternehmen des Landes westlichen Konzernen Marktanteile abnehmen würden.

Dass Chinas Aufstieg die liberale Demokratie in Schwierigkeiten bringen könnte, daran dachte in jenen Jahren dagegen niemand. Zu überwältigend und endgültig erschien der Sieg, den das westliche System im Kalten Krieg errungen hatte. »Transformationsländer« wurden die Nationen des ehemaligen Ostblocks seither in Europa und den USA genannt, weil es dort als ausgemacht galt, dass sie sich über kurz oder lang zu Demokratien nach westlichem Vorbild wandeln würden. Das Problem war nur, dass längst eine Entwicklung in die entgegengesetzte Richtung begonnen hatte. Im früheren Ostblock hatten sich gleich mehrere Typen autoritärer Systeme herausgebildet, die sich als Alternative zu den liberalen Gesellschaftsmodellen in Europa und den USA verstanden.

Im ölreichen Venezuela hatte das Versagen von Marktwirtschaft und Demokratie den linken Volkstribun Chávez an die Macht gespült, der sich nicht am Washington-Konsens orientierte, sondern am charismatischen Altrevolutionär Castro im kommunistischen Kuba. Gemeinsam suchten sie eine neue Form des Sozialismus zu entwickeln, die sie zum Vorbild für ganz Südamerika machen wollten.

In Russland hatte der Versuch, das westliche Gesellschafts- und Wirtschaftsmodell in einer Art Urknall einzuführen, in ein ökonomisches, politisches und moralisches Desaster geführt. Weite Teile der Bevölkerung wollten lieber wieder einem starken Mann im Kreml folgen, der ihnen unter Berufung auf die Traditionen des Landes Stabilität und Sicherheit versprach. Für sie war Putin der richtige Mann zur richtigen Zeit. Sein autoritärer Regierungsstil beeindruckte zudem eine neue Generation rechtspopulistischer Politiker in Osteuropa, deren Gesellschaften unter ähnlichen Verwerfungen zu leiden hatten wie in Russland.

Viktor Orbán zum Beispiel profitierte von der tiefen wirtschaftlichen, finanziellen und politischen Krise, die Ungarn nach dem weltweiten Bankencrash 2008 heimgesucht hatte. Ohne die Affäre um die Fremdwährungskredite und ohne Gyurcsánys Lügen-Rede hätte Orbán kaum jene Zweidrittelmehrheit der Parlamentsmandate erringen können, die es ihm ermöglichte, seine autoritäre Revolution zu beginnen.

In Peking dagegen bestärkte das russische Fiasko die politische Führung, nach einem eigenen Weg in die wirtschaftliche und gesellschaftliche Moderne zu suchen. »Gorbatschow ist ein Idiot«, hatte Deng befunden, als er in den Achtzigerjahren den Niedergang der Kommunistischen Partei der Sowjetunion verfolgte.[17] Die ökonomischen Katastrophen in Jelzins Russland bestärkten die Pekinger Funktionäre in ihrer Ansicht.

Umso sicherer waren Deng und seine Nachfolger, dass China nur mit einer autoritären Regierung vorangebracht werden könne: einer Regierung, die Kreativität und Eigeninitiative ihrer Bürger förderte, ohne ihre eigene führende Rolle abzugeben. China sollte das Beispiel liefern, dass ein Mehr an Wohlstand nicht unbedingt mit einem Mehr an Demokratie einhergehen muss. So erfand Deng eine Form der kontrollierten autoritären Herrschaft, die zu einem der Orientierungspunkte für die Diktatoren nach der Jahrtausendwende werden sollte.

Dass die autoritären Regierungsformen, die sich in den Regionen des einstigen Ostblocks entwickelt hatten, eine Option für Entwicklungs- und Schwellenländer darstellten, war mit den Erfolgen Chinas bewiesen. In gewisser Weise war das Entstehen eines neuen autoritären Modernisierungsmodells eine Art Rache des Kommunismus am siegreichen Westen.

TEIL 2
WIE AUTOKRATEN HERRSCHEN

DIE TYRANNENFALLE

Wenn es eine Figur gibt, die das Elend der Tyrannenexistenz in all seinen Facetten verkörpert, dann ist es König Richard III. von England. Jedenfalls dann, wenn man der Erzählung aus William Shakespeares gleichnamigem Drama vertraut.

Selbstsüchtig, machtbesessen und skrupellos hat sich der Herzog von Gloucester mit mehreren Bluttaten den Weg zum Königsthron gebahnt. Erst erdolchte Richard den vormaligen Herrscher Heinrich VI., dann gelang es ihm, seinen Bruder und möglichen Thronrivalen George mit einer Intrige ins Jenseits zu befördern. Nun könnte sich der neue König ums Regieren kümmern; stattdessen hat er vornehmlich damit zu tun, seine Herrschaft zu sichern. Elisabeth, die auf Rache sinnende Witwe des Ex-Regenten, hat einen befreundeten Adligen zum Putsch gegen Richard aufgehetzt. Der wiederum will mit der Hilfe eines Auftragsmörders zwei Königssöhne aus dem Weg räumen, die ihm die Krone streitig machen könnten. Noch eine Bluttat? Das sei ein »unsicherer Weg«, räumt Richard in einem quälenden Selbstgespräch ein. Aber weil er die Macht nun einmal als Verbrecher errungen hat, muss er als Verbrecher weitermachen, immer weiter. »Doch wie ich einmal bin«, entfährt es ihm, »so tief im Blut, reißt Sünd' in Sünde hin.«[1]

Niemand hat den Wahnsinn und die Paranoia, die am Hof eines Tyrannen herrschen, genauer seziert als Shakespeare in seinen blutrünstigen Despotendramen über Richard III., König Lear oder Macbeth. Alle streben nach der absoluten Macht, und alle sind in einem verhängnisvollen Spiel des Täuschens und Verschleierns gefangen, das am Ende jeden korrumpiert, der daran beteiligt ist.

Da ist zum einen der Diktator selbst. Er steht über Recht und Gesetz – aber zugleich quält ihn die ständige Furcht, von seinem Thron vertrieben und für seine Taten zur Verantwortung gezogen zu werden. Er ist der Getriebene seiner eigenen Herrschsucht.

Dann gibt es die Neider und heimlichen Rivalen. Vom Machttrieb zerfressen, spinnen sie ihre Intrigen und warten nur darauf, den Herrscher zu stürzen, um selbst »Kalif anstelle des Kalifen« zu werden, wie es in einem populären Comic heißt.

Und schließlich sind da die Mitläufer und Helfer, die selbstsüchtig ihre kleinen Geschäfte vorantreiben und von der Nähe zur Macht profitieren wollen. »Sie haben den Aufstieg des Herrschers Schritt für Schritt unterstützt, an seinen schmutzigen Taten partizipiert und mit kühler Gleichgültigkeit verfolgt, wie die Zahl der Opfer immer größer wurde«, schreibt der amerikanische Literaturwissenschaftler Stephen Greenblatt in seiner Analyse über Shakespeares Autokratentragödien. Diese »zynischen Kollaborateure« der Tyrannis freilich schweben nun gleichfalls in ständiger Gefahr. Schließlich würden sie »die Ersten sein«, so sieht es Greenblatt, »die beim Ende des Herrschers mit untergehen«.[2]

Shakespeares Tragödien spielen an mittelalterlichen Königshöfen. Geschrieben wurden die Dramen vor mehr als 400 Jahren, doch die Mechanik der absoluten Macht ist heute dieselbe wie damals. Das Schicksal ihrer Hauptfiguren markiert zugleich einen der wichtigsten Unterschiede zwischen Autokratie und Rechtsstaat. Die Frauen und Männer, die in einer parlamentarischen oder präsidialen Demokratie an der Spitze der Regierung stehen, können nicht so rasch und autonom entscheiden wie ein Diktator. Sie können nicht durchregieren, sondern müssen sich mit Parteiführern und Koalitionspartnern ins Benehmen setzen, sich störender Pressekritik oder unerwünschten Gerichtsurteilen stellen und für ihre

Pläne parlamentarische Mehrheiten oder quälende Kompromisse suchen.

Doch dafür können sie auf einen ehrenvollen Abschied hoffen, wenn der Wille der Wähler oder die Amtszeitgrenzen der Verfassung ihrem Regierungswirken ein Ende setzen. Als geachtete Ex-Premiers oder Altkanzler dürfen sie ihre Karriere auf einem internationalen Spitzenposten fortsetzen, hochdotierte Vorträge vor renommierten Bankiersvereinigungen halten oder ihren Nachfolgern aus dem Ruhestand erbetene oder ungebetene Ratschläge zu den großen Fragen der Zeit erteilen.

Der Autokrat dagegen tauscht seinen größeren Einfluss gegen die quälende Ungewissheit über sein politisches und persönliches Ende ein. Soll er beizeiten selbst den Machtwechsel herbeiführen, indem er freie Wahlen ausruft oder einen politischen Erben aufbaut? Wie lässt sich sicherstellen, dass seine Nachfolger ihn nicht wegen seiner Handlungen während der Diktatur zur Rechenschaft ziehen? Und ist es dann nicht besser, bis ans Lebensende weiterzuregieren und dafür zu sorgen, dass ihn niemand aus dem Amt drängen kann? Weiter, immer weiter, so wie Richard III.?

Die Fragen, so schreibt der Kieler Politikwissenschaftler Marcel Dirsus, überschatteten die Herrschaft von Diktatoren von deren Beginn bis ans Ende. »Tyrannen können ganze Länder kontrollieren und ihre Feinde mit einem Fingerschnippen verschwinden lassen«, heißt es in seiner Studie über das politische Ende von Alleinherrschern. Aber zugleich würden sie von der Sorge gepeinigt, alles zu verlieren. Schon eine einzige falsche Entscheidung könne sie zu Fall bringen. »Und wenn sie fallen«, resümiert Dirsus, »landen sie häufig im Exil, im Gefängnis oder unter der Erde.«[3]

Das ist keine leichtfertige Behauptung, sondern eine wissenschaftlich gesicherte Tatsache. Mehr als zwei Drittel aller persönlichen Autokratien nach dem Zweiten Weltkrieg, so zeigen Studien, fanden ihren Abschluss in einem ungewollten und oft gewaltsamen

Finale. In autoritären Monarchien oder Militärdiktaturen lag der Anteil nur leicht darunter. In Einparteienherrschaften schieden immerhin 40 Prozent der Regenten nach einem mitunter tödlichen Drama aus dem Amt.[4]

Alle heutigen Diktatoren kennen zudem die Fälle aus der jüngeren Vergangenheit, in denen es mit ihren Berufsgenossen kein gutes Ende nahm. Der langjährige libysche Machthaber Muammar al-Gaddafi zum Beispiel hatte noch im Jahr 2007 sein luxuriöses Beduinenzelt gegenüber dem Pariser Élysée-Palast aufgeschlagen, um dem damaligen französischen Staatspräsidenten Nicolas Sarkozy einen standesgemäßen Staatsbesuch abzustatten. Fünf Flugzeuge waren notwendig, um seine 400-köpfige Begleitung sowie das Reisegepäck samt mehreren gepanzerten Fahrzeugen über das Mittelmeer zu schaffen.[5] Vier Jahre später wurde der Diktator getötet, nachdem er sich auf der Flucht vor einem Volksaufstand und den Flugzeugen einer Nato-Militärallianz in einem Abwasserrohr versteckt hatte. Rebellen zerrten ihn aus seinem Versteck und erschossen ihn, anschließend wurde die Leiche tagelang in einem Shoppingcenter in der Stadt Misrata zur Schau gestellt.[6]

Auch der frühere rumänische Staatschef Nicolae Ceaușescu starb einen wenig ruhmreichen Tod, nachdem er im Dezember 1989 vor einer aufgebrachten Menschenmenge aus einem Parteigebäude in Bukarest geflohen war. Gemeinsam mit seiner Frau, die noch rasch ihre Juwelen hatte zusammenraffen können, wurde er von einem Milizkommando in einem Pflanzenschutzzentrum im südrumänischen Târgoviște aufgegriffen. Nachdem ihn ein rasch zusammengestelltes Militärtribunal zum Tode verurteilt hatte, sang er noch die Internationale. Dann wurden er und seine Frau vor der Mauer eines Kasernenhofs mit Schüssen aus Kalaschnikow-Schnellfeuergewehren hingerichtet.[7]

Wer sich als Alleinherrscher zur Ruhe setzt, kann sich heutzutage ebenfalls nicht sicher fühlen. Der Fall des chilenischen Diktators

Augusto Pinochet beweist es. Der General, in dessen Regierungszeit mehr als 30 000 Regimegegner ins Gefängnis geworfen und mehr als 2000 ermordet worden waren, hatte sich nach einem verlorenen Referendum auf den Posten des Oberbefehlshabers des Heeres zurückgezogen. Dort kümmerte er sich als geachtete Stütze des Staates um die Verwaltung seines ansehnlichen Vermögens, bis er bei einer Londonvisite auf Ersuchen Spaniens von der britischen Polizei festgenommen und wegen der Verletzung von Menschenrechten angeklagt wurde. Ein jahrelanges juristisches Tauziehen folgte, zunächst in London, später in der chilenischen Hauptstadt Santiago, wo Pinochet bis zu seinem Tod im Jahr 2006 unter Hausarrest stand. Zwar wurde er nie verurteilt, aber die Verfahren enthüllten das Ausmaß seiner Verbrechen. Zudem führten sie der Welt vor Augen, dass Autokraten im 21. Jahrhundert im Ausland zur Verantwortung gezogen werden können. »Seither«, urteilt der in Chile lehrende Politikwissenschaftler Stephan Ruderer, »müssen sich Diktatoren genau überlegen, wohin sie reisen.«[8]

Dass Alleinherrscher internationaler Strafverfolgung ausgesetzt sind, ist eine vergleichsweise junge Entwicklung. Dagegen gehört die Gefahr, durch einen Volksaufstand oder einen Putsch in Gefangenschaft oder Verbannung zu geraten, seit Jahrhunderten zum Berufsrisiko jedes Diktators. Der Erhalt der Macht wird deshalb ihr oberstes Ziel, dem sie alles unterordnen. Es beherrscht ihr Denken, ihre Strategien und ihre Personalpolitik, selbst dann, wenn sie angeblich höhere Ziele verfolgen, wie es zum Beispiel die ideologiegetriebenen totalitären Tyrannen des 20. Jahrhunderts von sich behaupteten.

Hitler, Mao und Stalin gaben vor, im Auftrag einer vorgeblichen »Herrenrasse« oder der unterdrückten Volksmassen zu regieren; doch in Wahrheit ging es stets um ihre persönliche Macht. Die Position des Herrschers wurde im Nationalsozialismus mit ähnlichen Methoden verteidigt wie in den kommunistischen Regimen der Sowjetunion oder Chinas. Wahlen, sofern es sie überhaupt gab, wurden durch Einheitslisten ersetzt, Gerichte, Zeitungen und Rundfunk gleichgeschaltet.

Um ihre Untertanen auf Linie zu bringen, wurde die Bevölkerung in Massenorganisationen gezwungen, die in Schule, Beruf und Freizeit regimegerechtes Denken lehrten. Wichtigster Bestandteil war ein staatlich inszenierter Personenkult, der die Botschaft enthielt, dass es zu dem Mann an der Spitze keine Alternative gab, jedenfalls keine irdische. Hitler war der »Führer«, der von höheren Mächten (genauer: der Vorsehung) gesandt war, um Deutschland zu retten. In der Sowjetunion regierte »Väterchen Stalin«, dessen Bild als »weiser Lehrer der Völker« in zahllosen Gedichten, Liedern und Filmen, mit Massenaufmärschen und in Gestalt überlebensgroßer Statuen verbreitet wurde. Mao war der »Große Steuermann«, der wie die Kaiser der chinesischen Geschichte die Gabe besaß, den Willen des Volkes zu erspüren. In den totalitären Systemen des 20. Jahrhunderts waren Staat und Herrscher eins, was zugleich bedeutete, dass die Kritiker des Herrschers Feinde des Staates waren.

Wer es dennoch wagte, der Gleichsetzung von Person und Nation zu widersprechen, bekam es mit dem Unterdrückungs- und Terrorapparat des Regimes zu tun. Die Millionen Menschen, die in den Arbeits-, Konzentrations- und Todeslagern des 20. Jahrhunderts ihr Leben ließen, wurden Opfer jener Alleinherrscherlogik, die im Totalitarismus bis ins Extrem gesteigert war.

Zu definieren, was unter der Dominanz der Herrenrasse (im Faschismus) oder der Diktatur des Proletariats (im Kommunismus) zu verstehen sei, war danach Aufgabe des auserwählten Führers. Seinen Entscheidungen war unbedingt Folge zu leisten, selbst wenn sie sich als fixe Ideen mit katastrophalen Folgen entpuppten. Stalin erzwang mit eiserner Hand die Kollektivierung der Landwirtschaft, obwohl die Enteignungen zu einem dramatischen Rückgang der Ernten und Hungersnöten mit Millionen Toten führten. Ähnlich verheerende Folgen hatte Maos »Großer Sprung nach vorn«, der die rückständige Volksrepublik binnen weniger Jahre industrialisieren sollte. Hitlers Annahme, dass die Deutschen zu ihrer Ernährung zusätzlichen Lebensraum im Osten benötigten, führte in das Desaster des Zweiten Weltkriegs.

In Partei, Staat oder Verwaltung wurden die Entscheidungen der Führungsspitze nicht infrage gestellt. Die Alleinherrscher pflegten ihre Helfer auch nicht nach Kompetenz auszuwählen. An erster Stelle stand die Loyalität, die von den Diktatoren noch dadurch befestigt wurde, dass sie ihre Führungskader gern zu Komplizen ihrer Verbrechen machten.

Zugleich galt es, mögliche Rivalen durch erprobte Herrschaftstechniken kleinzuhalten. Hitler spaltete seinen Regierungsapparat in zahllose Partei- und Staatsorganisationen mit sich widersprechenden und überlappenden Kompetenzen auf. Das erlaubte es ihm, die zweite und dritte Reihe seines Volksstaats nach dem Prinzip »Teile und herrsche« zu domestizieren. Stalin wiederum setzte seine Macht durch wiederholte »Säuberungen« durch, die den Apparat der einst stolzen und selbstbewussten Partei zu einem gefügigen Instrument seines Willens degradierten. Mao wählte eine nicht weniger rabiate, aber deutlich risikoreichere Variante. Er rief in der Kulturrevolution die jugendlichen Roten Garden zu Pogromen am Establishment von Staat, Partei und Verwaltung auf. Was folgte, war ein beispielloser Exzess aus Chaos und Anarchie, der es dem Großen Vorsitzenden erlaubte, die eigene Macht zu stärken.

Alles in allem setzten die Diktatoren des 20. Jahrhunderts auf Gewalt, und so war es nur folgerichtig, dass ihr größtes Misstrauen und zugleich ihre größte Aufmerksamkeit jenem Machtfaktor galt, dem in Autokratien von jeher besondere Bedeutung zukommt: dem Militär. Hitler umgarnte die Wehrmacht – und schwächte sie zugleich durch den Aufbau der SS. Er entmachtete kritische Generäle und setzte durch, dass die Soldaten auf ihn persönlich vereidigt wurden. Dennoch konnte er nicht verhindern, dass der Offiziersputsch des 20. Juli zur größten Bedrohung seiner Herrschaft wurde. Stalin wiederum hatte bei seinen »Säuberungen« der Dreißigerjahre derart viele kompetente Armeeführer liquidieren lassen, dass die Rote Armee dem deutschen Überfall des Jahres 1941 zunächst nur wenig entgegenzusetzen hatte.

Das bewies ein weiteres Mal, wie sehr Despoten auf den Rückhalt ihrer Armeen angewiesen sind. »Die wahre Macht kommt aus den Gewehrläufen«, hatte Mao einst gepredigt und damit nicht nur die Feinde im Ausland, sondern vor allem die Gegner im Inneren im Sinn. Im Zweifel, so sollte das bedeuten, muss die bewaffnete Macht bei Putschversuchen oder Massenprotesten bereit sein, den Mann an der Spitze auch gegen die eigenen Landsleute zu verteidigen. Ein Prinzip, das die kommunistische Parteiführung Chinas bei der Niederschlagung der Studentenproteste auf dem Tian'anmen-Platz auf blutige Weise durchsetzte.

Im Bestreben, die Position des Alleinherrschers um jeden Preis zu sichern, hatten sich die Diktatoren des 20. Jahrhunderts als menschenverachtende und zerstörerische Despoten diskreditiert. Und so bemühten sich die Regierungschefs, die zu Beginn des neuen Jahrtausends nach einer autoritären Alternative zur liberalen Demokratie suchten, sich so weit wie möglich von den Massenmördern der Geschichte abzusetzen.

Die modernen Autokraten wollten ihre Herrschaft nicht auf Unterdrückung und Terror, sondern auf die Überzeugungskraft von Wohlstand und Ordnung gründen. Nicht Mao mit seinen Menschenopfern war ihr Vorbild, sondern die milde Autokratie Singapurs, in der es wenige politische Gefangene, aber dafür umso längere Regierungszeiten gab.

Statt auf plumpe Propaganda setzten die neuen Autokraten auf die geschickte Manipulation der öffentlichen Meinung mit Methoden, wie sie auch von den sogenannten Spindoktoren der modernen

Medien- und Public-Relations-Welt im Westen gepflegt wurden. Aus den »Diktatoren der Furcht«, die im 20. Jahrhundert regiert hatten, wurden die »Diktatoren des Spin«, wie das die Sozialwissenschaftler Sergei Guriev und Daniel Treisman in einer detaillierten Analyse der Autokratien des 21. Jahrhunderts nennen. »Moderne Diktatoren überleben nicht, indem sie die Rebellion unterdrücken«, lautet einer der Kernsätze ihrer Studie. »Sondern indem sie den Wunsch auslöschen, eine Rebellion anzuzetteln.«[9]

Waren die Furcht-Diktatoren der Vergangenheit darauf aus, sich so weit wie möglich von der Demokratie abzusetzen, so suchten ihre modernen Nachfolger die Unterschiede möglichst klein zu halten. Am wohlsten fühlten sie sich, wenn sie die Verfahren, Regeln und Institutionen des liberalen Rechtsstaates formal aufrechterhalten, aber zugleich so aushöhlen und umgestalten konnten, dass das System zuverlässig in die von ihnen gewünschte Richtung arbeitete. Von »legalistischen Autokratien« war in der Wissenschaft die Rede.

Deshalb lag es nahe, dass viele Herrscher die »Operation Autarkie« damit begannen, sich in einem ersten Schritt die obersten Gerichte gefügig zu machen oder die Verfassung zu ändern. So konnten sie die fundamentalen Regeln des liberalen Staates aushebeln, ohne juristischen Widerstand befürchten zu müssen.

Der zweite Schritt galt häufig dem Wahlrecht. Um die Chancen der Opposition zu schmälern, wurden zu Abstimmungen häufig nur solche Parteien oder Kandidaten zugelassen, die ein Auswahlverfahren der Regierung durchlaufen hatten. Mal wurden Wahlkreise im Interesse des Amtsinhabers zugeschnitten, mal der Mehrheitspartei bei einem Sieg zusätzliche Stimmen zugeteilt. Im Wahlkampf bevorzugte das System die Regierungspartei durch Spenden regimetreuer Unternehmer oder zusätzliche Werbezeiten im Staatsfernsehen. Fair waren die Wahlen nicht, aber in vielen Ländern konnten sie wenigstens das Etikett »frei und geheim« noch für sich beanspruchen. Kaum ein Autokrat mochte auf sie verzichten, verschafften sie seiner Herrschaft doch jene Legitimität, die er benötigte, um Kritiker und Opponenten in die Schranken zu weisen.

»Es muss demokratisch aussehen, aber wir müssen alles in der Hand behalten« – was einst der DDR-Staatsratschef Walter Ulbricht gefordert hatte, um nach 1945 in der sowjetischen Besatzungszone seine Sozialistische Einheitspartei an die Macht zu bringen, war zum Motto der modernen Autokraten geworden. Es galt, durch die geschickte Manipulation von Wahlen sowie von staatlichen Institutionen und Regeln das gewünschte Ergebnis herbeizuführen, und das hieß vor allem: die Herrschaft des Amtsinhabers zu sichern.

Das war es, was die vorgeblich sanften Alleinherrscher von heute mit den Furcht-Diktatoren von einst verband. Sie waren dazu verurteilt, als Tyrannen weiterzuherrschen, weshalb sie zwangläufig auch die beiden fundamentalen Probleme erbten, die mit der autokratischen Regierungsform verbunden sind.

Das erste ist der Mangel an Rechtssicherheit und Verlässlichkeit, an *commitment*, wie es in der angelsächsischen Ökonomie heißt.[10] In einer Demokratie können die Bürger den Regierungschef abwählen, wenn er seine Zusagen nicht einhält. Und sie können vor Gericht ziehen, wenn die Regierung oder die Behörden sie ungerecht behandeln. Das ist vor allem für Unternehmer wichtig, die darauf vertrauen, dass ihre Investitionen und ihr Eigentum geschützt sind, nicht zuletzt vor dem Zugriff des Staates.

Das Wesen einer Diktatur dagegen besteht gerade darin, dass der Herrscher über Recht und Gesetz steht und Opposition verboten ist. Keine bürgerliche Partei vertrat die Sache der russischen Bauern, als Stalin ihre Höfe kollektivierte. Kein deutsches Gericht entschied gegen die Arisierung jüdischer Firmen durch das Naziregime. In einer Diktatur fehlen unabhängige Instanzen, die Entscheidungen der Regierung kontrollieren und korrigieren und für einen verlässlichen juristischen Rahmen sorgen könnten. Diese Rechtsstaatslücke schafft Unsicherheit und ist der Grund, warum in populistisch oder autokratisch regierten Staaten laut Studien oft weniger investiert wird als in Demokratien.[11]

Das zweite Problem ist das Informationsdilemma. Um an der Macht und beim Volk beliebt zu bleiben, muss der Diktator seine Herrschaft in möglichst günstigem Licht erscheinen lassen. Deshalb zensiert er die Medien, flutet sie mit positiver Berichterstattung und unterdrückt Kritik. Der Nachteil ist, dass es seiner Regierung dadurch oft an einem realistischen Lagebild mangelt, weil wichtige Informationen erst gar nicht gesammelt oder nicht weitergegeben werden. Schließlich mag es sich kein Beamter mit seinen Vorgesetzten an der Regierungsspitze verderben. So kommt es, dass nach dem Urteil der Ökonomen Georgy Egorov und Konstantin Sonin alle Diktatoren in einem mehr oder weniger vollständigen »Informationsvakuum enden«, umgeben von »loyalen, aber inkompetenten Untergebenen«.[12]

So war es jedenfalls früher. Der Anspruch der modernen Spin-Autokraten dagegen bestand gerade darin, dem Diktatorendilemma zu entfliehen: Wie ihre Vorgänger aus der Furcht-Ära wollten sie über dem Gesetz stehen – und den Unternehmen ihres Landes trotzdem ein Gefühl der Rechtssicherheit vermitteln. Der Informationsfluss in ihrem Staatswesen sollte kontrolliert, aber nicht unterbunden werden. Was sie suchten, waren neue Formen einer sanften Repression.

Um über die Stimmung im Volk unterrichtet zu sein, setzten sie nicht auf monströse Spitzelsysteme nach Art der Stasi, sondern auf die Arbeit unabhängiger Umfrageinstitute. Journalisten wurden nicht weggesperrt (zumindest zu Beginn nicht), sondern mit subtileren Methoden dazu gebracht, die Wahrheit des Regimes zu verbreiten. Das bevorzugte Instrument der Autokraten bestand darin, missliebige Medienorgane regierungsfreundlichen Unternehmern zu übertragen, die für die gewünschte Berichterstattung sorgen sollten. So konnte die Regierung unerwünschte Veröffentlichungen stoppen, ohne sich die Hände schmutzig zu machen, und zugleich einem regimenahen Firmenpatriarchen einen Gefallen erweisen.

Zudem bauten die modernen Autokraten die Macht ihrer Medienbehörden aus und ermunterten sie, gegen unerwünschte private TV-Sender und Internetpublikationen vorzugehen. Im öffentlich-rechtlichen Rundfunk wurden Schlüsselstellen mit politisch zuverlässigen Redakteuren besetzt. Wer als Verleger Regimekritisches veröffentlichte, hatte plötzlich die Steuerfahndung im Haus. Neugierige Rechercheure wurden mit Verleumdungsklagen oder Urheberrechtsverfahren gestoppt.

So kam es, dass Kritik zwar noch geäußert werden durfte, aber vornehmlich in Nischen ohne große Resonanz zu finden war. Dafür konnte die Regierung die wenigen Oppositionsstimmen als Ausweis von Toleranz und Pressefreiheit feiern.

Auf diesem Weg vermieden die modernen Autokraten zwar »die offene Repression«, urteilt der Harvard-Professor Jan-Werner Müller. Zugleich aber gelang es ihnen, »die Medienlandschaft zu manipulieren«, die »öffentliche Meinung zu kontrollieren« und »den Spielraum der Oppositionsparteien einzuschränken«.[13]

Besonderes Augenmerk legten die Spin-Diktatoren dabei auf das Internet, das sie ebenso selektiv zu zensieren wussten wie die analogen Medien. Auf den großen Plattformen verbreiteten ihre Social-Media-Armeen Regierungspropaganda, während Dissidenten mit Hass- und Drohmails eingeschüchtert wurden. Zugleich ließen die Autokraten eine begrenzte Zahl regierungskritischer Blogger zu, die sich jedoch häufig von einer staatlichen Aufsichtsagentur kontrollieren lassen mussten.

Wie einst um die Furcht-Diktatoren wurde auch um ihre Nachfolger ein Personenkult inszeniert, der allerdings nicht so plump daherkam wie bei Mao oder Stalin, sondern sich eher an Vorbildern aus der Film- und Popkultur orientierte. Der Mann an der

Staatsspitze wurde nicht als Übermensch, sondern als kompetenter Macher oder selbstbewusster Macho vorgeführt.

Die Kontrolle von Information und Medien war der eine Faktor, mit dem die modernen Alleinherrscher ihre Position festigten. Der andere war der ökonomische Erfolg. Um die Rechtsstaatslücke zu schließen, reichten ein paar schöne Worte nicht aus. Die Autokraten mussten kontrolliert auf Macht verzichten und entsprechende Signale ans Volk und an die Eliten senden.

Zum einen machten sie den Wohlstand breiter Schichten zum Kern ihrer Regierungsprogramme. Zum anderen entwickelten sie Methoden, um unternehmerische Investitionen zu schützen, ohne gleich einen westlichen Rechtsstaat einführen zu müssen. Manche suchten ihre Firmeneigner mit vertragsähnlichen Absprachen gewogen zu halten. Andere schufen Vertrauen, indem sie Kompetenzen auf Regionalregierungen verlagerten.

Viele Autokraten nutzten zudem geschickt die Globalisierung. Indem sie ausländische Konzerne ins Land lockten, verringerten sie die Rechtsstaatslücke auf doppelte Weise. Zum einen konnten die Auslandsunternehmen auf den Schutz internationaler Verträge und auf die Unterstützung ihrer heimischen Regierungen setzen, das beschränkte die Macht der Diktatoren. Zum anderen durften die ausländischen Geldgeber darauf vertrauen, dass der Herrscher ihre Investitionen benötigte, um das Wohlstandsversprechen gegenüber seinen Bürgern zu erfüllen.

Nebenbei verkehrten die modernen Alleinherrscher mit dieser Methode das politische Versprechen der Globalisierung in sein Gegenteil. Anstatt die Demokratie zu fördern, wie es der Westen jahrzehntelang angenommen hatte, festigte der internationale Handels- und Kapitalverkehr die Diktatur.

Ein weiteres Mittel, mit dem die Diktatoren ihre Macht sicherten, war die Korruption. Die meisten von ihnen duldeten, dass Beamte, Politiker oder Staatsangestellte Schmiergelder nahmen und

Gefälligkeiten verteilten. Das verschaffte den Regenten die Loyalität der Beamten oder des Parteiapparats. Viele gingen noch einen Schritt weiter und führten für Teile ihrer Wirtschaft Geschäftsbeziehungen nach Art der Mafia ein: gemeinsam Beute machen und anschließend untereinander verteilen. Manche Autokraten griffen dabei auf mächtige Unternehmer oder Konzerne zurück, die den Staat schon in früheren Zeiten für ihre Interessen zu nutzen wussten. Andere setzten ihre eigenen Freunde oder Verwandten auf lukrative und einflussreiche Posten in Wirtschaft und Verwaltung, um sich den Durchgriff auf die verschiedenen Institutionen, Interessenverbände und Verfassungsorgane zu sichern.

Das »Kapern des Staates« *(State Capture)*, wie das Sozialwissenschaftler nannten, wurde zu einem hervorstechenden Merkmal der modernen Autokratien. Es galt, eine komplizierte Balance zu wahren. Einerseits durften Korruption und Staatspiraterie das legale Wirtschaftsleben nicht völlig ersticken. Andererseits mussten sie umfassend genug sein, um Unternehmern und Bürgern eine entscheidende Botschaft zu vermitteln: Auch in der Wirtschaft ging alle Macht vom Autokraten aus.

Dass sich dies sogar in Zahlen ausdrücken lässt, beweist der sogenannte State-Capture-Index, den der US-Ökonom Daniel Kaufmann von der renommierten Brookings Institution in Washington entwickelt hat. Seine Maßzahl, in die Statistiken über die Unabhängigkeit der Gerichte, die Korruption im Staatsapparat, den Kauf von Wählerstimmen oder die Qualität der Gesetzgebung einfließen, vermittelt ein klares Bild: Danach ist der Umfang des State Capture in Autokratien wie Venezuela, Russland oder der Türkei am größten. Am geringsten ist es dagegen in kleineren westlichen Demokratien wie Norwegen oder Neuseeland. Auffällig ist auch: China weist unter den Autokratien einen vergleichsweise niedrigen Grad an State Capture auf, die USA unter den westlichen Demokratien einen vergleichsweise hohen.[14]

Die Autokraten des 20. Jahrhunderts hatten vor allem auf ihre Propaganda- und Unterdrückungsmaschine vertraut, damit es zu keinen Volksaufständen, Palastrevolten oder Putschen kam. Für ihre modernen Nachfolger war die Aufgabe komplizierter. Weil sie mehr auf Manipulation denn auf Repression setzten und sich viele von ihnen weiter Wahlen stellen mussten, benötigten sie eine Koalition von verlässlichen Unterstützern. Meist waren es die weniger wohlhabenden und weniger gebildeten Schichten, die der starke Mann an der Spitze hinter sich zu bringen wusste: die Arbeiter, die Kleinrentner, die Landbevölkerung. Waren dann noch Teile der Geschäftswelt und des Staatsapparats auf seiner Seite, konnte er es verschmerzen, wenn die Intelligenz aus Kultur, Wissenschaft und Medien gegen ihn war.

Das bedeutete zugleich: Das Wohl und Wehe des Regimes hing in erheblichem Umfang von der Wirtschaft ab. Die Autokratenregierung musste genügend Wohlstand erzeugen, um sowohl das Volk wie die Elitengruppen aus ihrer Unterstützerkoalition zufriedenzustellen. Gelang das nicht, geriet der Alleinherrscher in Gefahr.

Die Diktatoren des 21. Jahrhunderts standen vor der Aufgabe, den ökonomischen Aufschwung zu sichern, der sie an die Macht gebracht hatte. Es galt, ein vergleichbares Wachstums- und Wohlstandsniveau zu erzeugen wie die liberalen Demokratien, die Unterstützerkoalition des Regimes gewogen zu halten und die systemeigenen Probleme von Diktaturen zu umschiffen.

Die Methoden und Strategien, denen die modernen Autokraten dabei vertrauten, waren unterschiedlich – und längst nicht alle waren erfolgreich.

DIE HAVANNA-CONNECTION

Wenn der venezolanische Präsident Hugo Chávez auf Reisen ging, erzählte er gern eine Geschichte: »Als der liebe Gott Venezuela geschaffen hatte, erkannte er, wie sehr er dieses Land mit der schönen Natur, dem angenehmen Klima und mit Öl, Gas, Gold und fruchtbarer Erde bevorzugt hatte. Da sorgte Gott sich, dass er es den Venezolanern zu leicht gemacht habe. Deshalb schickte er ihnen Politiker.«[1]

Hatte der Präsident geendet, lachte er selbst am lautesten, kicherte und stupste seine Gesprächspartner an. Die Präsidenten und Premierminister wussten erst nicht, was sie von der Geschichte halten sollten; schließlich waren sie selbst Politiker. Aber dann lachten sie ebenfalls, überwältigt von dem entwaffnenden, manchmal derben Charme des neuen Präsidenten Venezuelas, der nach seinem Amtsantritt im Jahr 1998 in diplomatischer Mission auf Weltreise gegangen war.

Chávez war ein Mann aus dem Volk, der sich nicht als Politiker verstand, sondern als Medium des Volkswillens. Das begründete nicht nur den Gleichklang der Herzen zwischen ihm und den Armen Venezuelas. Es prägte das Politikverständnis eines ganzen Landes: Der Präsident und seine Gefolgschaft verachteten die einheimischen politischen Eliten, in deren liberaler Demokratie der Achtziger- und Neunzigerjahre Inflation, Armut und Korruption geblüht hatten. Sie hielten nichts von Koalitionsgesprächen, Fraktionssitzungen, Ausschussberatungen. Sie hatten eine neue, höhere Form von Demokratie im Sinn, die von Solidarität, Gemeinsinn und christlicher Nächstenliebe geprägt sein sollte. Für sie war nicht das Parlament der Repräsentant des Volkes, Hugo Chávez war es.

Als der Charismatiker 15 Jahre später starb, hatte der schöne Traum angesichts eines scharfen wirtschaftlichen Einbruchs und zunehmender politischer Repression bereits viel von seinem Reiz verloren. Unter seinem Nachfolger indes, dem früheren Busfahrer und drögen Apparatschik Nicolás Maduro, bewegte sich das Land zielgerichtet auf den Bankrott zu. Um für eine dritte Periode im Amt zu bleiben, hatte der Chef der Vereinigten Sozialistischen Partei Venezuelas die Wahlen im Sommer 2024 fälschen lassen, so belegten es Recherchen der Opposition. Er herrschte über ein Land, in dem sich die Wirtschaft im freien Fall befand, die Inflation galoppierte und über 90 Prozent der Bevölkerung als arm galten. Aus der höheren Form von Demokratie war in Venezuela eine menschenverachtende Diktatur erwachsen, aus der seit dem Tod des ehemaligen Offiziers acht Millionen Menschen geflohen waren.

Chávez war der erste Amtsinhaber, der sich um die Jahrtausendwende an dem Programm der Spin-Diktatoren versuchte. Nicht weniger als eine Mustergesellschaft für ganz Lateinamerika hatte er im Sinn, die nicht auf den formalistischen Regeln der westlichen Demokratie, sondern auf seiner charismatischen Beziehung zu den Massen aufbauen sollte.

Dass sein Vorhaben so spektakulär scheiterte, hatte nicht nur mit den typischen Defekten diktatorischer Regime zu tun: der systemimmanenten Korruption, einem schlecht organisierten und dysfunktionalen Regierungsapparat, der immer schärferen Zensur. Es lag vor allem daran, dass ihm mit zunehmender Regierungszeit die Wirtschaft entglitt.

Der Bolivarismus, wie Chávez seine eigentümliche ideologische Melange nannte, war mehr Religion als Politik. Sie steckte voller sozialistischer Lateinamerikaprosa, war aber für die tägliche Regierungsarbeit kaum zu gebrauchen; und so griff er notgedrungen auf die Ratschläge seines Freundes Fidel Castro zurück, die darauf hinausliefen, den gescheiterten Sozialismus kubanischer Prägung mehr oder weniger ungefiltert auf Venezuela zu übertragen.

Vor allem aber schlugen die Bemühungen des Präsidenten fehl, Teile der venezolanischen Unternehmerschaft auf seine Seite zu ziehen. Während die anderen Spin-Diktatoren des 21. Jahrhunderts erfolgreiche Unterstützerkoalitionen mit Teilen ihrer wirtschaftlichen Elite formen sollten, standen die einflussreichen Familien Venezuelas Chávez zunächst interessiert, dann abwartend und schließlich feindselig gegenüber. Für sie war der Präsident der Mann, der Kubas Kommunismus nach Venezuela holte.

Umso enger war seine Verbindung mit den Volksmassen in den städtischen Armenvierteln und der ländlichen Provinz, die ihn bedingungslos unterstützten. Für sie war Chávez der Retter, der ihnen den lange vermissten Respekt entgegenbrachte, ihnen zu bescheidenem Wohlstand und sicherer Ernährung verhalf. Vor allem aber liebten sie die Art, wie er sie mit einer bislang unbekannten Form der partizipativen Kommunikation umgarnte.

Die legendäre mehrstündige sonntägliche Talkshow *Aló Presidente* mit Chávez als Hauptakt wurde von allen Sendern übertragen, fand oft vor großem Livepublikum an verschiedenen Orten des Landes statt und enthielt neben politischen Botschaften auch Verbraucherberatung, Sporteinlagen und Stand-up-Comedy. Regierungspläne wurden vorgestellt oder verworfen, die jüngsten Lesefrüchte des Präsidenten diskutiert, Minister gefeuert. Chávez riss Witze, tanzte und sang. 2370 Stunden seiner 14-jährigen Amtszeit sendete er live.[2] Nicht als Politiker wahrgenommen zu werden, sondern als Anführer des Volkes, als Alleinunterhalter, Commandante, Historiker und Rächer der Armen: Das war seine Form von direkter Demokratie.

Anfangs setzten auch Vertreter der Oberschicht auf den neuen Mann mit dem großen Kommunikationstalent. Sie dachten, sie könnten den lustigen Katholiken aus kleinen Verhältnissen mit der in den Augen der Elite unanständig dunklen Hautfarbe, den Charismatiker mit dem unklaren Klassenstandpunkt, benutzen. Sie sahen in ihm die telegene und erfreulich naive Marionette, die am Ende doch alles beim Alten lassen würde – abgesehen davon, dass er die Armen mit ihrem Schicksal versöhnen und sich selbst an den luxuriösen Lebensstil der Oberschicht gewöhnen würde.

Zudem bemerkten sie mit einiger Freude, wie die Konjunktur Fahrt aufnahm, als zu Beginn seiner Amtszeit und im Zuge des chinesischen Wirtschaftswunders der Ölpreis explodierte. Nach dem Millenniumswechsel war er innerhalb weniger Jahre von gut 25 auf über 94 US-Dollar geklettert. Während das Pro-Kopf-Einkommen der Venezolaner stieg, hofierte Chávez die Unternehmer des Landes, warb um ausländische Investoren, knüpfte Drähte nach Washington. Das viel kritisierte Regime des Internationalen Währungsfonds schüttelte er ab, indem er dessen Kredite mit einem Teil der Öleinnahmen fünf Jahre vor der Zeit ablöste.

Es waren die goldenen Jahre des Chávez-Sozialismus, die beseelt waren von der alten Idee der lateinamerikanischen Linken, die Einnahmen aus dem Ölgeschäft vor allem den Armen zufließen zu lassen. Gleich nach seinem Amtsantritt gründete der Präsident einen neuen staatlichen Fonds, der sich zum erheblichen Teil aus den Einnahmen der Fördergesellschaften speiste. So finanzierte er den »Plan Bolívar«, der mit Unterstützung des Militärs die Gesundheits- und Nahrungsmittelversorgung der Bevölkerung verbessern sowie den Bau neuer Straßen und Schulen befördern sollte.[3]

Zugleich baute er mit tatkräftiger Hilfe Castros das Schul- und Gesundheitswesen um. Bildung sollte dank der Lehrer aus Havanna nun für fast alle zu haben sein, breit angelegte Alphabetisierungskampagnen auch Erwachsenen Hoffnung machen. Medizinische Behandlungen führten die aus Kuba geschickten Ärzte jetzt auch auf dem Land durch, Soldaten bewirtschafteten die Lebensmittelversorgung der Armen. Die dankten es Chávez, indem sie ihm bei Wahlen zuverlässig ihre Stimme gaben.

Der Plan, mithilfe der Brennstofferträge die Infrastruktur sowie den sozialen Ausgleich zu finanzieren, ging auf. Der Anteil der Armen an der Bevölkerung schrumpfte zwischen 2002 und 2012 von 49 auf 27 Prozent, die Kindersterblichkeit ging zurück, die Ernährungslage verbesserte sich.[4]

Dennoch machte sich in den bürgerlichen Schichten des Landes Unzufriedenheit breit. Chávez verlor zwar freundliche Worte über Mittelständler und Kleinunternehmer, doch in der Politik sollten die besitzenden Klassen nichts zu sagen haben. Schon vor seinem Amtsantritt hatte er angekündigt, das demokratische Regierungssystem mit einer neuen Verfassung aushebeln zu lassen. Er wollte als Volkstribun regieren, nicht als gesetzlich eingehegter Präsident.

Daran hielt er sich, wie er bereits am Tag seiner Vereidigung deutlich machte, als er auf das alte Verfassungsdokument schwören sollte. »Ich schwöre bei Gott, vor dem Land, vor meinem Volk, auf diese verrottete Verfassung, dass ich die notwendige demokratische Transformation vorantreiben werde, auf dass die neue Republik eine Magna Charta bekommt, die der neuen Zeit entspricht. Das schwöre ich«, donnerte er in Anwesenheit des diplomatischen Corps, der Staatschefs der Nachbarländer – und natürlich: von Castro.

Schon mit seiner knapp zweistündigen Antrittsrede begann er, das bisherige politische System Venezuelas in seinem Sinn umzukrempeln, demokratische Verfahren zu leeren Ritualen zu machen, die Meinungsfreiheit einzuengen, sich die alte politische Elite vom Hals zu schaffen. Eine verfassunggebende Versammlung sollte zusammentreten, um dem Land ein neues Grundgesetz zu schreiben – und um Chávez selbst die Beinfreiheit zu geben, das revolutionäre Projekt umzusetzen.

Denn er war zwar Präsident geworden, doch seine Partei, die »Bewegung der fünften Republik«, hatte im Kongress keine Mehrheit gewinnen können. Grund genug, die lästige Kammer mittels der neuen Verfassung zu entmachten. Der Senat als zweite Institution der Legislative wurde gleich ganz abgeschafft. Das war der Schachzug, der die bisherige politische Klasse und das Reservoir an künftigen Präsidenten und Ministern mit einem Schlag der Öffentlichkeit beraubte, die sie gebraucht hätten, um bekannt zu bleiben und sich als politische Alternative zu empfehlen.

Chávez ließ die Venezolaner über seine neue Ordnung abstimmen, und er erhielt – wie fast immer, wenn er das Volk an die Urnen rief – eine Mehrheit. Er nutzte sie nicht nur, um die Opposition sowie den obersten Gerichtshof zu demontieren. Er dokumentierte mit der Abstimmung auch, dass das Volk hinter ihm, dem Nichtpolitiker, stand. In die verfassunggebende Versammlung wurden fast ausschließlich Parteigänger des Präsidenten gewählt, inklusive seiner eigenen Ehefrau. Er selbst war, entgegen allen Konventionen, mit der Amtsübernahme Chef seiner Bewegung geblieben, anstatt sich als neutrale Instanz über den Parteien zu positionieren.

Die neue Verfassung verlängerte die Amtszeit des Präsidenten von vier auf sechs Jahre mit der Möglichkeit, im Anschluss einmal wiedergewählt zu werden. Chávez hatte jetzt das Recht, öffentliche Bedienstete abzuberufen, wann immer es ihm gefiel. Es war ein Privileg, von dem er ausführlich Gebrauch machte. Der Einfluss der Zentralregierung wurde gestärkt, die Macht der Regionen beschnitten. Venezuela wurde zur »Bolívarischen Republik«, einem Land, in dem ab sofort das Volk regierte, und das hieß in der Logik des Präsidenten: er.

Dass hier ein Volkstribun angetreten war, mithilfe des Wahlrechts eine Diktatur zu errichten, dämmerte nun auch der alten venezolanischen Elite. Spätestens zur Jahreswende 2001/2002 endeten die Flitterwochen der Mittelschicht mit ihrem Präsidenten. Arbeitgeber- und Berufsverbände, Lehrer und Landwirte sowie Teile des Militärs brachen mit dem Revolutionär in Caracas. Die katholische

Kirche ging auf Distanz. Als Chávez verfügte, dass die Schulen, wie in Kuba, paramilitärische Übungen zu organisieren hätten, gingen die Mittelstandsmütter und die einheimischen Lehrer auf die Barrikaden. Als er dann auch noch die Geschichtsbücher in seinem Sinne umschreiben lassen wollte, geschah das, was in Lateinamerika häufiger geschieht, wenn eine größere Gruppe von Menschen mit dem Regime unzufrieden ist: Es wurde geputscht.

Im April 2002 drangen aufständische Militärs in den Präsidentenpalast ein, in Caracas demonstrierten Gegner und Anhänger des Amtsinhabers, Straßenschlachten tobten. Chávez bat darum, nach Kuba ausgeflogen zu werden, wurde aber erst einmal nur aus der Stadt gebracht. Ein Veteran der Altparteien übernahm die Regierungsgeschäfte.

Was während der Putschtage genau geschah, wurde nie geklärt; doch nach 48 Stunden war der Spuk vorbei und der gewählte Präsident wieder im Amt. Der Chavismus hatte nicht nur an der Wahlurne, sondern auch auf der Straße gesiegt.

Wer indes geglaubt hatte, dass der Präsident sich nun mäßigen und den unternehmerischen Eliten des Landes entgegenkommen würde, sah sich getäuscht. Chávez machte ein paar Zugeständnisse in Bildungsfragen, doch in Wahrheit regierte er immer diktatorischer und verschärfte den Zugriff auf die Wirtschaft.

Zu seinem ersten und wichtigsten Konfliktfeld wählte er die Ölindustrie. Die Einnahmen aus den ergiebigen Quellen des Landes waren der Schmierstoff für sein Regime; das Problem war nur, dass den größten Teil der Renditen noch immer das Management und die Beschäftigten des Staatskonzerns abschöpften.

Als der Präsident Steuern und Lizenzgebühren erhöhte, um einen größeren Teil des Geldes in seinen Haushalt zu lenken, traten die gut verdienenden Arbeiter im Dezember 2002 in den Streik. Rasch weitete er sich aus, und Chávez reagierte anders, als man es von einem erklärten Sozialisten hätte erwarten dürfen: Er setzte einen großen Teil der 18 000 Arbeiter und ihrer Manager kurzerhand auf die Straße und tauschte sie gegen regimetreue Kräfte aus. Die neuen Mannschaften verteidigten die Ölquellen zwar tapfer gegen Sabotageakte, die sich in der Folgezeit gefährlich häuften. Doch sie verstanden nichts von der Produktion. Nachdem die meisten Fachkräfte das Land verlassen hatten, wurden die Schäden an den Förderanlagen bald irreparabel.

Die Ölproduktion der staatlichen Gesellschaft kam während des Streiks zum Erliegen und sollte sich nie mehr erholen. Fünf Jahre später verstaatlichte Chávez auch die verbliebenen Auslandskonzerne der Branche sowie die Explorationsfirmen im Orinocodelta. Damit verschärfte sich das Problem. Als Resultat schrumpften die Fördermenge des Landes und damit die Finanzierungsbasis für die Sozialprogramme des Präsidenten um mehr als zwei Drittel. Chávez hatte den Ast, auf dem er saß, selbst abgesägt.

Trotzdem ging er in den übrigen Zweigen der Wirtschaft nach derselben Methode vor, es wurde kollektiviert wie in der einstigen Sowjetunion. Chávez verstaatlichte die Stromwirtschaft, die Telekommunikation, die Zementbranche, die Nahrungsmittelindustrie. Überall übernahmen Gefolgsleute des Präsidenten oder Militärs das Kommando, überall war das Resultat dasselbe: Die Produktion brach ein.

Eine Landreform sollte Venezuela von Importen ausländischer Nahrungsmittelhersteller unabhängig machen. Doch was als Maßnahme gegen die rund 700 Großbauern des Landes angekündigt war, entpuppte sich als Schlag gegen Hunderttausende von kleinen und mittleren Landwirten, die sich in der Folge den Produktionsplänen der Regierung zu unterwerfen hatten. Die Ernteerträge gingen ebenfalls zurück.

Weil im Anschluss die Preise stiegen, versuchten die Wirtschaftsplaner des Präsidenten, mit Kontrollen und Subventionen dagegenzuhalten. Das verschlimmerte die Lage nur, weil sich durch die künstlich niedrig gehaltenen Preise die Produktion vieler Güter nun erst recht nicht mehr lohnte. In den Geschäften gab es bald kaum noch Milch, Kaffee oder Toilettenpapier zu kaufen, dafür blühte der Schwarzmarkt.[5]

Um die Venezolaner vor den Folgen der steigenden Ölnotierungen am Weltmarkt abzuschirmen, subventionierte Chávez auch den Benzinpreis, zeitweise um bis zu 90 Prozent. Das war populär, aber selbstmörderisch; denn es kurbelte den Absatz von Spritmonstern wie Hummer-SUVs an und kostete den Staat mehr als 20 Milliarden Dollar pro Jahr.[6]

Der Nation mit den weltweit größten Erdölreserven gingen allmählich die Finanzmittel aus. Und so nahm Chávez, der gerade erst die Schulden seines Landes zurückgezahlt hatte, neue Kredite auf. Zugleich ließ der Präsident in großem Stil Geld drucken, nachdem er sich zuvor die Hoheit über die Notenbank gesichert hatte. Streng demokratisch natürlich, mit einer Volksabstimmung.

In der Folge stieg die Inflation um bis zu 31 Prozent pro Jahr. Weil Chávez indes verfügt hatte, den Wechselkurs der Landeswährung Bolívar konstant zu halten, lohnte sich das Geschäft der Importeure umso mehr. Sie konnten von den hohen Preisen in Venezuela profitieren, ohne beim Geldumtausch Wertverluste fürchten zu müssen. Die Einbußen für die venezolanischen Produzenten waren dafür umso größer, zugleich schwanden die Währungsreserven der Zentralbank. Das Land stellte immer weniger Waren selbst her, und die Einnahmen aus dem Ölgeschäft reichten trotz rekordhoher Preise nicht mehr aus, den aufgeblähten Staatsapparat zu finanzieren. Ende der Nullerjahre hatte Chávez das Land in eine ökonomische Krise geführt, in der sich eine inflationäre Geldpolitik unheilvoll mit einer Planwirtschaft nach sowjetischem Muster verquickte.

Dass sich Venezuela in einer gefährlichen Abwärtsspirale befand, war spätestens jetzt unübersehbar. Doch Chávez dachte nicht daran, den Kurs zu ändern. Sein Regime war längst von jener typischen Krankheit fortgeschrittener diktatorischer Regime infiziert, in denen Informationen nur noch verzerrt wahrgenommen und weitergegeben werden.

Für den Autokraten war der Niedergang das Werk ausländischer Spekulanten – eine Verschwörungserzählung, in der ihn sein Umfeld noch bestärkte. Nicht der Sozialismus des 21. Jahrhunderts war demnach das Problem, sondern böse fremde Mächte sowie das mangelnde Bewusstsein seiner Landeskinder. Und so startete der Präsident nach Art des einstigen Kommunismus eine Reihe von Kampagnen, um das Volk in seinem Sinne zu bilden, zu versorgen und umzuerziehen. Er legte Sofortprogramme, sogenannte *Missiones*, gegen Analphabetismus auf, gründete die staatliche Supermarktkette Mercal, in der die Armen Grundnahrungsmittel zum Vorzugspreis erwerben konnten, und berief »bolívarische Zirkel« ein, in denen die Bürger die Botschaften des legendären Staatsgründers und seines Nachfahren lernen und verstehen sollten: Auf dem Programm der kleinen und größeren Gesprächskreise stand der »Sozialismus des 21. Jahrhunderts«.

Die Opposition verhöhnte die Programme als Erziehungsdiktatur, doch das bewirkte wenig. In Wahrheit führte die Kampagne den unabhängigen Geistern im Land schmerzlich vor Augen, wie sehr der Zauber des Chavismus noch immer wirkte: Hunderttausende Venezolaner stellten sich als Moderatoren der verordneten Kleingruppen zur Verfügung.

Wo es ein geheimnisvolles Einvernehmen zwischen Volk und Führer gab, das die Propagandisten des Regimes mit Parolen wie »Chávez ist das Volk« oder »Wir sind Chávez« noch zu stärken wussten, waren unabhängige Medien überflüssig. Und so wurde nun auch die Presse- und Meinungsfreiheit abgeschafft. Die meisten Journalisten, vor allem der Fernsehsender, hatten sich bei dem April-Putschversuch und beim Generalstreik gegen Chávez gestellt. Sie weigerten sich, ihre Programme weiterhin auf Befehl aus dem

Präsidentenpalast zusammenzuschalten, um die Botschaften des Commandante oder die wöchentliche Politikshow *Aló Presidente* zu verbreiten.

Zur Strafe zog das Regime ein unabhängiges Medium nach dem anderen aus dem Verkehr. Es gab noch einige unabhängige Zeitungen und Onlineportale, doch fast alle Rundfunk- und Fernsehsender waren nun zum Bestandteil eines nationalen Medienverbundes geworden, in dem die Parolen des Regimes in Endlosschleifen unters Volk gestreut wurden.

Nachdem Chávez im Winter 2006 auch seine dritte Wahl gewonnen hatte, begann er damit, das politische System noch stärker als bisher zu monopolisieren. Es gelang ihm, die meisten linken Parteien zu vereinigen, und was noch wichtiger war: Er erweiterte erneut die Macht des Präsidenten. Chávez durfte nun 18 Monate lang per Dekret völlig ohne das Parlament regieren, wenn es ihm nötig erschien.

Doch im Dezember 2007 verlor er das erste und einzige Mal eine Volksabstimmung. Die Venezolaner waren dagegen, seine Amtszeit bis an sein Lebensende zu verlängern; und so griff der Präsident auf die Variante der Dekrete zurück. Als seine Partei im Jahr 2010 die Zweidrittelmehrheit im Parlament verlor, ließ er sich zur Alleinherrschaft ermächtigen, noch bevor die neuen Abgeordneten zum ersten Mal zusammenkamen.

Im sicheren Gefühl, nach dieser Methode praktisch unbegrenzt weiterregieren zu können, entdeckte der Präsident zunehmend die Annehmlichkeiten des Tyrannenlebens. Bevor er Präsident geworden war, hatte Chávez klaglos in beengten Verhältnissen gelebt und das Wohlleben seiner demokratischen Vorgänger kritisiert. Kurz nach seinem Amtsantritt hatte er als Zeichen der neuen Bescheidenheit verfügt, das Wasser aus dem Pool der Präsidentenresidenz Miraflores abzulassen.

Nun bestellte er beim europäischen Airbuskonzern ein nagelneues und üppig ausgestattetes Flugzeug für seine häufigen Auslandsreisen. Bei europäischen Maßschneidern gab der Mann, der einst als jugendlicher Straßenverkäufer das Familienbudget aufgebessert hatte, seine Anzüge in Auftrag. Er entwickelte ein Faible für teure Uhren, führte auf Reisen die eigene Köchin mit, und irgendwann füllte er auch den Pool wieder auf.

Aber das irritierte seine Regierung nicht so sehr wie die vielen fixen Ideen, mit denen er in immer kürzeren Abständen den Beamtenapparat chaotisierte. Nicht die Werke von Marx und Engels prägten das Denken des Revolutionärs und studierten Politologen, sondern eine halbseidene Schrift des argentinischen Kampfsportlers Lucas Estrella Schultz: *El oráculo del guerrero* (dt.: *Der Weg des edlen Kriegers, Weisheit für jeden Lebenstag*). Das Werk verknüpfte praktische Lebenstipps für jedermann mit japanischer Samurai-Romantik. Der Vielleser Chávez, dem das Buch zufällig in die Hände geraten war, lud den Autor nach Caracas ein und machte den Band zum Bestseller. Erst als der Schinken in Verruf geriet, Geheimbotschaften für Homosexuelle zu transportieren (»Stecke dein Schwert nach der Schlacht nicht in die Scheide, schon morgen wartet der nächste Kampf«), widmete sich Chávez anderen Vorlieben. Der Präsident ließ den Leichnam des sogenannten Befreiers Amerikas Simón Bolívar exhumieren, weil er vermutete, der legendäre Visionär eines großlateinamerikanischen Reiches sei vergiftet worden. Er verschob die venezolanische Zeitzone um eine halbe Stunde und spekulierte öffentlich, dass der Kapitalismus eine Zivilisation auf dem Mars ausgelöscht haben könnte.[7]

Die Anzeichen von Größenwahn waren unübersehbar, vor allem für die Freunde und Gefährten, die ihn schon lange kannten und seinen Aufstieg begleitet hatten. Die Chavisten der ersten Stunde wandten sich früh von ihrem Idol ab. Jesús Urdaneta zum Beispiel, Chávez-Kumpel und Zimmergenosse aus der Militärakademie, wollte als Geheimdienstchef gegen den im Land notorischen

Nepotismus vorgehen. Er trat zurück, als er bemerkte, dass Chávez die Korruption nicht beenden, sondern für sich nutzen wollte. Andere Vertraute, die Kritik wagten, wurden zum Abgang gezwungen. Chávez warf sie hinaus, schickte sie als Botschafter nach Europa, bezichtigte sie seinerseits der Korruption, drängte sie ins Exil. Nach vier Jahren war von den Revolutionären der ersten Stunde niemand mehr auf seinem Posten. Chávez verlangte unbedingte Loyalität, weshalb er wichtige Beamte durch eigene Leute wie seinen Vater ersetzte, der Provinzgouverneur wurde.

Vor allem aber griff der Autokrat immer häufiger auf den Rat seines väterlichen Freundes Fidel Castro zurück. In seinen TV-Shows hatte Chávez schon früh davon gesprochen, dass Kuba und Venezuela Länder mit zwei Präsidenten, aber einer Regierung seien. Je länger er im Amt war, desto stärker traf das zu.

Worin die beiden Staatschefs besonders übereinstimmten, war der Hass auf die Vereinigten Staaten. Die USA waren der ideale Feind, um ihre eigenen Gesellschaften zusammenzuschweißen und politische Freundschaften in Lateinamerika zu festigen. Chávez und Castro träumten von einer Entwicklungsbank des Südens, die unabhängig vom Dollar und von internationalen Währungsmärkten funktionieren sollte. Außerdem wollten sie eine 8000 Kilometer lange Ölpipeline durch den Kontinent ziehen.

Ihr gemeinsames Diktatoreninteresse bestand aber vor allem darin, ewig an der Macht zu bleiben, und so bauten sie ihre Ärzte-gegen-Öl-Beziehung aus den frühen Tagen der Chávez-Regierung konsequent aus. Lehrer aus Havanna oder Santiago unterrichteten in den *Missiones* von Caracas. Kubanische Militärberater entwickelten Pläne für den venezolanischen Sicherheitsapparat und empfahlen dem Präsidenten, sich eine eigene Miliz zum Schutz vor Putschversuchen zuzulegen. Im Gegenzug floss Öl im Wert von mehreren Dutzend Milliarden Dollar von Caracas nach Kuba. Es war eine der bizarrsten Staatenallianzen der Nachkriegsgeschichte. Der ökonomische Zwerg Kuba führte das ölreiche Venezuela ins Verderben.

Als Chávez im März 2013 in einer kubanischen Klinik seinem Krebsleiden erlag, wurde der Einfluss Castros noch größer. Auf dem Sterbebett in Havanna bestimmte Chávez seinen Vize Nicolás Maduro zu seinem Nachfolger, der schon als Teenager einer prokubanischen Partei beigetreten und in Havanna geschult worden war. Der neue Mann holte weitere Castro-Jünger nach Caracas und beschleunigte den kommunistischen Umbau des Staates. Gemeinsam taumelten die beiden Länder, die nach den Worten von Chávez gemeinsam geführt wurden, nun immer tiefer in die Krise; und sie hätten wohl längst Bankrott angemeldet, hätten sie nicht neue einflussreiche Freunde gefunden. Einst wurde Kuba von der mächtigen Sowjetunion alimentiert. Nun lebten Caracas und Havanna von der wirtschaftlichen, technologischen und militärischen Hilfe der beiden ungleich reicheren und mächtigeren Autokratien China und Russland.

Knapp 30 Jahre nachdem der erste der modernen Spin-Diktatoren in Venezuela die Macht übernommen hatte, war der nahezu vollständige Fehlschlag seines Politikmodells unübersehbar geworden. Chávez wollte einen Sozialismus für das 21. Jahrhundert schaffen, stattdessen reaktivierte er den Kommunismus des 20. Jahrhunderts. Seine höhere Form der Demokratie hatte sich in eine der brutalsten Diktaturen des Kontinents verwandelt. Er wollte die Zahl der Armen verringern und den Umfang der Öleinnahmen erhöhen, doch er bewirkte das Gegenteil. Er löste das Land aus der Umklammerung Washingtons und des Internationalen Währungsfonds – und führte es in die Abhängigkeit von Havanna. Chávez' Versuch, in einem der potenziell wohlhabendsten Länder Lateinamerikas die Armut und die Korruption zu beseitigen, hatte es ärmer und korrupter gemacht.

Anders als es die Konzepte der Spin-Diktatur vorsahen, konnte

Chávez die Rechtsstaatslücke seines Regimes nie schließen. Seine Versuche, eine Kooperation mit der venezolanischen Unternehmerschicht einzugehen, scheiterten. Im Land wurde kaum noch investiert, ausländische Finanziers zogen sich zurück, im Staatsapparat versickerte das Geld in einer allgegenwärtigen Korruption. Chávez hatte keinen neuen Sozialismus geschaffen, sondern den alten wiederbelebt.

Kurz vor seiner Wahl im Jahr 1998 hatte der Literaturnobelpreisträger Gabriel García Márquez Chávez auf einem Flug von Havanna nach Caracas begleitet. Er ließ sich die Lebensgeschichte des glühenden Katholiken erzählen (niemand hatte die Sonntagsglocke so gefühlvoll geläutet wie der kleine Hugo Rafael). Er hörte sich die Episoden aus der hoffnungsfrohen Musikerlaufbahn des Jungoffiziers an (keiner sang so gefühlvoll wie der große Hugo Rafael). Und er tauschte sich mit dem künftigen Präsidenten über Literatur aus.

Nach der Landung in Caracas fragte der Schriftsteller sich, ob Chávez wohl zum Retter der Demokratie in Venezuela tauge – oder ob er das Land in eine furchtbare Diktatur verwandeln werde. Márquez traute ihm beides zu.

DER ERBE DER ZAREN

Sergei Naryschkin und Wladimir Putin waren lange Zeit ziemlich beste Freunde. In den Neunzigerjahren warben die beiden als Angestellte der Sankt Petersburger Stadtverwaltung gemeinsam um europäische oder amerikanische Investoren für die frühere Hauptstadt des Zarenreichs. Später arbeitete Naryschkin als Auslandsexperte einer Bank, in der Putin seine Konten führte.[1] Anfang der Zweitausenderjahre folgte er schließlich dem Ruf des neuen Präsidenten in die Moskauer Machtzentrale, wo er rasch Karriere machte. Naryschkin wurde stellvertretender Ministerpräsident, Leiter der mächtigen Präsidialverwaltung und schließlich Direktor des Auslandsgeheimdienstes SWR, sozusagen Putins Chefspion.

Umso irritierender war, wie der Präsident mit seinem alten Kumpel im Februar 2022 umsprang. Drei Tage vor dem Überfall auf die Ukraine hatte Putin seinen Sicherheitsrat aus Ministern, Behördenleitern und Spitzenmilitärs in den Katharinensaal des Kremls beordert. Einer nach dem anderen musste laut und vernehmlich sein Ja zum Kriegskurs gegen Kiew geben. Die Veranstaltung wurde im Fernsehen übertragen.

Verteidigungsminister Sergei Schoigu nickte das Vorhaben brav ab, Sergei Lawrow, sein Kollege aus dem Außenamt, tat es ebenfalls. Ausgerechnet Naryschkin aber, der Herr der Geheimdossiers aus aller Welt, war offenkundig nicht im Film. Er suchte nach Worten, er wand sich, und was er schließlich herausbrachte, lief darauf hinaus, dass die russische Regierung die »anstehende Entscheidung« treffen müsse, wenn die Ukraine nicht einlenke. Was er denn damit meine, wollte Putin wissen, während er ungeduldig mit den Fingern auf die Tischplatte hämmerte. Naryschkin stockte, verhaspelte sich und stammelte, dass Russland dann die Regionen Luhansk und Donezk annektieren müsse. Das stehe nicht zur Debatte, herrschte ihn Putin an. Es gehe nicht um Annexion, sondern darum, die umstrittenen Gebiete als selbstständige Republiken anzuerkennen. Ob er das unterstütze, bellte Putin: »Ja oder nein?« – »Ja«, erklärte Naryschkin mühsam, das unterstütze er.

Die Art, wie Putin einen seiner wichtigsten Beamten vor einem Millionenpublikum im Staatsfernsehen vorführte, hatte etwas von den Schauprozessen, mit denen in der Stalin-Zeit in Ungnade gefallene Spitzengenossen erst gedemütigt und dann hingerichtet wurden.

So schlimm ging es für Naryschkin nicht aus. Anders als seine unglücklichen Vorgänger durfte der Beamte sein Leben und sogar seinen Posten behalten. Dennoch erinnerte die Inszenierung in vielem an die bizarren Schauspiele aus dem Moskau der Dreißigerjahre. Die inquisitorischen Fragen, die unterwürfigen Bekenntnisse des Opfers sowie die Tatsache, dass der Ausgang des Stücks im Vorhinein feststand: Es schien, als wären im Moskau des 21. Jahrhunderts die Geister des Großen Terrors wiederauferstanden, den einst der allmächtige Generalsekretär der Kommunistischen Partei, »Väterchen« Stalin, entfesselt hatte.

Der verstörende Auftritt im Kreml war nicht das einzige Ereignis, das an die dunkelsten Kapitel der russischen Geschichte erinnerte. Als Putin sein Amt zur Jahrtausendwende angetreten hatte, galt er als Erfinder der gelenkten Demokratie, eines Regierungssystems, das autoritär, aber nur in Maßen repressiv war. Es gab eine vielstimmige Opposition, die sich im Parlament und auf der Straße in Szene zu setzen wusste. Auf den Führungsetagen der Putin-Republik gehörte es zum guten Ton, die Söhne und Töchter der Familie in englischen Internaten ausbilden zu lassen. Und wer sich abseits des Staatsfernsehens informieren wollte, konnte in gut gemachten Zeitungen brisante Enthüllungen über die Verquickung von Macht und Reichtum lesen.

20 Jahre später hatte das Reich des früheren Geheimdienstoffiziers seinen Charakter grundlegend geändert. In der Republik, die einst kollektiv nach Westen geblickt hatte, orientierte sich die Elite plötzlich Richtung Asien. Die Führungsschichten hatten registriert, dass aus dem modernen Spin-Diktator ein Furcht-Diktator alter Schule geworden war.[2] Ein Alleinherrscher, der sogar seinen engsten Beratern Angst und Schrecken einzuflößen verstand, wie es die versteinerten Gesichter seines Führungszirkels in der Kremlsitzung auswiesen.

Ging es in den frühen Tagen des Putin-Regimes darum, im demokratischen Wettbewerb gegen die Opposition zu siegen, so wurde nun jeder weggesperrt, der den Krieg in der Ukraine nicht als »Spezialoperation« bezeichnete. Der Westen war kein Partner im Kampf gegen den Terrorismus mehr, sondern wurde in regelmäßigen Abständen mit dem Einsatz von Atomwaffen bedroht. Den Pragmatismus, den einst Singapurs Staatschef Lee zum Markenzeichen einer modernen Autokratie ausgerufen hatte, ersetzte Putin durch die Ideologie eines neuen russischen Imperialismus. Die liberale Demokratie sei »obsolet geworden«, befand er im Juni 2019. Sie stehe »im Konflikt mit den Interessen der überwältigenden Mehrheit des Volkes«.[3]

In Wahrheit widersprach sie vor allem seiner Idee autoritärer Herrschaft, die im Kern eine Art Zarismus auf kapitalistischer Grundlage war. Putin eroberte die Macht, weil er sich die Zustimmung breiter Bevölkerungsschichten durch marktwirtschaftlich erzeugten Wohlstand kaufte. Er konsolidierte sein Regime, indem er neben die verhasste Klasse der Jelzin-Oligarchen eine neue Aristokratie ihm loyal ergebener Geheimdienstler stellte. Und er krönte seine Herrschaft, als es ihm gelang, sein persönliches Regime mit dem nationalen Interesse gleichzusetzen und seine Untertanen zu Komplizen des Angriffskrieges gegen die Ukraine zu machen.

Die Chávez-Diktatur in Venezuela scheiterte an ihren wirtschaftlichen Unzulänglichkeiten. In Moskau dagegen erwies sich, dass ein moderater Autokrat zum erfolgreichen Dauerherrscher werden kann, wenn er sich konsequent über das Gesetz stellt. Weil er die Regeln gebrochen hatte, musste Putin weiterregieren. Und weil er weiterregieren wollte, musste er die Regeln brechen. Das war die Logik, nach der das Regime immer repressiver wurde, je länger es an der Macht war.

Am Ende regierte Putin wie ein absoluter Monarch, der willkürlich Gunst gewähren und entziehen, Gegner kaltstellen oder bestrafen und große Teile der Gesellschaft kontrollieren konnte: die Wirtschaft genauso wie die Politik und selbst den Sicherheitsapparat, mit dessen Rückendeckung er einst an die Macht gekommen war. Im System Putin spielten die Staatsschutzbehörden »eine wichtige Rolle«, aber sie hätten »nicht die Initiative«, analysierten Kremlinsider bereits im Jahr 2018. Die liege allein bei Putin und seiner Präsidialverwaltung, die »alle anderen Machtzentren ausgeschaltet« habe, auch »die Staatsanwaltschaft und die Geheimdienste«.[4]

Deren Techniken indes wusste sich der gelernte Spion von Beginn an virtuos zu bedienen. Im Putin-Staat wurden nicht Millionen Opfer gezählt wie unter Stalin, in der »Diktatur neuen Typs« wurde »gezielt gemordet«, so der deutsche Historiker Karl Schlögel.[5] Zu den Regimegegnern, die meist unter ungeklärten Umständen ums Leben kamen, zählten die Journalistin Anna Politkowskaja (erschossen), der russische Doppelagent Alexander Litwinenko (vergiftet), der Oppositionspolitiker Boris Nemzow (erschossen) oder der Oppositionspolitiker Alexej Nawalny (im Straflager umgekommen).

Nicht weniger wirkungsvoll wusste der Präsident das Instrument der Verstellung einzusetzen, zumindest zu Beginn seiner Amtszeit. Auf internationalen Konferenzen bekannte sich Putin derart glühend zu westlichen Prinzipien wie Parlamentarismus oder Gewaltenteilung, dass der damalige US-Präsident Bill Clinton überzeugt war, der Kremlherrscher werde sich stets für »Freiheit, Pluralismus und den Rechtsstaat« einsetzen.

Tatsächlich aber hatte Putin schon kurz vor seinem Amtsantritt betont, dass Russland einen eigenen Weg gehen werde. Auf absehbare Zeit werde es nicht »zu einer zweiten Ausgabe der USA oder Großbritanniens« mit »ihren liberalen Werten« werden. Schließlich, so fügte er später hinzu, sei Russland »fast tausend Jahre lang eine Monarchie gewesen«.

Putin sei »wie ein Spiegel«, der sich den Erwartungen seiner Betrachter »perfekt anpassen« könne, hieß es unter westlichen Diplomaten in Moskau.[6] Eine Eigenschaft, die deutsche Politiker bereits in den ersten Monaten seiner Präsidentschaft studieren durften, als Putin bei einem Auftritt im Berliner Reichstag in geschliffenem Deutsch und mit sanfter Stimme von einem »stabilen Frieden als Hauptziel russischer Politik« sprach.[7]

In Wahrheit trauerte er der Sowjetunion nach. Durch deren Zerfall hätten sich riesige Territorien sowie 25 Millionen Russen »plötzlich im Ausland« befunden, wie er bereits Anfang der Neunzigerjahre als stellvertretender Sankt Petersburger Bürgermeister urteilte. Dass die nicht »willkürlich ihrem Schicksal überlassen« werden dürften,[8] entwickelte Putin zu einem Prinzip, das er später höchst selektiv anwandte. Befand sich die Diaspora in einer Autokratie wie in Kasachstan, spielte das Thema nur eine Nebenrolle. Lebten die Russen dagegen in einem Land, das sich wie die Ukraine dem Moskauer Einfluss entziehen wollte, wurde die Sorge um sie zum Vorwand für Putins Eingreifen. Dabei ging es ihm nicht um das Schicksal seiner Landsleute, es ging um den Bestand seiner personalisierten Diktatur. Die autoritäre Herrschaft um jeden Preis zu sichern, war das Ziel, das Putin und seine KGB-Seilschaften mit der Sowjetunion gemein hatten. Was sie davon unterschied, war die Wirtschaft. Schon vor dem Fall der Mauer war Putin und seinen Leuten klar geworden, dass die kommunistische Kommandowirtschaft mit Fünfjahresplänen, überdimensionierten Kombinaten und der Betonung der Rüstungs- und Schwerindustrie nicht zukunftsfähig war. Die Produktion »von Konsumgütern und Dienstleistungen« sei genauso vernachlässigt worden wie die »Entwicklung von Schlüsselsektoren wie Informatik, Elektronik und Kommunikation«, befand er. Unternehmertum und Initiative seien zu sehr »eingeschränkt und unterdrückt worden«.[9]

Um das zu ändern, war nach Putins Auffassung zweierlei nötig: die Entfesselung der Märkte, um Industrie und Handel flächendeckend effizienter zu machen. Und ein Staatsapparat, der stark und finanzkräftig genug war, um seine Aufgaben bei Verteidigung, Bildung und Infrastruktur zu erfüllen.

Jeder konnte sehen, dass die Russische Föderation am Ende der Jelzin-Ära kurz vor dem Zerfall stand. Die neuen Oligarchen, die in den Neunzigerjahren reich geworden waren, wehrten sich dagegen, Steuern an die Moskauer Zentrale abzuführen. Und auch die mächtigen Gouverneure der russischen Provinzen mochten nicht zahlen. Während manche von ihnen schon von eigenen Währungen träumten, schrieb der Haushalt der Moskauer Zentrale tiefrote Zahlen. Der russische Staat war schwach – und praktisch pleite.

Putin änderte das, indem er sich einer der letzten intakten föderalen Großorganisationen bediente, eben des Geheimdienstes KGB, der seit dem Ende der Sowjetunion unter dem Kürzel FSB firmierte und in dem er bestens vernetzt war. So betraute Putin seine Petersburger Agentenkumpel – wie den später so gedemütigten Naryschkin – mit wichtigen Posten in der Regierung und schuf eine neue zentrale Steuerbehörde, in die er ebenfalls zahlreiche ehemalige Geheimdienstler berief. Später wurden auch wichtige Dienststellen von Polizei und Staatsanwaltschaft dem Kreml unterstellt.

Binnen weniger Monate hatte Putin in Russland »eine neue

Machtvertikale geschaffen«, analysierte der US-Autor Chris Miller. Sie wurde zum Rückgrat seiner Staatsorganisation. Die neue Behördenstruktur spülte nicht nur Finanzmittel in die Moskauer Kasse. Sie führte auch dazu, dass Putin große Teile des Sicherheits- und Justizapparats unter seine Kontrolle bringen konnte.[10] Als Krönung seines Zentralisierungswerks setzte er am Ende seiner ersten Amtszeit durch, dass die Regionalgouverneure nicht mehr vom Volk gewählt, sondern vom Kreml ernannt wurden.

Damit hatte der neue Präsident das entscheidende Instrument in der Hand, die verhassten Oligarchen zu entmachten, die in der Jelzin-Ära zu einem Staat im Staate geworden waren. Bei einem Treffen in Moskau machte Putin ihnen klar, dass sie bei ihren Geschäften künftig den Interessen der Regierung zu folgen hätten. Wer sich weigerte, wurde mit Steuerverfahren aus dem Land getrieben – so wie der Medienunternehmer Boris Beresowski, dessen TV-Kanäle verkauft und auf Putin-Linie getrimmt wurden. Wenige Jahre später kam Beresowski in seinem englischen Exil ums Leben. Ob er sich erhängt hatte oder erdrosselt worden war, konnte nie geklärt werden.

Zusätzliche Macht gewann der Kremlherr, indem er seine Petersburger Seilschaften mit lukrativen Pfründen in der staatsnahen Wirtschaft versorgte. Der frühere KGB-Funktionär Igor Setschin zum Beispiel durfte sich das milliardenschwere Ölimperium des zu Lagerhaft verurteilten Oligarchen Michail Chodorkowski unter den Nagel reißen. Putins Judofreund Arkady Rotenberg verdiente ein Vermögen mit staatlichen Baukontrakten. Und der ehemalige KGB-Mann Gennadi Timtschenko wurde Großbankier.

Im Gegenzug mussten die Unternehmer bereitstehen, wenn es galt, Putins Prestigeprojekte zu finanzieren. Dazu gehörten die Errichtung des Olympiageländes in Sotschi oder der Bau einer gigantischen Brücke, die das Festland mit der annektierten Halbinsel Krim verband. Putin hatte das Geschäftsmodell der verhassten Oligarchen nicht etwa beseitigt, er hatte es erweitert und seinen persönlichen

Interessen untergeordnet. Wie in der Jelzin-Ära durften gewiefte Geschäftsleute binnen kürzester Zeit unermessliche Reichtümer erwerben. Aber nun entschied der Machthaber im Kreml darüber, wer sich in welchem Umfang an den Ressourcen des Landes mästen durfte. Putin hatte sich eine loyale Elite geschaffen, die weite Teile der russischen Finanzströme kontrollierte.

An der Spitze stand er selbst. Putin bereicherte nicht nur sein Freundesnetzwerk aus Petersburger Zeiten. Er kümmerte sich auch um die Wertentwicklung seines eigenen Vermögens. Darauf deuteten die Panama Papers hin, die ein internationales Journalistenkonsortium 2016 veröffentlichte. Danach war ein verschlungenes Geflecht von Briefkastenfirmen in karibischen Steueroasen im Besitz oder Mitbesitz des Cellisten Sergei Roldugin, eines engen Freundes Putins und Taufpaten von dessen erster Tochter Maria. Der Musiker diente dem Präsidenten offensichtlich als Strohmann, so lautete der Verdacht der Rechercheure, um Gewinne und Vermögenswerte russischer Firmen in die eigene Tasche zu lenken. Verflochten war das geheime Firmenimperium nicht nur mit einer Schweizer Anwaltskanzlei, sondern auch mit einer ominösen Sankt Petersburger Bank. Sie war einst von engen Putin-Freunden gegründet worden, die mit ihm Mitte der Neunzigerjahre eine Datschenkooperative namens Oseto geführt hatten. Das Finanzhaus war unter anderem an russischen Firmen aus der Versicherungs- und Medienwirtschaft beteiligt.

Der Kreml widersprach den Berichten; doch kundige westliche Finanzexperten gehen davon aus, dass Putin über solche und ähnliche Konstruktionen ein Vermögen zwischen 40 und 200 Milliarden Dollar angehäuft haben könnte. Dazu sollen nicht nur Uhren im Wert von mehreren Hunderttausend Dollar gehören, sondern auch eine Yacht mit Whirlpool und Marmorbadezimmer sowie ein protziger Palast in der Nähe von Sotschi am Schwarzen Meer.

Die Prinzipien des »postsowjetischen Mafiastaates«, so der ungarische Historiker und Politiker Bálint Magyar, galten jedoch nur für einige eng umrissene Zweige der Energie-, Rohstoff-, Bau- oder Medienwirtschaft. In den übrigen Sektoren führte Moskau ein Marktsystem nach westlichem Vorbild ein, das die »schwerfällige und deformierte Struktur« (Putin) der früheren Sowjetplanung ersetzte.[11] Wenn es um die Wirtschaft ging, folgte der neue Präsident nicht Marx, sondern Thatcher. Wie die frühere britische Premierministerin war der Kremlherr der Auffassung, dass die Märkte frei, das Geld knapp und der Staatsetat ausgeglichen sein müssten.

Der Kreml deckelte die Einkommensteuer bei 13 Prozent, einem der niedrigsten Sätze der Welt. Er liberalisierte den Verkauf von Grund und Boden, baute innerhalb weniger Jahre den Moskauer Schuldenberg ab und steckte die Einnahmen aus Russlands lukrativem Rohstoffgeschäft zu erheblichen Teilen in einen staatlichen Reservefonds.

Wie sein venezolanischer Amtskollege Chávez profitierte auch Putin vom rasanten Anstieg des Ölpreises nach der Jahrtausendwende. Doch während der Venezolaner das Geld schneller ausgab, als es hereinkam, legte der Machthaber in Moskau einen Großteil der zusätzlichen Einnahmen von rund 200 Milliarden Dollar jährlich für schlechte Zeiten zurück.[12] Aus der Nahtoderfahrung in der Jelzin-Regierung hatte Putin den Schluss gezogen, dass ein funktionierender Staat besser Reserven als Schulden anhäuft. Entsprechend groß war die Rückendeckung, die er seinen Stabilitätspolitikern in Finanzministerium und Notenbank gab. Eine galoppierende Geldentwertung wie in den Neunzigerjahren wollte Putin unbedingt verhindern; und so achteten seine Technokraten darauf, dass die Konjunktur nicht heiß lief. Das Ergebnis war eine Finanzpolitik, in der Sicherheit im Zweifel vor Wachstum ging. »Ultrakonservativ« sei der Kremlkurs, so lautete das Urteil von Experten.[13]

Putins Feudalmonetarismus profitierte vom Ölboom der Nullerjahre, in denen sich der Preis mehr als verfünffachte. Eine wirtschaftliche Blüte folgte, wie sie das Land nie zuvor erlebt hatte.

In den zehn Jahren zwischen 1998 und 2008 wuchs das russische Pro-Kopf-Einkommen nahezu um das Doppelte. Die Löhne stiegen zeitweise mit Raten zwischen 10 und 20 Prozent pro Jahr, und Millionen Menschen rückten in die Mittelschicht auf. Viele Russen konnten sich erstmals ein Leben wie im Westen Europas leisten. In den Großstädten eröffneten Shoppingmalls mit Edelmarken von Gucci bis Cartier. Vor den Sushibars der Luxushotels parkten nagelneue Mercedes-Limousinen, Ferraris oder Hummer-SUVs. Russische Mittelstandsfamilien flogen zum Strandurlaub ins ägyptische Sharm El-Sheik.[14]

Im Westen galt die Russische Föderation vielen als »Tankstelle mit angeschlossenem Staat«, wie der US-Senator John McCain lästerte. Und auch die Putin-Regierung tat einiges, um mit zahlreichen Deals im Öl-, Gas- und Rohstoffgeschäft diesen Eindruck zu festigen. Nur, er war falsch. Tatsächlich wurden Putins frühe Amtsperioden für viele Branchen zu einer Art Gründerzeit. Im Einzelhandel blühte das Geschäft einer neuen Klasse von Supermärkten, die mit dem landesweiten Vertrieb preisgünstiger Lebensmittel hohe Gewinne einfuhren. Die Schwerindustrie, einst der kranke Mann der Sowjetwirtschaft, flutete dank niedriger Energie- und Lohnkosten den Weltmarkt mit günstigem Rohstahl. Und mit Angeboten wie der Suchmaschine Yandex oder dem sozialen Netzwerk VKontakte jagte der junge russische Techsektor sogar US-Internetriesen wie Google oder Facebook Marktanteile ab.[15]

Zehn Jahre nachdem das Land fast in den Bankrott gewirtschaftet worden war, hatte Putin einen wirtschaftlichen Aufschwung erzeugt, an dem alle mitverdienten. Auch die Konzerne aus Deutschland, Frankreich oder den USA, die über die Agentennetzwerke im Kreml zwar die Nase rümpften, aber das lukrative Geschäft im Wilden Osten Europas keinesfalls verpassen mochten. Gefördert vom Kreml, investierten westliche Industriekonzerne und Finanzinstitute nach der Jahrtausendwende fast eine halbe Billion Dollar in einem Land, das ähnlich wie China mit einer neuartigen Kombination aus Staats- und Marktwirtschaft lockte. Der Unterschied war nur, dass in Russland keine Partei, sondern Putin persönlich herrschte.

Politisch gab es am Ende der Nullerjahre zu ihm keine Alternative mehr, dafür hatte er gesorgt. Seine Partei Einiges Russland war bevölkert mit Jasagern, die sich als Gehilfen des Kremls verstanden. Die liberale Opposition war schon froh, wenn ihre Parteien überhaupt noch ins Parlament einzogen. Mit seinem langjährigen Ministerpräsidenten und Kumpel Dmitri Medwedew tauschte Putin im Jahr 2008 zwar die Rollen, weil die Verfassung dem Präsidenten nur zwei Amtszeiten in Folge gestattete. Doch die Hackordnung in seinem Reich blieb weitgehend unberührt. Medwedew, der vermeintliche Reformer, war am Ende nicht mehr als der Platzhalter Putins.

Der war der unumstrittene Herr des Spiels, der den Mitwirkenden die Rollen zuwies und darauf achtete, dass niemand zu kurz kam. So lief es zum Beispiel in der Energiewirtschaft. Nachdem Putin dem Oligarchen Chodorkowski den Ölkonzern Yukos entzogen hatte, herrschte Unruhe an den Finanzmärkten und bei Auslandsinvestoren. Wenn der Kreml mit einem Federstrich russische Unternehmer enteignen könne, werde er bei ausländischen Firmeneignern noch weniger Skrupel haben, so fürchteten die Investoren in London, Frankfurt oder New York. War ihr Geld, so lautete die ängstliche Frage, in Russland noch sicher?

Solche Bedenken mussten unbedingt zerstreut werden, entschied der Kremlherr. Und so fädelte Putin höchstpersönlich etliche Deals ein, bei denen sich westliche Investoren weiter am russischen Energiegeschäft beteiligen durften, wenn auch überwiegend nur mit Minderheitspositionen. In Europa und den USA siegte die Gier, in Russland behielt Putin die Kontrolle.

Das war das Regierungsprinzip im Nachfolgestaat der Sowjetunion: Wer loyal zum Alleinherrscher stand, wurde belohnt. Alle hatten zu akzeptieren, dass der starke Mann im Kreml die Fäden zog. »Wenn es keinen Putin gibt, gibt es auch kein Russland«, so lautete die Gleichung von Dumasprecher Wjatscheslaw Wolodin,[16] und so lief es auch in der Regierung. Putin ließ seinem liberalen Technokratenteam in Finanzministerium und Notenbank freie Hand, solange es um Geld, Währung oder Zinsen ging. Die große politische Linie aber bestimmte allein er.

Gegen die allgegenwärtige Korruption im Land unternahm der Präsident wenig, wie der entsprechende Index der Organisation Transparency International auswies. Dass die Putin-Republik darin im Jahr 2008 den 147. von 180 Plätzen belegte, war für ihn kein Problem. Er sah es als Beweis, dass sein Herrschaftssystem funktionierte. Weil jeder jeden schmierte, hatte der Kreml auch gegen jeden etwas in der Hand.

Das traf vor allem jene, die Putins Herrschaft infrage stellten. Alle anderen dagegen profitierten von einem System, in dem das Bruttoinlandsprodukt ähnlich unbegrenzt zu wachsen schien wie der Wählerzuspruch für den Präsidenten. Im Jahr 2000, bei seiner ersten Wahl, holte Putin rund 52 Prozent der Stimmen, 2004 waren es schon 71 Prozent, und 2008, als er sein Amt vorübergehend an Medwedew abtrat, erreichten die Zustimmungswerte fast 88 Prozent.

Putin war auf dem Höhepunkt seiner Macht, und wahrscheinlich wäre es das Beste gewesen, wenn er sich »nach seinen erfolgreichen ersten beiden Amtszeiten zurückgezogen hätte«, wie es sich etwa der Moskauer Ökonom Konstantin Sonin gewünscht hätte.[17] Doch Putin, der mehr schlecht als recht im Doppel mit Medwedew herrschte, war offenbar zu dem Schluss gekommen, dass die Russische Föderation ohne ihn nicht regiert werden könne. Die Wahrheit war wohl eher, dass die Tyrannenfalle im Putin-Reich längst zugeschnappt hatte.

Im September verkündete Russlands Führungsduo, dass der amtierende Ministerpräsident ein drittes Mal für das Präsidentenamt kandidieren werde, was zwar nicht gegen den Wortlaut, wohl aber gegen den Geist der Verfassung verstieß. Als das Regime dann im Dezember auch noch dabei ertappt wurde, wie es bei den Parlamentswahlen den Stimmenanteil von Einiges Russland um mindestens 10 Prozent nach oben manipuliert hatte,[18] breitete sich in erheblichen Teilen der Bevölkerung Unmut aus. Jahrelang hatte Putin den Menschen versprochen, dass er das Land zunächst stabilisieren und dann demokratisieren werde. Nun mochten viele von ihnen nicht hinnehmen, dass der Machthaber offenbar entschlossen war, bis an sein Lebensende weiterzuregieren. In Moskau und Sankt Petersburg, aber auch in zahlreichen anderen Städten gingen Hunderttausende gegen den Wahlbetrug auf die Straßen, riefen Parolen gegen die »Gauner und Diebe« in der Regierung und forderten ein »Russland ohne Putin«.[19]

Doch bei den Präsidentschaftswahlen 2012 siegte der Jelzin-Nachfolger wieder, diesmal mit knapp 64 Prozent. Der Erfolg zeigte nicht nur, wie populär Putin und wie schwach die Opposition war. Er veränderte auch den Präsidenten, der nun noch weniger an Liberalisierung und Demokratisierung denken mochte als zuvor. Machtverzicht – was würde dann aus ihm?

Schon immer hatten Putin die persönlichen Risiken des Politikerlebens umgetrieben. Als Jelzin ihm Ende der Neunzigerjahre zum ersten Mal den Posten des Ministerpräsidenten angeboten habe, habe er noch abgelehnt, erzählte er Mitte der Zehnerjahre dem US-amerikanischen Filmemacher Oliver Stone in einer langen Serie von Interviews.[20] Hätte Jelzin dann für seine Sicherheit gesorgt und seine Familie beschützt? Am Ende habe er eine grundlegende Entscheidung getroffen, so bekräftigte er: Wenn das Schicksal ihn schon an die Spitze des Staates gespült habe, müsse er sein »Leben grundlegend ändern«. Dann werde er diesen Weg »bis zum Ende gehen«.

Ähnliche Gedanken beschäftigten ihn offenbar, als er am Ende seiner zweiten Amtszeit als Ministerpräsident erneut darüber entscheiden musste, wie es mit seiner Karriere weitergehen sollte. Geschockt hatte der Präsident im Herbst 2011 die Videos gesehen, die das Ende seines libyschen Diktatorenkollegen Muammar al-Gaddafi zeigten. Die verwackelten Bilder einer Kamera dokumentierten, wie jubelnde Rebellen den geschundenen Körper des Revolutionsführers auf eine Kühlerhaube hievten, wie sie sein blutverschmiertes Gesicht in die Kamera drehten, wie sie am Ende jubelnd seinen Leichnam präsentierten. Wieder und wieder, so berichteten US-Diplomaten, habe Putin die Filme abgespielt.[21]

Einem solchen Tyrannenschicksal wollte er um jeden Preis entgehen, und so nahm sein Regime nach den Präsidentschaftswahlen einen neuen Charakter an. Aus der gelenkten Demokratie wurde eine Diktatur, die auf Repression, Personenkult und Propaganda setzte.

Politiker im westlichen Europa oder in den USA müssen eine Mehrheit der Wähler hinter sich bringen, das ist das Gesetz der Demokratie. Ihre Kollegen in autoritären Systemen dagegen verfügen über deutlich mehr Möglichkeiten, sich »ihre Wählerschaft zu formen«, wie es in den Studien von Sozialwissenschaftlern heißt.[22] Das machte sich nun auch der starke Mann in Moskau zunutze.

Putin hatte noch immer ein feines Gespür für die Stimmung in breiten Bevölkerungskreisen, vor allem für jene, die nicht in Großstädten wie Moskau, Sankt Petersburg oder Wladiwostok zu Hause waren. Das hatten die Wahlen bewiesen. Nun ging er stärker denn je dazu über, seine Untertanen zu manipulieren: Durch gezielte finanzielle Geschenke bestach er große Bevölkerungsgruppen wie Rentner, Arbeiter oder Staatsangestellte. Ein übersteigerter, russisch-orthodoxer Nationalismus wurde zur Staatsdoktrin.

Zugleich verstärkte er den Druck auf die Opposition, vor allem auf die Organisationen des Antikorruptionsaktivisten Alexej Nawalny, der sich bei den Protesten als besonders scharfer Kritiker des

Regimes hervorgetan hatte. Putin erhöhte die Strafen für Protestler, die gegen das Demonstrationsrecht verstießen.[23] Er erschwerte die Arbeit von Organisationen mit Geldquellen im Ausland.[24] Und er setzte Dissidenten wie den Oligarchen Alexander Lebedew unter Druck, der wegen der Drohungen der Geheimdienste ins Ausland floh.[25]

Ein weiteres Instrument war die Zensur, die Putins Regime ständig perfektionierte. Einmal pro Woche instruierte Kremlideologe Wladislaw Surkow die Spitzen des Staatsfernsehens, »was im TV gezeigt werden durfte und was nicht, wer zu attackieren und wer zu verteidigen war und wie der Präsident rüberzukommen hatte«. So beschrieb der britische Filmproduzent und Autor Peter Pomerantsev den Putin-Staat, in dem »nichts wahr und alles möglich war«. Auf Anweisung Surkows hatten die Moderatoren wieder und wieder das Loblied auf Putin, »den Präsidenten der Stabilität« und den »effektivsten Manager von allen«, zu singen.[26] Nach ähnlichen Prinzipien stärkte der Kreml auch seinen Durchgriff auf das Internet. Der Social-Media-Kanal VKontakte, auf dem die Aktivisten 2011 ihre Proteste koordiniert hatten, wurde auf Druck des Kremls an einen putinfreundlichen Unternehmer verkauft. Zugleich bestimmte ein neues Gesetz, dass russische Blogger nur noch dann online gehen dürften, wenn sie sich zuvor bei den Behörden registrieren ließen.[27]

Während unerwünschte Kritiker auf diese Weise zum Schweigen gebracht wurden, mühte sich der Kreml zugleich, Putins Anhängerschaft mit nationaler und religiöser Stimmungsmache aufzuladen. In seinen ersten Amtsperioden hatte sich der Präsident noch als leitender Angestellter der Russland AG in Szene gesetzt, dessen vordringliche Aufgabe darin bestand, den Wohlstand seiner Landsleute zu mehren. Nun ließ er sich wieder und wieder mit dem russisch-orthodoxen Patriarchen Kyrill beim Kirchgang fotografieren. Zum Neujahrsempfang 2014 verschenkte er die Werke dreier konservativer russischer Philosophen an 5000 Spitzenbeamte des Kremls.

Autokratie, Orthodoxie, Volksverbundenheit: Das waren die russisch-christlichen Werte, die Putin ab sofort in scharfer Abgrenzung zum Westen zu Orientierungspunkten seiner Regierung erhob.[28] Er bedrohte Schwule, die sich öffentlich zu ihrer Homosexualität bekannten, mit Haft und ließ immer mal wieder fallen, dass der größte Teil der Ukraine zu Russland gehöre. Es sei eine historische Tatsache, so führte er aus, dass der westliche Nachbar über keine eigene nationale Identität verfüge.

Den Worten ließ er indes erst Taten folgen, als die Ukrainer im selben Jahr, 2014, ihren moskautreuen Präsidenten Viktor Janukowitsch verjagten und stattdessen den EU-freundlichen Politiker Petro Poroschenko mit großer Mehrheit ins Amt wählten. Dass Putins Soldaten kurz zuvor die Krim und kremlnahe Rebellen den Donbas besetzt hatten, war demzufolge nicht nur mit der Sorge um die russische Minderheit zu erklären. Der Grund war eher, dass Putin durch das Wahlergebnis in Kiew drastisch an Einfluss verlor. Eine erfolgreiche westlich-liberale Regierung in der Ukraine, so fürchtete er, könnte der demokratischen Opposition in Moskau als Vorbild dienen und zur Gefahr für seine eigene Personaldiktatur werden.

Der Erhalt der Macht wurde das alles beherrschende Motiv, und so bekam auch die Ökonomie eine neue Rolle zugewiesen. Statt Dynamik und Effizienz wie in den ersten Amtsperioden machte Putin nun, wie die Zahlen auswiesen, Sicherheit und Widerstandsfähigkeit zu zentralen Zielen seiner Wirtschaftspolitik. War die russische Wirtschaft zwischen 2000 und 2008 um durchschnittlich 7 Prozent pro Jahr gewachsen, so waren es zwischen 2010 und 2018 lediglich knapp 2 Prozent. Aus dem Wirtschaftswunderland war eine Stagnationsökonomie geworden.

Die Geschäfte mit Öl, Gas und Rohstoffen warfen zwar noch immer hohe Gewinne ab, doch die mafiösen Strukturen, die Putins Oligarchenfreunde in den staatlichen Großkonzernen des Sektors pflegten, belasteten das Geschäft. In der Energiewirtschaft etwa galt der Gazprom-Konzern als Problemfirma. Seit Putin den studierten Ökonomen Alexei Miller, einen Vertrauten aus gemeinsamen Tagen in der Sankt Petersburger Stadtverwaltung, zum Chef ernannt hatte, bewährte sich der Energieriese durchaus als verlässliches Instrument der Kremlinteressen. Aber wegen der konzerneigenen Mischung aus Korruption und Trägheit entwickelte sich die Firma rasch zum Musterfall monopolistischen Missmanagements.

Alle Vorschläge, das wuchernde Unternehmen zu zerschlagen, scheiterten am Widerstand des Kremls. Zu verlockend war die Aussicht, mit den Gewinnen des Pipelineriesen weiter ausländische Politiker schmieren oder Prestigeprojekte wie die Sotschi-Olympiade auf den Weg bringen zu können. Zu groß erschien andererseits die Gefahr, dass mögliche Gazprom-Abspaltungen zur Geldquelle der Opposition werden könnten. So kam es, dass der Gasgigant zwischen 2008 und 2017 drei Viertel seines Börsenwerts verlor.[29]

Der Versuch, die rohstoffabhängige Wirtschaft des Landes auf eine breitere Grundlage zu stellen, brachte ebenfalls nur durchwachsene Erfolge. 25 Millionen neue Arbeitsplätze in Hightechbranchen hatte Putin seinen Untertanen versprochen. Doch die Produktion von Tablet-Computern, Elektroautos oder Smartphones, die der Kreml mit umgerechnet rund 400 Milliarden Euro Staatshilfen förderte, kam meist über Prototypen nicht hinaus.[30] Zum Symbol für das Scheitern der Moskauer Industriepolitik wurde das Skolkovo-Innovationscenter, in das die Regierung ebenfalls Milliarden steckte. Es machte genau zweimal Schlagzeilen: 2008, als Interimspräsident Medwedew es zu Beginn seiner Amtszeit als Moskaus Silicon Valley ankündigte. Und 2013, als es zum Schauplatz einer Razzia der Antikorruptionsbehörde wurde.[31]

Umso erfolgreicher waren Putins Finanz- und Geldpolitiker. Nach 2008 wurde Russland mehrfach durch Krisen erschüttert, die ihren Ursprung mal in Verwerfungen der Weltwirtschaft und mal in der aggressiven Machterhaltungspolitik Putins hatten. Von

»ständigem Stress« und »wiederholten Schocks« sprachen Experten, doch die Fiskaltechnokraten des Kremls fanden jedes Mal eine Antwort, die an den Märkten für Ruhe sorgte.[32]

Die Weltfinanzkrise von 2007/2008 zum Beispiel traf Russland stärker als die meisten anderen Industriestaaten, weil nicht nur die Konjunktur, sondern auch der Ölpreis abstürzte. Um den Einbruch abzufedern, stützte Putin seine taumelnden Unternehmen mit milliardenschweren Finanzspritzen. Die Devisenreserven des Landes verringerten sich um fast ein Drittel.[33] Kaum aber hatte sich die Wirtschaft stabilisiert, baute der Kreml neue Rücklagen auf. Es war ein Muster, das zur Regierungsroutine in Putins immer repressiverer Autokratie wurde.

Die nächste Krise, für die der Kreml seine Reserven benötigte, löste Mitte der Zehnerjahre ein erneuter Absturz der Ölpreise aus. Zudem hatte der Westen Sanktionen verhängt, nachdem Putin seine Truppen auf die Krim beordert hatte. In der Folge brach die Konjunktur ein, und der Kurs des Rubels verfiel, weil in- wie ausländische Anleger in großem Stil Geld abzogen. Um den Verfall der Währung zu stoppen, erhöhte die Zentralbank den Zinssatz auf den astronomischen Wert von 17 Prozent. Putin bekniete Unternehmer, ihre Gewinne wieder in Rubel anzulegen. Er ließ umfangreiche Finanzspritzen an Banken vergeben, die durch die Sanktionen von den Finanzmärkten abgeklemmt waren. Zudem blockierte seine Regierung die Einfuhr europäischer Lebensmittel.

Dass die russischen Unternehmen schon im folgenden Jahr wieder ein kleines Plus erwirtschafteten, bewies, dass das Krisenmanagement der Regierung funktionierte und die russische Landwirtschaft den Ausfall der europäischen Agrareinfuhren nach und nach ausgleichen konnte, wenn auch zu höheren Preisen.

Putins Technokraten hatten eine Krisenökonomie geschaffen, die für seine diktatorischen Zwecke wie geschaffen war. Zwar bremste sie laut Experten das Wachstum der Wirtschaft um rund ein Prozent pro Jahr, weil das Geld häufig in Reservefonds gesteckt statt investiert wurde, aber dafür bot sie maximalen Schutz vor westlichen Sanktionen.[34] Zugleich verschaffte das Sicherungsnetz Putin genügend Spielraum, um ausgewählte Bevölkerungsgruppen gezielt bedienen zu können.

Am wichtigsten waren ihm die Rentner. Schon vor seiner ersten Wahl im Jahr 2000 hatte er die Altersbezüge außerplanmäßig um 20 Prozent erhöht. In den Folgejahren legten sie ebenfalls mit oft zweistelligen Raten zu.[35] Nach den Protesten 2011 stellte Putin ebenfalls höhere Renten in Aussicht, und nachdem er die Wahlen 2012 gewonnen hatte, erhielten Weltkriegsveteranen einen zusätzlichen Bonus. Fehlte Geld in der Rentenkasse, wurden im Zweifel Reserven geplündert.[36]

Allerdings zeigten sich auch die Risiken, wenn Putin die Rolle des Senioren-Kümmerers ablegte. Als er 2018 das Rentenalter heraufsetzen ließ, hagelte es Proteste selbst im eigenen Lager, seine Umfragewerte brachen ein.[37] Seither hielt er sich mit ähnlichen Reformprojekten zurück, und Russlands Rentner wurden wieder bevorzugt bedient.

Auch für die Beschäftigten der ehemaligen Kombinate hatte der Präsident stets ein offenes Ohr. Hatte einer seiner Oligarchenfreunde die Löhne nicht pünktlich gezahlt, rief er mitunter persönlich an, um dem Unternehmer ins Gewissen zu reden. Selbst in Krisenzeiten sorgte Putin dafür, dass die Arbeitslosigkeit gering blieb. Industriearbeiter, Rentner und Staatsangestellte: Das waren die Wähler, die dem Autokraten im Gegenzug treu ihre Stimme gaben.[38]

Wie gut Putins Krisenökonomie funktionierte, zeigte sich nach dem Überfall auf die Ukraine im Februar 2022. Die Regierenden in Washington und der Europäischen Union verhängten die »schärfsten Sanktionen, die die Welt je gesehen hat«, wie EU-Kommissionspräsidentin Ursula von der Leyen tönte.[39] Der Westen fror russische

Notenbankreserven in Höhe von fast 300 Milliarden Euro ein, er fuhr den Handel mit Moskau herunter und verhängte ein Embargo gegen russische Öl- und Gaslieferungen.

Doch wenn die westlichen Staats- und Regierungschefs geglaubt hatten, mit ihrer Wirtschaftsblockade Putin zum Einlenken bewegen zu können, sahen sie sich getäuscht. Während etwa die deutsche Wirtschaft im Gefolge des Konflikts in eine mehrjährige Rezession stürzte, erlebte Russland eine Art Kriegsboom. Nach einem kurzen Einbruch im Jahr 2022 wuchs die Wirtschaft im Folgejahr mit einer Rate von über 3 Prozent.

Dazu trugen wieder einmal vor allem Putins Finanztechnokraten bei. Als viele Russen nach dem Einmarsch das Geld von ihren Bankkonten abziehen wollten, versetzten seine Fachleute das Land in ein »künstliches Koma«, wie sie das nannten.[40] Die Zentralbank schraubte den Zinssatz erneut auf schwindelerregende Höhen, diesmal auf 20 Prozent, unterband den Kapitalverkehr mit dem Ausland und verpflichtete alle Exporteure, ihre Einnahmen umgehend in Rubel zu tauschen.

Binnen kürzester Zeit stabilisierte sich die Situation, und auch die Wirtschaft fasste Tritt. Öl, Gas oder Rohstoffe verkaufte Russland nicht mehr an den Westen, sondern an Länder wie China oder Indien. Dafür musste der Kreml zwar schmerzliche Rabatte gewähren, doch weil die Preise auf den Energie- und Rohstoffmärkten infolge der Krise anzogen, nahm er unter dem Strich mehr ein als zuvor. Westliche Produkte bezog Russland nun über Drittländer wie Kasachstan, Aserbaidschan oder die Türkei. Und was auf diesem Weg nicht zu bekommen war, importierte es aus China. So geschmeidig lief der neue Handel mit Asien, dass er das Europageschäft nicht nur ersetzte, sondern übertraf. Es war, als hätten Russland und seine Partnerländer die Zölle um 4 bis 5 Prozent gesenkt, wie der Wiener Handelsökonom Gabriel Felbermayr errechnete.[41]

Zudem kurbelten die staatlichen Rüstungsaufträge die Konjunktur an. Zwar fehlte es überall an Arbeitskräften, weil junge Männer entweder eingezogen worden oder vor Putins Krieg ins Ausland geflüchtet waren. Doch dafür verdienten jene, die geblieben waren, umso besser. Die Löhne stiegen fast so stark wie in der goldenen Ära nach der Jahrtausendwende, und Moskau präsentierte sich im dritten Kriegswinter als Boomtown. Die Shoppingcenter waren voller Käufer, überall wurde gebaut. Umfragen zeigten, dass die Bevölkerung zwar Frieden wollte, aber noch mehr einen Sieg über die Ukraine.

Im Westen galt Russland vielen als Rohstoffproduzent ohne industrielle Kompetenz. Die Wirklichkeit sah anders aus. Das Putin-Reich war im Jahr 2024 die elftgrößte Volkswirtschaft der Erde. Es verfügte über die weltweit größten Gasreserven, war der zweitgrößte Exporteur von Erdöl und gehörte zu den wichtigsten Lieferanten von Nickel, Aluminium oder Rohdiamanten. Wie im Westen herrschten in Russland die Gesetze von Angebot und Nachfrage. Das verschaffte dem Land die nötige Flexibilität, um die Sanktionen Europas und der USA erfolgreich kontern zu können. Statt zusammenzubrechen, wie es viele im Westen erwartet hatten, erlebte die russische Wirtschaft einen Aufschwung. Die Frage war nur, wie nachhaltig der war.

Die einen verwiesen darauf, dass sich Putins Marktwirtschaft als erstaunlich leistungsfähig erwiesen hatte und die Produktion in kriegsnahen Branchen um fast 60 Prozent gesteigert worden war.[42] Die anderen dagegen hatten den enorm ausgeweiteten Rüstungssektor im Blick, der mit Größenordnungen wie zu Sowjetzeiten die Wirtschaft an die Grenzen ihrer Kapazität führte. Die hohen Zinsen, die steigenden Löhne, die fehlenden Arbeitskräfte: Wie lange würde die »signifikant überhitzte Wirtschaft«, so die russische Notenbankchefin Elvira Nabiullina, wohl noch so weitermachen können?

Fast ein halbes Jahrhundert nach dem Ende des Kalten Krieges war Russland erneut zu einer Bedrohung für die Nato geworden. Und nicht nur das: Dieses Mal war nicht so klar, wer aus dem Konflikt als Sieger hervorgehen würde. Anders als damals stand dem Westen kein Land mit einer dysfunktionalen Planwirtschaft gegenüber. Der Widersacher war eine Diktatur neuen Typs, die sich den Kapitalismus zunutze gemacht hatte. Die auf einem gigantischen Schatz von Rohstoffen und darauf gründenden Kapitalreserven saß, von krisenerprobten Finanzexperten geführt und von der Industriegroßmacht China unterstützt wurde.

Aus den Trümmern der Jelzin-Demokratie hatte Putin eine Diktatur errichtet, die repressiv nach innen und aggressiv nach außen auftrat. Das System war bei der gut versorgten Bevölkerung fast genauso populär wie bei der mafiösen Führungsclique der Kremloligarchen. Andererseits war das Regime geprägt von den typischen Defiziten einer Diktatur, die sich immer stärker abschließt und verhärtet. Bei der Versorgung mit hochwertigen Industriegütern war das Land vom Wohlwollen der Regierung in Peking abhängig. Hunderttausende junge Russen waren nach dem Überfall auf die Ukraine ins Ausland abgewandert. Putins System, das einst den Prototyp einer moderaten Autokratie des 21. Jahrhunderts geliefert hatte, war zu einer Kriegs- und Gewaltherrschaft geworden.

Seit dem Überfall auf die Ukraine hatte sich der repressive und totalitäre Charakter des Regimes noch einmal verstärkt. Von »Kriegs-Putinismus« sprachen westliche Russlandkenner.

Wie einst in der Sowjetunion unterdrückten die Sicherheitskräfte des Kremls nun so gut wie jede oppositionelle Regung. Anwälte, Schriftsteller oder Schauspieler wanderten wegen Nichtigkeiten für Jahre ins Gefängnis. Die letzten kritischen Publikationsorgane wurden verboten, die sozialen Medien stärker zensiert denn je. Der Staat machte Patriotismus zum Schulfach und förderte Jugendorganisationen, die im Stil der Jungen Pioniere aus der Stalin-Ära die unter

Dreißigjährigen indoktrinierten. Moskauer Ideologen forderten gar eine möglichst vollständige »Militarisierung der Erziehung«.[43]

Putins Kriegsregime wusste jedoch nicht nur mit Druck und Agitation zu arbeiten. Es verstand sich auch auf finanzielle Anreize. Regimenahe Unternehmer durften sich an den Vermögenswerten von Auslandsfirmen bereichern, die nach dem Beginn der »militärischen Spezialoperation« das Land verlassen hatten. Ingenieure, Informatiker oder Finanzmanager profierten vom steigenden Fachkräftebedarf der prosperierenden Rüstungsindustrie. Wer sich zur Armee meldete, erhielt einen Sold, der doppelt so hoch lag wie der Durchschnittsverdienst.[44] Wer nicht auf dem Schlachtfeld starb, durfte sich als Kriegsgewinnler fühlen.

Erst allmählich wurde spürbar, wie sehr die gigantischen Kriegskosten die Wirtschaft belasteten. Die Inflation lag Ende des Jahres 2024 offiziell bei 9,5 Prozent; in Wahrheit stiegen die Preise wahrscheinlich fast doppelt so schnell, so schätzten Experten. Die hohen Zinsen, mit denen Notenbankchefin Nabiullina die Teuerungswelle brechen wollte, zwangen die Unternehmen, Investitionen zu kappen und Aufträge zurückzuziehen. Die Bauwirtschaft brach ein, vielen Unternehmen drohte die Pleite, und der staatliche Vermögensfonds, der inzwischen als Ersatzkasse für die russische Kriegsfinanzierung diente, hatte seit 2021 fast zwei Drittel seiner Reserven eingebüßt. Noch konnte der Kreml seine »militärische Spezialoperation« wie gehabt finanzieren, Doch die Gefahr eines Finanzcrashs sei zuletzt gestiegen, warnte der Yale-Ökonom und Russlandkenner Anders Åslund. Die angeschlagene Wirtschaft des Landes beginne, »Putins Krieg ernsthafte Beschränkungen aufzuerlegen«.[45]

Politisch wirkte das Regime des russischen Langzeitherrschers indes gefestigter denn je. Putin hatte eine Autokratie geschaffen, in der es keine Opposition und keine von ihm unabhängigen Machtzentren mehr gab. Seine Widersacher waren tot, im Gefängnis oder im Ausland. Seine Untertanen stützten seinen Kriegskurs mit opportunistischer Zustimmung oder Gleichgültigkeit. Es war eine Tyrannei, die jeden Widerspruch unterdrückte und an deren Spitze es zuging wie am russischen Zarenhof.

Da war Putin, der Alleinherrscher, der von der Macht weder lassen konnte noch wollte und dessen Hass auf den Westen während der Covid-Pandemie offenbar genauso gewachsen war wie sein Bedürfnis nach Isolation. Das deutlichste Zeichen dafür war der grotesk verlängerte Besprechungstisch, an dem er seine Regierungsbesucher seither zu empfangen pflegte.

Da waren die Mitglieder seiner KGB-Führungsclique, die Schoigus und Patruschews, die sich in der Krise an ihren Führer klammerten, aber eiskalt aus dem Zentrum der Macht verstoßen wurden, wenn sie nicht mehr ins System passten.

Da waren die Finanztechnokraten, die ihre Distanz zum Regime in harmlosen Gesten ausdrücken, wie Notenbankchefin Nabiullina, die nach dem Überfall auf die Ukraine eine Zeit lang bevorzugt Schwarz trug.

Und da war der Söldnerchef Jewgeni Prigoschin, der gegen die Spitzen der Armee rebellierte, aber offenbar übersehen hatte, dass es in einer personalen Autokratie wie der Russlands nur auf einen ankommt: den Mann an der Spitze. Die Umstände des Flugzeugabsturzes, bei dem Prigoschin im Jahr 2023 ums Leben kam, wurden nie geklärt.

DER PATE

Viktor Orbán war um freundliche Gesten bemüht, als er am 9. Oktober 2024 in den Plenarsaal des Straßburger Europaparlaments marschierte. In seiner Rolle als EU-Ratspräsident wollte er eine Grundsatzrede halten. Der Mann, der sonst gern über die »Bürokraten in Brüssel« lästerte, hatte für Parlamentspräsidentin Roberta Metsola einen höflichen Gruß parat und für Kommissionschefin Ursula von der Leyen einen Handkuss. Die Abgeordneten wiederum bekamen einen Vortrag zu hören, der so europafreundlich war wie eine Mitteilung aus der Pressestelle der EU-Kommission. Statt über die »liberale Oligarchie« in der Brüsseler Zentrale herzuziehen, wie er es in jenen Tagen gerne tat, beschäftigte sich Orbán lieber mit europäischen Schwarzbrotthemen wie Kapitalmarktunion oder Elektromobilität. Seine schlimmste Provokation an diesem Tag bestand darin, seinen Kritikern zum Abschluss den an Donald Trump angelehnten Slogan »Make Europe Great Again« entgegenzuschleudern.

Es hätte also ein harmonischer Vormittag werden können, wenn Ursula von der Leyen nicht den Plan gefasst gehabt hätte, dem ungarischen Machthaber energisch zu widersprechen: wegen seiner Querschüsse in jüngster Zeit, der eigenmächtigen Friedensreisen nach Moskau und Peking, der ständigen Blockaden im Europäischen Rat, seiner Kampagnen gegen Brüssel. Es gebe da ein Land, klagte von der Leyen, das viel über Europa rede, aber wenig dafür tue. Das mehr fossile Brennstoffe aus Russland beziehe als abgesprochen, Unternehmen aus anderen EU-Ländern benachteilige und der chinesischen Polizei erlaube, auf ungarischem Boden zu operieren. Das erzeuge »ein Sicherheitsrisiko« und öffne »die Hintertür für ausländische Einflussnahme«.

Nun kam auch der ungarische Ministerpräsident auf Betriebstemperatur. Weil andere Länder in noch weit größerem Umfang Öl in Moskau kauften und russische Arbeitskräfte beschäftigten, warf er von der Leyen »Scheinheiligkeit« vor. Sie habe die zur Neutralität verpflichtete Kommission »in eine politische Waffe« verwandelt, die auf »europäische Patrioten« wie ihn gerichtet sei. Er werde sich »nicht den Mund verbieten lassen«.[1]

Es war ein denkwürdiger Schlagabtausch. Erstmals trugen die Spitzen der Europäischen Union in aller Öffentlichkeit einen Streit aus, der bislang eher verdeckt geführt worden war. Auf der einen Seite stand von der Leyen, die in der EU einen Club von liberalen, westlich orientierten Demokratien sah. Orbán dagegen plädierte für einen Staatenbund, der auf der Grundlage nationaler Interessen, traditioneller Familienbilder und eines konservativen Christentums radikal verändert werden sollte. »Europa muss sich wandeln«, forderte der Regierungschef, und es war offensichtlich, dass er seine autokratische Regierung als Vorbild für die geforderte Transformation sah.

Von der Leyen stritt für jenes westliche Politikmodell, das nach dem Mauerfall große Teile Osteuropas unter dem Jubel des weit überwiegenden Teils der Bevölkerung erobert hatte. Orbán dagegen sah es im unaufhaltsamen Niedergang begriffen, weshalb er dem Staatenbund empfahl, den Blick nach Osten zu richten: nach China, wo ein neuartiger Staatskapitalismus zum Motor einer noch nie da gewesenen ökonomischen Dynamik geworden war. Nach Russland, wo die gelenkte Demokratie der ersten Putin-Perioden dem Land neue Stabilität gebracht hatte.

Schließlich hatte auch Orbán nach seinem Amtsantritt 2010 ein Regierungssystem aufgebaut, das sich in vielerlei Hinsicht an Russland orientierte. Wurden im Putin-Reich die KGB-Genossen aus

Petersburger Tagen zu Stützen des Regimes, war es bei Orbán die Freundesclique aus seinem Jurastudium in Budapest. Wie Putin setzte auch sein ungarischer Schüler einerseits auf Marktwirtschaft und andererseits auf die Loyalität einer neuen Oligarchenelite, die mit staatlicher Hilfe reich gemacht wurde. Fühlte sich der Kremlherrscher für die Auslandsrussen in Kasachstan, Lettland oder der Ukraine zuständig, so nahm Orbán seine Landsleute in Rumänen oder der Slowakei für seine Politik in Anspruch. Was beide aber vor allem verband, war der Wille zur Macht. Ihre jeweilige Alleinherrschaft zu sichern, zu festigen und auszubauen, war oberstes Prinzip im Putin- wie im Orbán-Staat.

Zugleich gab es gravierende Unterschiede, die nicht zuletzt darauf zurückzuführen waren, dass der Ungar seine Autokratie im Rahmen der demokratisch verfassten EU und ihres Regelwerks zu errichten hatte. In Ungarn gab es keine Straflager und keine politischen Gefangenen. Es wurde nicht gefoltert, und es wurden auch keine regimetreuen Schlägertrupps durch die Straßen geschickt, wie es in Venezuela üblich war.

Dennoch verstand es Orbán meisterhaft, den Rechtsstaat, die Medien und das politische System zu seinen Gunsten zu manipulieren. Er war der perfekte Spin-Diktator aus dem Lehrbuch der Autokratieforscher. Seine Waffe war nicht die Gewalt, sondern die Verzwergung der Demokratie mit demokratischen Mitteln. Seine wichtigsten Helfer entstammten nicht dem Geheimdienst, sondern den Teams seiner Medienberater. Orbán sperrte seine Gegner nicht ein, er drängte sie ins Abseits. Wahlen wurden nicht gefälscht, sondern mit »ungerechtfertigten Vorteilen« versehen, wie die Organisation für Sicherheit und Zusammenarbeit in Europa (OSZE) befand.[2] Es musste nur sichergestellt sein, dass der Amtsinhaber stets gewann.

Orbán hatte eine neue Form des »autokratischen Legalismus« geschaffen, wie das Politikwissenschaftler nennen. Ihm war es gelungen, die Mechanismen des Putin-Systems auf einen demokratisch verfassten Staatenbund zu übertragen und neue Lösungen für die zentralen ökonomischen Probleme autoritärer Regime zu entwickeln. Das Informationsdilemma entschärfte er, indem er die Stimmung der Wähler durch ständige Umfragen erkunden und zugleich mit den modernsten Methoden des politischen Marketings manipulieren ließ. Die Rechtsstaatslücke wiederum schmälerte er auf doppelte Weise. Zum einen versteckte er seine kleptokratische Günstlingswirtschaft hinter dem rechtsstaatlichen Siegel der EU. Zum anderen lockte er Auslandsinvestoren, vor allem aus der deutschen Autoindustrie, ins Land. Während sich in Ungarn kaum ein Unternehmen vor dem Durchgriff des Ministerpräsidenten und seiner Oligarchenfreunde sicher fühlen konnte, erhielten Mercedes, Audi und Co. eine Vorzugsbehandlung. Niedrige Steuern und Löhne sowie hilfsbereite Behörden waren garantiert, solange die Auslandskonzerne die benötigten Investitionen ins Land brachten. Politisch flankiert wurde die Kumpanei durch Orbáns langjährige Zugehörigkeit zur Europäischen Volkspartei, jener konservativen Parteienfamilie, die als besonders europa- und wirtschaftsfreundlich gilt.

So gelang es Orbán, das scheinbar Unmögliche möglich zu machen: In einem Club demokratischer Rechtsstaaten baute er eine funktionierende Spin-Diktatur auf. Die Institutionen, auf die das liberale Europa so stolz war, waren dabei kein Hindernis, sondern Hilfe. Die Finanztöpfe der Europäischen Union wusste der Autokrat virtuos zu nutzen, um seine Vetternwirtschaft zu nähren. Der europäische Binnenmarkt vermittelte Auslandskonzernen das Gefühl, dass ihre Investitionen in Ungarn sicher seien. Selbst die Kritik von Rechnungshöfen und EU-Betrugsermittlern, denen das mafiöse System des Landes bald besonders unangenehm auffiel, wusste Orbán geschickt für sich zu nutzen. Schließlich strengte Brüssel seine sogenannten Vertragsverletzungsverfahren auch gegen andere Länder an, was es Orbán über viele Jahre erlaubte, sich als Sünder unter Sündern zu geben.

Die EU erwies sich als perfekte Fassade, hinter der die Budapester Regierung den autokratischen Umbau des Landes umso energischer vorantreiben konnte, etwa beim Wahlsystem. Sich für künftige Abstimmungen Vorteile zu verschaffen, gehörte zu den ersten Aufgaben, denen sich die Orbán-Regierung nach ihrem Sieg im Jahr 2010 verschrieb. Dass sie es den Parteien leichter machte, sich die Kosten ihrer Wahlkämpfe erstatten zu lassen, erschien auf den ersten Blick wie ein Geschenk an die Opposition. In Wahrheit war es ein Trick, damit bei den nächsten Wahlen mehr Kleinparteien antraten, die sich gegenseitig die Stimmen abjagten. Die Wahlkreise wurden zugunsten von Fidesz neu zugeschnitten. Zugleich erhielten mehr als 500 000 Auslandsungarn, die sich traditionell der Orbán-Partei zugehörig fühlten, das Wahlrecht. Nach Schätzungen gingen mehr als 90 Prozent ihrer Stimmen an Fidesz.[3] So kam es, dass die Partei im Jahr 2014 zwar einen Rückgang ihres Wahlergebnisses von 53 auf 45 Prozent zu verzeichnen hatte, aber dennoch erneut zwei Drittel der Parlamentssitze erhielt.[4]

Damit hatte sich Orbán die erforderlichen Mehrheiten gesichert, um auch den Justizapparat und das Verfassungsgericht auf Linie zu bringen. Wurden dessen Mitglieder bisher durch einen Parlamentsausschuss mit Vertretern aller Parteien bestimmt, so reichte nun eine Mehrheit von zwei Dritteln der Abgeordneten, exakt jene Stimmenzahl also, über die Fidesz verfügte. Zugleich erhöhte Orbán die Zahl der Richter, sodass er das Gremium mit weiteren Gefolgsleuten bestücken konnte, die ihm eine Mehrheit sicherten. Fortan war das oberste Gericht des Landes nicht mehr Kontrolleur, sondern Werkzeug der Regierung.

In der Ära des Kommunismus hatten die Ungarn schon viele »Säuberungen« erlebt, Orbán aber war gewillt, die alten Zeiten zu übertreffen. Armee, Polizei, Staatsanwaltschaft, Rechnungshöfe, öffentliche Unternehmen, Sozialversicherungen: Überall wurden altgediente Beamte durch Fidesz-Kräfte ersetzt, ein neues Regelwerk erlaubte der Regierung, Staatsdiener zu jeder Zeit zu feuern.[5]

Die Orbán-Mannschaft selbst dagegen wollte so lange im Amt bleiben wie möglich, und deshalb sicherte sie ihre Positionen und Pfründe auch für den unwahrscheinlichen Fall ab, dass Fidesz bei den Parlamentswahlen einmal nicht mehr die Mehrheit erhielt. Die Amtszeit der neuen Spitzenbeamten wurde auf neun Jahre terminiert. Ein linientreu besetzter Budgetrat wurde geschaffen, der den Haushalt künftiger Regierungen kontrollieren und bei Bedarf aufheben konnte.[6] Zahlreiche Universitäten, Schlösser oder Parks wurden in Stiftungen überführt, die von Fidesz-Leuten geführt wurden, auf Lebenszeit.[7] Ganz gleich, welche Partei im Budapester Parlament künftig die Mehrheit hätte, wichtige öffentliche Einrichtungen würden weiter von Orbáns Leuten gesteuert werden.

Mit den Mitteln des Rechtsstaats hatte er den Rechtsstaat ausgehebelt. Die öffentlichen Gewalten handelten nicht mehr unabhängig voneinander, wie es die Theorie der Demokratie vorsieht. Sie agierten unter der Regie eines nahezu allmächtigen Ministerpräsidenten und Parteichefs, der das politische System nach Belieben manipulierte. Am Ende stand immer dasselbe Ergebnis: Der Mann an der Spitze gewann an Macht.

Putin hatte den Staatsapparat mithilfe seiner KGB-Seilschaft gekapert, Orbán gelang dasselbe mit seiner Fidesz-Partei. Schon bald nach seinem Amtsantritt hatte er so gut wie alle Zweige der öffentlichen Verwaltung so weit unter seine Kontrolle gebracht, dass er damit beginnen konnte, die prägenden Elemente seines autoritären Herrschaftssystems einzuführen: Das eine war eine mafiöse Günstlingswirtschaft, die eine neue, ihm ergebene Elite schaffen und nebenbei Verwandte und Freunde reich machen sollte. Das andere war eine neue Form von »Informationsautokratie«,[8] so der Budapester Politikwissenschaftler Péter Krekó. Die Botschaft, die

Orbáns Propagandamaschine unters Volks streute, war so simpel wie erfolgreich: Er war der kompetente Macher, der als Einziger das ungarische Volk vor den Umtrieben finsterer, zumeist ausländischer Mächte schützen und den allgemeinen Wohlstand mehren konnte. Wer sich regimetreu zeigte, durfte zudem darauf hoffen, mit einem warmen Plätzchen im wuchernden Partei- und Regierungsapparat belohnt zu werden.

Um die »Wir gegen die«-Botschaft mit dem notwendigen Nachdruck in die Öffentlichkeit zu bringen, stärkte der Ministerpräsident nach erprobter Methode seinen Einfluss auf die Medien. Beim Staatsfernsehen wurde die bisherige Führungsriege durch eine neue, orbánfreundliche Mannschaft ersetzt, die der Regierung 70 bis 80 Prozent der Nachrichten-Sendezeit einräumte.[9] Diese vervierfachte ihr Werbebudget auf umgerechnet rund 300 Millionen Dollar jährlich und lenkte die Mittel gezielt an fidesznahe Zeitungen und Sender.[10] Oppositionsmedien dagegen wurden unter Druck gesetzt. Kurz nach der Machtübernahme verabschiedete die Regierung ein Gesetz, das »unausgewogene«, »verletzende« oder »gegen die öffentliche Moral gerichtete« Berichterstattung verbot. Wer dagegen verstieß, wurde mit Geldstrafen von bis zu 900 000 Dollar bedroht. Über die Fälle beriet ein neu geschaffener regierungsnaher Medienrat. Dutzende Sender, Onlineportale oder Zeitungen mussten seither Geldbußen in Höhe von Hunderttausenden Dollar entrichten.[11]

Zugleich konnte sich Orbán auf die Unterstützung durch das Medienimperium seines alten Freundes Lajos Simicska verlassen. Was daneben noch an kritischen Medien existierte, wurde vielfach mit der Methode Eigentümerwechsel auf Linie gebracht. Eine Medienholding mit zwölf Regionalzeitungen ging über Mittelsmänner an den orbánnahen Oligarchen Lőrinc Mészáros. Er übernahm auch die größte Oppositionszeitung *Népszabadság*, die er umgehend schließen ließ. Im Jahr 2018 wurden mehr als 500 Medienfirmen unter eine neue regierungsnahe Stiftung gezwungen. So kam es, dass die Fidesz-Partei und ihre Verbündeten laut einer Studie nach und nach rund 90 Prozent aller Sender, Zeitungen oder Zeitschriften des Landes dirigierten.[12]

Noch immer gab es in Ungarn unabhängigen und regierungskritischen Journalismus, vor allem im Internet. Seine Reichweite aber war begrenzt, ganz im Gegensatz zu derjenigen der Orbán-Medien. Weite Teile der Bevölkerung wurden nahezu ausschließlich mit Regierungspropaganda berieselt, einer perfiden Mischung aus östlichen Verschwörungstheorien und neuestem westlichen Negativ-Campaigning, das Orbáns Team auf der Basis demoskopischer Daten ständig weiterentwickelte. In laufenden Meinungsumfragen testeten regierungsnahe Denkfabriken jene Slogans, die seine Anhängerschaft beständig in Angst, Aufregung und Wut versetzen sollten.

Das eindrucksvollste Beispiel für die manipulative Kraft dieser Propaganda lieferte die Kampagne gegen den amerikanischen, 1930 in Budapest geborenen Milliardär und Großspender George Soros, die der berüchtigte US-Wahlkampfberater und Spindoktor Arthur Finkelstein erfand. Der Mann hatte schon Kampagnen für US-Präsident Ronald Reagan und den israelischen Premierminister Benjamin Netanjahu geführt. Sie waren stets nach demselben Muster gestrickt: Nicht der eigene Kandidat stand im Mittelpunkt, sondern der Gegner, der durch Falschbehauptungen, Unterstellungen und Schmähungen derart demontiert werden sollte, dass es die eigenen Sympathisanten aktivierte und die Anhänger des gegnerischen Lagers demotivierte: »Voter Suppression« heißt das in der Sprache der PR-Zauberer.[13]

So wollte es der erfahrene Politikberater, der in den späten Nullerjahren zu Orbán kam, auch bei dessen Wiederwahlkampagne 2014 handhaben. Das Problem war nur, dass die Opposition nach ihrer verheerenden Niederlage vier Jahre zuvor bereits demoralisiert, zersplittert und ohne zugkräftige Kandidaten war. Es gab niemanden, der zum Feindbild taugte, und so ernannte Finkelstein kurzerhand George Soros zum Gegner, einen Mann, der gar nicht zur Wahl antrat, aber als milliardenschwerer Spekulant als ein Vertreter jenes globalen Kapitalismus galt, der viele Ungarn während der Finanzkrise arm gemacht hatte. Als Finanzier liberaler und weltoffener Projekte verkörperte er zudem das Gegenteil von dem, wofür Orbán stand.

Nachdem der Anti-Soros-Wahlkampf dem Regime einen weiteren großen Sieg eingetragen hatte, baute Finkelstein den Investor zum Popanz einer sich ständig steigernden Kampagne auf. Hatte Soros einer Initiative mal Geld gegeben, war sie nun gleich von ihm gesteuert und wurde von der Polizei mit Razzien überzogen. Aus der Soros-Prognose, demnächst müsse Europa mit einer Million Flüchtlingen rechnen, machten Finkelsteins Leute einen »Soros-Plan«. Der Spekulant war der »ideale Gegner«, sagten sie, man könne ihn »wieder und wieder schlagen, und er schlägt nie zurück«. Hätte er es getan, hätte er nur die These bestätigt, dass er sich in die Politik einmische.[14] Soros respektiere »weder Gott noch die Menschen«, wütete Orbán im Jahr 2017 gegen den Milliardär. Deshalb müsse man sich »zum Kampf gegen ihn verpflichten«.[15]

Lange bevor Donald Trump in den USA das Verbreiten von Desinformation und falschen Narrativen zum Prinzip seiner Kampagnen gemacht hatte, war Orbán mit dieser Methode zum erfolgreichen Alleinherrscher eines demokratischen Landes aufgestiegen. Es lag auf der Hand, dass er an der erfolgreichen Methode festhalten wollte. Bei der Wahl 2022 zum Beispiel behauptete er, die Opposition wolle ungarische Zivilisten zum Kriegsdienst in der Ukraine verpflichten, die Subventionen für Haushaltsgas abschaffen und Kinder zu Geschlechtsumwandlungen drängen. Nichts davon stimmte, aber die ständig wiederholten und weitergedrehten Falschbotschaften führten dazu, dass die Fidesz-Partei in wenigen

Monaten ihren Stimmenanteil von 49 auf 52 Prozent ausbauen konnte. Die wichtigsten Oppositionskräfte dagegen fielen von 45 auf 36 Prozent zurück.

Es war ein Erfolg, den Orbán vor allem seiner großen Popularität bei den weniger gebildeten und geringer verdienenden Schichten der ungarischen Bevölkerung verdankte. Während der Amtsinhaber bei den Wählern an der Spitze der Einkommens- und Bildungspyramide weniger gut abschnitt, lag er bei denen aus den unteren Etagen deutlich vorn. Ausgerechnet jene Bevölkerungsschichten, die im Orbán-System nicht unbedingt als Gewinner gelten durften, waren seine treuesten Anhänger.[16]

Das erklärte indes nur die eine Seite seines Erfolgs. Die andere bestand darin, die bisherige Elite zu einem erheblichen Teil durch eine neue, ihm ergebene Führungsschicht zu ersetzen. Nach dem Mauerfall hatte die Funktionärsriege des alten, kommunistischen Systems weiter einen Großteil der Leitungspositionen in Politik und Wirtschaft besetzt. Diese Entwicklung müsse nun rückgängig gemacht und der Regimewechsel vervollständigt werden, so lautete der Schlachtruf der Orbán-Mannschaft.[17] Was das bedeutete, stellte beispielsweise der Fidesz-Bürgermeister der südungarischen Stadt Szekszárd klar: Es gehe darum, jene zu bevorzugen, die »der politischen Rechten verpflichtet sind, sodass die Sozialisten nicht gewinnen«.[18]

Soweit es um Positionen in Staat und Verwaltung ging, ließ sich der Elitentausch leicht bewältigen. Die alten Amtsinhaber wurden durch neue ersetzt. Für jene Bereiche der Privatwirtschaft hingegen, auf die es Orbán und seine Leute abgesehen hatten, griffen sie auf die bewährten Methoden aus Putins Russland zurück. Sie nutzten ihre Zweidrittelmehrheit im Parlament sowie ihren nahezu vollständigen Durchgriff auf Justiz und Verwaltung, um mit Sondersteuern, behördlichen Auflagen oder staatsanwaltschaftlichen Ermittlungen einen Eigentümerwechsel zu erzwingen.

Beispiele dafür gab es viele. Um etwa den Eigner einer Firma für Außenwerbung unter Druck zu setzen, erließ das Parlament auf Fidesz-Antrag ein Gesetz, das Reklametafeln auf einem Großteil der Budapester Bürgersteige verbot. Damit war der Firmenchef einer wesentlichen Einnahmequelle beraubt, sodass er sein Unternehmen schließlich wie gewünscht an einen parteinahen Oligarchen verkaufte. Kurz darauf hob das Parlament die geschäftsschädigende Regel wieder auf.[19]

Nach diesem Modell lief es nun überall im Orbán-Staat. Erst flatterte den Alteigentümern das mehr oder weniger verlockende Übernahmeangebot eines fidesznahen Unternehmers ins Haus. Gingen sie darauf nicht ein, wurden sie so lange mit Auflagen, Schikanen oder Finanzamtsermittlungen weichgeklopft, bis sie schließlich einlenkten. Mit dieser Masche, so schätzen Experten, übernahmen Fidesz-Leute seit 2010 die Kontrolle über 300 bis 400 Firmen.

Dabei ging es aber nicht nur um große Energie- und Baukonzerne oder um jene Medien- und Werbeunternehmen, die wegen ihrer politischen Bedeutung interessant waren, sondern auch um kleine Ladengeschäfte, mit denen sich die Partei bei ihrer Kleinunternehmerklientel einschmeicheln wollte. So machte sie den Verkauf von Zigaretten und Tabakprodukten vom Besitz einer neu geschaffenen staatlichen Konzession abhängig. Angeblich, um die Volksgesundheit zu schützen. Tatsächlich vergaben Orbáns Leute die Lizenzen nun vornehmlich an Sympathisanten der Fidesz-Partei. So konnten sie Tausende treuer Anhänger mit der Möglichkeit belohnen, ein Tabakgeschäft zu eröffnen, das über ein staatlich geschütztes Monopol verfügte.

Dass die Methoden der Orbán-Regierung mit den rechtsstaatlichen Standards westlicher Demokratien kaum vereinbar waren, gaben Vertreter des Regimes mehr oder weniger offen zu. Zugleich rechtfertigten sie ihr Vorgehen mit dem Argument, dass es früheres Unrecht ausgleiche und im übergeordneten nationalen Interesse liege.[20]

Geradezu zwingend erschien es deshalb den Verfechtern der illiberalen Demokratie, dass die Regierung auch gegen Auslandsfirmen vorging, die sich nach der Wende in Ungarn eingekauft hatten. Viele der Unternehmen, die zumeist aus westlichen EU-Staaten wie Deutschland, Österreich oder Frankreich stammten, waren bereits seit mehr als einer Dekade in Ungarn etabliert. Sie hatten Tochterfirmen gegründet und Fabriken errichtet, manche beschäftigten mehrere Hundert Mitarbeiter. Doch nun bekräftigte Orbán, dass in einer Reihe strategischer Branchen »der Anteil des ungarischen Eigentums wachsen« müsse. Telekommunikation, Einzelhandel, Energie, Versicherungen, Baustoffe: Überall liege der Ausländeranteil in der ungarischen Volkswirtschaft über dem »wünschenswerten Maß«, erklärte er. Und überall, so kündigte Orbán an, werde seine Regierung »versuchen, hieran etwas zu ändern«.[21]

Was das bedeutete, erfuhren zum Beispiel die deutschen Baustoffkonzerne Heidelberg Materials und Schwenk Zement im Jahr 2022. Damals ging in ihren Chefetagen ein Brief aus Ungarn ein, in dem ein orbánnaher Oligarch unverhohlen forderte, ihm im Rahmen »einer großen Transaktion« Anteile ihrer gemeinsamen Zementwerke in Ungarn zu verkaufen. Als die Eigentümer ablehnten, begann die Orbán-Regierung mit ihrem gewohnten Spiel: Sie drückte den Firmen eine 90-prozentige Bergbauabgabe auf und erließ mehrere Dekrete, die das deutsche Gemeinschaftsunternehmen mit zusätzlichen Produktions- und Exportauflagen bedrohte. Das offenkundige Ziel bestand darin, die Eigentümer zum Verkauf und aus dem ungarischen Markt zu drängen.[22]

So ähnlich hatte es die Orbán-Regierung zuvor schon mit dem deutschen Energieversorger E.ON und dem britischen Mobilfunkanbieter Vodafone praktiziert. Stets wurden kaum verhohlene Schikanen mit Kaufangeboten kombiniert, die man »nicht ablehnen« konnte. So drängte die Regierung jahrelang auch das Düsseldorfer Unternehmen AviAlliance zum Verkauf des Budapester

Flughafens, den es seit vielen Jahren betrieb. Zuvor hatten die Behörden die Firma immer wieder drangsaliert, wie das Management in einem Schreiben an die EU-Kommission darlegte. Mal sei ihm untersagt worden, einen Terminal zu renovieren. Mal habe Budapest verhindert, dass der Flughafen ein Coronadarlehen erhielt. Am Ende verkauften die Eigentümer die Betreibergesellschaft des Flughafens 2024 an ein Konsortium, an dem maßgeblich der ungarische Staat beteiligt war.

»Ungarn den Ungarn«, das galt nach Orbáns Auffassung auch für den Einzelhandel, der seit Langem von deutschen oder österreichischen Konzernen wie Aldi, Lidl oder Spar beherrscht wurde. Um sie durch »einen ungarischen nationalen Einzelhandel« zu ersetzen, wie es Orbáns Leute forderten, folgten sie auch hier dem bewährten Muster. Sie forderten den Ketten eine Sondersteuer ab, die vorwiegend Auslandsunternehmen traf, und schickten Hunderte von staatlichen Kontrolleuren durch die Geschäfte. Von »illegaler Staatsbeihilfe« und einem Verstoß gegen die »Niederlassungsfreiheit« sprach der Spar-Chef.[23] Der Europapolitiker Gunther Krichbaum befand in einem Brief an EU-Kommissar Johannes Hahn über die Orbán-Masche, es handele sich um »enteignungsgleiche Eingriffe« und »Mafiamethoden«.[24]

Tatsächlich erinnerten die Vorgänge in Ungarn an Praktiken der organisierten Kriminalität, nur dass der Syndikatsboss keine Unterweltgröße, sondern der Chef der Regierung war. Orbáns Leute verschickten keine abgeschnittenen Finger, sie stellten lieber Steuerbescheide aus. Sie erpressten keine Schutzgelder, sie brachten Sonderabgaben auf den Weg. Sie brauchten keine Staranwälte anzuheuern, sie hatten ja den Justizminister. Der Staat selbst war zur Mafia geworden, und als Pate fungierte der Regierungschef persönlich, so beschrieb es der ungarische Soziologe und Politiker Bálint Magyar.[25]

Kein Wunder, dass auch die Vorgänge im inneren Zirkel der Macht mitunter den Mechanismen in Gangstersyndikaten glichen, etwa beim Umgang mit Verrat. Nach dem erneuten Wahlsieg von Fidesz im Jahr 2014 hatte sich der langjährige Orbán-Freund und Medienoligarch Lajos Simicska gegen den Ministerpräsidenten gestellt. Angeblich wegen dessen diktatorischen Regierungsstils, möglicherweise aber auch, weil er mit der Verteilung der Pfründe nicht zufrieden war. Wie auch immer, Orbán schlug zurück. Er entzog den Firmen des einstigen Studienkollegen Werbegelder und Aufträge, warb ihm die wichtigsten Führungskräfte ab und gründete neue Medienfirmen, die mithilfe des Staates expandierten. Bald darauf befand sich das Simicska-Imperium in einem »unaufhaltsamen Niedergang«,[26] wie Orbán-Biograf Paul Lendvai feststellte.

Es gab noch eine weitere Parallele. Die besten Mafiabosse verfügen meist über belastbare Verbindungen zu Vertretern des Rechtsstaates, zu Polizeichefs und Staatsanwälten, die sie im Zweifel vor dem Zugriff übereifriger Ermittler bewahren. So ähnlich hielt es Orbán mit den Vertretern der EU. Während er die Regeln des Binnenmarktes immer unverhohlener umging, knüpfte er zugleich ein dichtes und belastbares Netz von nützlichen Kontakten in die Brüsseler Machteliten.

In der Wirtschaft betraf das vor allem seine exzellenten Verbindungen zur deutschen Autoindustrie, die in dem Land seit Langem präsent war. Anfang der Neunzigerjahre hatte die VW-Tochter Audi eine Produktionsstätte im westungarischen Györ eröffnet, später folgten Mercedes, BMW und nahezu die gesamte Zulieferbranche von Bosch über Schaeffler bis ZF Friedrichshafen. Der Fahrzeugbau machte 2024 fast ein Fünftel der ungarischen Wirtschaftsleistung aus,[27] und so war es kein Wunder, dass sich Autokrat und Autobosse bestens verstanden. War Orbán auf Deutschlandbesuch, legte er gern einen Zwischenstopp bei Mercedes-Chef Ola Källenius ein. Im Gegenzug lobten deutsche Wirtschaftsvertreter Ungarns »hervorragende Standortbedingungen gerade in exportstarken Wirtschaftssektoren«.[28] Auf diese Weise stützte die deutsche

Industrie nicht nur Orbáns autoritäres Regierungssystem. Sie deckte auch seine Repressalien gegen deutsche Unternehmen aus anderen Branchen.

Zu beiderseitigem Nutzen war auch, dass Orbán den Posten des Zentralbankchefs im Jahr 2013 mit seinem Vertrauten György Matolcsy besetzte. So konnte er die ungarische Währungsbehörde regelmäßig dazu bewegen, Unternehmen und Beschäftigte mit strategischen Abwertungen der Landeswährung Forint zu erfreuen, wie der deutsche Politikwissenschaftler Jacob Edenhofer ermittelte. Bevorzugt vor Wahlen senkte die Notenbank die Zinsen, was die Konjunktur befeuerte und das Produzieren in Ungarn für Auslandsfirmen billiger und lukrativer machte. Die Tatsache, dass Ungarn der EU, aber nicht der Eurozone angehörte, habe sich für Orbáns Autokratenwirtschaft besonders förderlich ausgewirkt, schreibt Edenhofer. So habe der Regierungschef »seine Macht weiter konsolidieren«[29] können.

In der Politik wiederum war es die Mitgliedschaft in der konservativen Europäischen Volkspartei (EVP), die das Fidesz-Regime stützte. Obwohl spätestens seit seiner Rede zur illiberalen Demokratie klar war, dass es dem starken Mann aus Budapest nicht etwa um eine andere Politik, sondern um ein anderes System ging, hielten ihn die EVP-Granden Jahr um Jahr in ihrer Parteienfamilie. Kanzlerin Angela Merkel (CDU) stand im Zweifel genauso zu ihm wie EVP-Fraktionschef Manfred Weber (CSU). Zu verlockend war die Aussicht, sich mit Orbáns Stimmen eine Mehrheit im Rat oder Parlament der EU sichern zu können. Erst im Jahr 2021 drängte die EVP Orbán und seine Fidesz-Partei aus ihrem Bündnis.

Dass ihn Europas Konservative so lange gewähren ließen, half Orbán auch bei seinem trickreichen Spiel mit den EU-Finanzen. Jede Autokratie profitiert davon, wenn sie über eine externe Finanzquelle verfügt, mit der sie wahlweise das Volk oder ihre Günstlinge bedienen kann. Im Falle Russlands und Venezuelas waren das die

Einnahmen aus dem Öl- und Gasgeschäft. Im Falle Ungarns waren es die Gelder der EU.

Kaum ein anderes Land profitierte in den ersten Dekaden des 21. Jahrhunderts so sehr von den Zuflüssen aus den Europäischen Agrar- und Strukturfonds. Und in kaum einem anderen EU-Staat versickerte dabei mehr Geld in dunklen Kanälen. Im Jahr 2019 zum Beispiel erhielt die Budapester Regierung netto gut fünf Milliarden Euro aus der EU-Kasse. Doch bei den Zahlungen jenes Jahres, so ermittelte die Brüsseler Antibetrugsbehörde OLAF, lag die Zahl der Unregelmäßigkeiten mehr als zehnmal so hoch wie im Durchschnitt der EU.[30] Etwa 35 Prozent aller öffentlichen Ausschreibungen in Ungarn wurden ohne Wettbewerb vergeben.[31] In den einschlägigen internationalen Vergleichstabellen tauchte die Republik regelmäßig als eines der korruptesten Länder des europäischen Staatenbundes auf. Und nur 11 Prozent der deutschen Unternehmen in Ungarn waren im Frühjahr 2024 mit der Berechenbarkeit der Budapester Wirtschaftspolitik »zufrieden« oder »sehr zufrieden«.[32]

Tatsache ist, dass eine kleine Gruppe fidesznaher Unternehmer gigantische Reichtümer ansammelte, und zwar mithilfe jener EU, die Orbán zugleich als dekadent, unfähig und scheinheilig anprangerte. 25 bis 30 Prozent des Vermögens im Land lag nach Schätzung orbánkritischer Experten in den Händen der Orbán-Oligarchie,[33] zu der auch einige der engsten Verwandten und Freunde des Ministerpräsidenten zählten. Sein Vater Győző, dem mehrere Steinbrüche gehörten, profitierte von öffentlichen Aufträgen im Straßenbau. Orbáns Schwiegersohn István Tiborcz verdiente viel Geld mit einem EU-Förderprojekt für Straßenlaternen, bei dem die OLAF-Fahnder Betrug im großen Stil aufdeckten.[34] Und Orbáns Freund aus Jugendtagen, der Gasinstallateur Lőrinc Mészáros, stieg als Bau- und Medienunternehmer innerhalb weniger Jahre zum reichsten Mann des Landes auf. Geschätztes Vermögen: rund 2,5 Milliarden Euro.[35]

Orbán hatte den Aufbau und die Förderung einer starken ungarischen Unternehmerschicht stets als eines der vordringlichen Ziele seiner Regierung benannt. War es dann so schlimm, wenn ein erheblicher Teil der dringend benötigten Oberschicht aus Mitgliedern seines Familien- und Freundeskreises bestand?

Für die Durchschnittsbevölkerung brachte die Ära Orbán dagegen eher durchwachsene Ergebnisse. Einerseits gelang es dem Ministerpräsidenten, das Land mit einem radikalen Antischuldenprogramm und viel ausländischem Kapital auf einen stabilen Wachstumskurs zu bringen. Zudem hatte er zu Beginn seiner Amtszeit den zumeist ausländischen Banken Zugeständnisse im Konflikt um die Fremdwährungskredite abgetrotzt, die für viele Ungarn in der Finanzkrise zu einem existenziellen Problem geworden waren. Geschickt hatte er auf diese Weise die Banken- und Kreditkrise in einen Konflikt »Ungarn gegen den bösen Westen« verwandelt.

Andererseits war nicht zu übersehen, dass Ungarn nach den anfänglichen Erfolgen des Fidesz-Regimes ins osteuropäische Mittelfeld abrutschte. Zwischen 2010 und 2022 stiegen die Pro-Kopf-Einkommen in Polen, Rumänien oder den baltischen Staaten weitaus schneller als in Ungarn. Zudem machte eine rekordhohe Mehrwertsteuer von 27 Prozent das Leben in Ungarn unverhältnismäßig teuer. Gutverdienende dagegen profitierten von einem der niedrigsten Steuersätze auf Einkommen in der EU. Wie in keinem anderen EU-Land richtete sich Orbáns Finanzpolitik einseitig an den Interessen der Oberschicht aus.

Bei den Wählern aber trug ihm das über viele Jahre kaum Nachteile ein. Im Gegenteil: Nach seinem Erdrutschsieg im Jahr 2022 war der einstige Freiheitskämpfer zum Regierungschef mit der längsten Amtszeit in der EU aufgestiegen. Er hatte vier Wahlen nacheinander gewonnen, die Opposition zertrümmert und bewiesen, dass sich hinter der Fassade eines demokratischen Staates eine perfekt gefügte Autokratie errichten ließ. Die Verfahren und

Methoden, mit denen Orbán das parlamentarische System und die öffentliche Meinung manipulierte, waren zum Vorbild einer ganzen Generation populistischer und autoritär regierender Politiker geworden. Von Robert Fico zum Beispiel, der seit 2023 erneut die Slowakei regierte. Oder vom tschechischen Unternehmer und Politiker Andrej Babiš, dessen Partei eng mit Fidesz zusammenarbeitete.

Wie kein anderer Regierungschef hatte Orbán von den Schwächen der Demokratie profitiert. Dass er bei den Wahlen 2010 eine Zweidrittelmehrheit der Mandate hatte gewinnen können, hatte seinen Hauptgrund in der katastrophalen wirtschaftlichen und politischen Bilanz der sozial-liberalen Vorgängerregierung. Seine Kampagne gegen die EU-Flüchtlingspolitik war nicht zuletzt deshalb erfolgreich, weil der Staatenbund nach einer zehnjährigen Debatte Stück für Stück auf seinen Kurs eingeschwenkt war. Und dass es dem Budapester Regierungschef gelang, mithilfe der EU-Finanztöpfe eine beispiellose Vetternwirtschaft zu unterhalten, zeigte nicht nur die Hilflosigkeit der Brüsseler Finanzkontrolleure. Es beförderte auch Orbáns Macht – frei nach der bewährten Mafialogik: Wer beweist, dass er sich straflos über Recht und Gesetz hinwegsetzen kann, gewinnt den Respekt seiner Anhänger.

Der Budapester Alleinherrscher trieb das Prinzip auf die Spitze, indem er sich über die Brüsseler Finanz- und Demokratiekontrolleure auch noch lustig machte. Als »Pfauentanz« bezeichneten seine Leute die Methode, zum Schein auf die Bedenken der Kritiker einzugehen, anschließend aber noch radikaler vorzugehen als zuvor. Hatten sie eine Schikane auf EU-Druck beseitigt, errichteten sie anschließend einfach zwei neue. Und wenn die Korruption bei der Vergabe von EU-Mitteln etwas eingeschränkt wurde, ging es anschließend bei rein nationalen Ausschreibungen umso parteiischer zu.[36]

Wie kein anderer Regierungschef war Orbán ein transformativer Autokrat, der Volkes Stimme nicht bloß folgte, sondern sie aktiv gestaltete. Was Trump erst Jahre später versuchen sollte, war ihm bereits in seinen ersten Amtszeiten gelungen. Er kombinierte eine Finanz- und Wirtschaftspolitik zugunsten der Oberschicht mit einer Außen- und Migrationspolitik, die die kulturellen Vorbehalte der weniger gebildeten und weniger verdienenden Schichten optimal bediente. Das war die Wählerkoalition, auf die sich Orbán stützte und die ihm zuverlässig große Erfolge bescherte.

Der Regierungschef hatte ein hocheffizientes System aufgebaut, um seine Untertanen zu indoktrinieren und zu steuern. Er hatte den Großteil der Medien in der Hand, die rund um die Uhr die Botschaften des Regimes unter das Volk streuten, mit denselben Slogans, mit demselben Spin, mit der immer gleichen Unterscheidung von Gut und Böse. Zugleich mussten Kritiker des Systems mit Strafe rechnen. Lehrer, die sich der Orbán-Ideologie verweigerten, liefen Gefahr, gefeuert oder in die Provinz versetzt zu werden. Richter, die in Ungnade fielen, wurden in den staatlich gelenkten Medien öffentlich vorgeführt. Das Regime benötige »keine Geheimpolizei, keine Gewehre und keine Gulags«, urteilte US-Botschafter David Pressman, als er Budapest Anfang 2025 verließ. Das System erhöhe einfach die Kosten, sich als Kritiker der Regierung zu zeigen. Er sei erstaunt, sagte der Diplomat, »wie gut das funktioniert«.[37]

Wie lange aber wird das autokratische System des Budapester Alleinherrschers funktionieren? Bis zur nächsten Parlamentswahl im Jahr 2026? Bis zu seinem Tod? Die Frage ist nach dem Wahlsieg Donald Trumps im November 2024 noch schwerer zu beantworten als zuvor.

Einerseits sind es gerade die systemimmanenten Elemente der Kleptokratie und Korruption, die dem System Orbán die Grenzen aufzuzeigen scheinen. Mafiöse Organisationen sind schon häufiger in Bedrängnis gekommen, wenn ein Insider das Schweigegelübde bricht. So könnte es nun auch in Ungarn kommen. Nachdem der langjährige Fidesz-Politiker Péter Magyar seinen Austritt aus der Partei erklärt und eine neue Gruppierung gegen Orbáns Günstlingswirtschaft und die »wirtschaftliche und moralische Dauerkrise«[38] im Land gegründet hatte, holte er bei den Europawahlen im Frühjahr 2024 fast 30 Prozent der Stimmen. Ein Erfolg, wie ihn schon lange kein ungarischer Oppositionspolitiker mehr errungen hat.

Zudem ist auch die EU nicht mehr bereit, sich noch länger von Orbán vorführen zu lassen. Nachdem ihn die EVP-Führung aus ihrer Parteienfamilie gedrängt hatte, ging auch die EU-Kommission so entschieden wie nie zuvor gegen ihn vor. Sie sperrte seiner Regierung wegen ihrer Verstöße gegen das Rechtsstaatsprinzip milliardenschwere Finanzhilfen. Im Herbst 2024 leitete die Kommission zudem ein Vertragsverletzungsverfahren gegen Orbáns Sondersteuern im Einzelhandel ein und machte das Mobbing gegen EU-Firmen zum Thema ihrer Rechtsstaatsberichte.

Vor allem aber hat sich gezeigt, dass Orbán längst nicht der kompetente Wirtschafts- und Finanzmanager ist, als der er im Jahr 2010 an die Macht gekommen war. Um die Wahl 2022 zu gewinnen, hatte er ein populistisches Ausgabenprogramm aufgelegt, das unter anderem eine zusätzliche Monatspension für Rentner vorsah. Die Maßnahme erhöhte die staatliche Verschuldung und trug dazu bei, die Inflation auf einen der höchsten Werte in der EU zu treiben. Orbáns Versuch, die Geldentwertung mit Preisbremsen und Subventionen zu stoppen, schuf mehr Probleme, als er löste. Zugleich wurde bekannt, dass in den vergangenen Jahren Zehntausende von jungen, meist gut ausgebildeten Ungarn das Land verlassen hatten, nicht nur wegen der verschlechterten Konjunkturlage, sondern auch wegen Orbáns zunehmend europafeindlicher Rhetorik. Früher sei die Finanzpolitik des Ministerpräsidenten mal sein »Markenzeichen« gewesen, hieß es in den Analysen der Konjunkturforscher, heute sei sie »unhaltbar«.[39]

Andererseits war Orbán in der europäischen Parteipolitik so erfolgreich wie nie. Zwar trugen ihm die Europawahlen zu Hause eine Niederlage ein, zwar war er in den Umfragen zeitweise hinter seinen

Herausforderer Péter Magyar zurückgefallen, doch dafür gelang es ihm, ein starkes Rechtsbündnis für das EU-Parlament zu formen. Nachdem sich auch der französische Rassemblement National seinen neu gegründeten »Patrioten für Europa« angeschlossen hatte, führte der Budapester Regierungschef die drittgrößte Parteienfamilie in Europa.

Orbán war angeschlagen, aber nicht ausmanövriert, als er im Oktober 2024 in seiner Rolle als EU-Ratspräsident vor die Abgeordneten des Parlaments in Straßburg trat. Während er in Ungarn mit zunehmend repressiven Methoden gegen eine erstarkende Opposition vorging, war er bei den rechtspopulistischen Kräften in aller Welt beliebter denn je. Der im darauffolgenden Monat gewählte neue alte US-Präsident Donald Trump würde ihn fördern, wo er nur konnte. Die Zahl seiner Verbündeten in Europa wuchs. Das zeigte sich auch bei seinem Auftritt im Straßburger Europaparlament. In nie gehörter Schärfe schmähten ihn seine Kritiker von links bis Mitte-rechts als »Putin-Puppe« oder »Demokratiezerstörer«. Doch zugleich bekam er von den gut gefüllten Rängen seiner »Patrioten für Europa« begeisterten Beifall.

Orbán war in der Defensive, aber der starke Mann aus Budapest verstand sich schon immer darauf, die Attacken seiner Kritiker mit einem Gegenangriff zu kontern. Als ihm Manfred Weber, der EVP-Fraktionschef, in der Straßburger Debatte vorhielt, bei den Europawahlen eine Niederlage kassiert zu haben, konterte Orbán kühl. Seine Fidesz-Partei habe 45 Prozent bekommen, die Union in Deutschland dagegen nur knapp 30 Prozent, weshalb der Ministerpräsident fragte: »Wer hat hier gewonnen, Herr Weber?«

DER ROTE KAISER

Der Gast aus China hatte für alle etwas dabei, als er im Januar 2017 durch die Schweiz reiste. Die Bundesregierung in Bern bedachte Staatschef Xi Jinping mit zehn Abkommen und Erklärungen,[1] von denen sich die Eidgenossen finanzielle Vorteile und bessere Chancen im internationalen Handel versprachen. Für das Internationale Olympische Komitee in Lausanne gab es chinesische Kunstwerke.[2] Und die Reichen und Mächtigen des Weltwirtschaftsforums in Davos erfreute der zweitmächtigste Mann der Welt mit einer Rede, in der er fernöstliche Weisheiten (»Die süßesten Datteln wachsen unter Disteln und Dornen«) mit westlicher Freihandelsrhetorik verband. Die Globalisierung habe nicht nur »Wachstum und Handel befördert«, befand Xi, sondern auch »Fortschritte in Wissenschaft, Technologie, Zivilisation und menschlichen Begegnungen gebracht«. Die Weltwirtschaft sei »wie ein Ozean, dem man nicht entfliehen kann«.[3]

Das hörten die Banker, Unternehmer und Manager gern, nachdem sie auf ihren Champagnerempfängen der vergangenen Tage über die bedenklichen Zustände in ihren Heimatländern geklagt hatten. Vor ein paar Monaten hatten die Briten für den Austritt aus der Europäischen Union gestimmt, und in Washington bereitete sich der neu gewählte US-Präsident Donald Trump darauf vor, Zoll- und Handelskriege gegen die halbe Welt zu entfesseln. Ausgerechnet die Kernländer des westlichen Liberalismus, Großbritannien und die Vereinigten Staaten, hatten das Hohelied vom ungehinderten Austausch von Gütern, Kapital und Ideen durch nationalistische Schlachtrufe wie »America First« oder »Take back control« ersetzt.

Umso dankbarer waren die Führungskräfte des globalen Kapitalismus, dass gerade der Chef der größten kommunistischen Nation der Welt ihre alten Glaubenssätze verteidigte, angereichert mit Bekenntnissen aus dem Ideenfundus der Ökologie- und Antikriegsbewegung. Xi lobte das Pariser Klimaabkommen als »hart erkämpfte Errungenschaft«, forderte neue Friedensinitiativen und setzte sich für eine regelgebundene globale Handelsordnung ein. »Wir sollten für Weltoffenheit eintreten«, riet Xi, »und dem Protektionismus eine Absage erteilen.«[4]

Das Davoser Publikum feierte seinen neuen Helden mit stehenden Ovationen. Und der Chef des Treffens, der deutsch-schweizerische Unternehmer Klaus Schwab, pries Xis Volksrepublik als »gesprächsbereite und verantwortliche« Führungsmacht, die der Weltgemeinschaft »Vertrauen und Stabilität verleiht«.[5]

Ein Vierteljahrhundert nach dem Fall der Mauer hatte der atemberaubende wirtschaftliche Aufstieg Chinas die Welt auf den Kopf gestellt, wie die westlichen Führungskräfte auf ihrem Kongress in den Schweizer Alpen feststellten. Anders, als viele erwartet hatten, war die Volksrepublik durch Wohlstand und Unternehmertum nicht demokratischer geworden. Umso bemerkenswerter erschien es den Forumsteilnehmern, dass die Pekinger Führung marktwirtschaftliche Prinzipien gegen einen verzagten und ratlosen Westen entschlossen verteidigte.

Während Xi für freien Handel und ungehinderten Kapitalverkehr eintrat, dachten die Regierenden in London, Washington oder Brüssel darüber nach, wie sich die Globalisierung zurückdrehen lasse. Vor wenigen Jahren erst hatten gierige Banker und nachsichtige Aufsichtsbehörden im Westen eine Finanz- und Konjunkturkrise ausgelöst, die nicht zuletzt durch billionenschwere Kreditprogramme Pekings gemildert worden war. Wenn es um die Umwelt ging, waren die Grenzen zwischen Gut und Böse erst recht fließend geworden. Die Pekinger Führung erhob den Kampf gegen die Erderwärmung zur politischen Priorität. Für Donald Trump dagegen war die Klimakrise eine Fata Morgana der Linken, der er sein provokantes »Drill, Baby, drill« entgegenhielt, die Aufforderung also, so viel Erdöl wie nur irgend möglich zu fördern.

Das Copyright für wirtschaftliche Entwicklung hatte den Eigentümer ebenfalls gewechselt. Nicht mehr die liberale Demokratie, sondern das autoritäre Politikmodell der Volksrepublik schien die besten Voraussetzungen für dynamisches und nachhaltiges Wachstum zu schaffen. In Europa und den USA hatte es 150 Jahre gedauert, bis eine kaufkräftige Mittelschicht entstanden war, China schaffte das in vier Jahrzehnten. In den hochmodernen Fabriken in Fujian, Zhejiang oder Guangdong wurde fast jedes dritte Industrieprodukt der Welt hergestellt.[6] Chinesische Hightechkonzerne wie Huawei oder Tencent machten US-Internetgiganten wie Apple, Google und Microsoft Konkurrenz. Bei Klimaschutztechnologien wie Solarzellen oder Autobatterien sowie den dazugehörigen Rohstoffen Kobald, Nickel oder seltene Erden hatten sich chinesische Hersteller gar eine Monopolstellung erobert.

Wenn es um den wirtschaftlichen Aufschwung im Globalen Süden geht, sind Diktaturen des Chinatyps oft erfolgreicher als Demokratien, das räumen inzwischen selbst westliche Ökonomen ein. Viele autoritäre Regierungen treten zudem längst nicht mehr so repressiv auf wie früher. Das Einparteiensystem Chinas etwa konnte sich in den ersten 15 Jahren seit der Jahrtausendwende nicht nur auf eine hocheffiziente Beamtenschaft stützen, die in einem harten internen Wettbewerb ausgewählt und bestens ausgebildet wurde. Es wusste mit seinem kollektiven Führungsprinzip, einem ausgeklügelten Rotationssystem sowie Amtszeit- und Altersbegrenzungen auch zu verhindern, dass sich zu viel Macht in zu wenigen Händen konzentrierte. Dass die Partei auf fast 100 Millionen Mitglieder zählen könne, verleihe ihr »Flexibilität und Legitimität« und befähige sie »zu ständiger Selbstkorrektur«, lobten die Propagandisten der Bewegung. Die Volksrepublik verstehe sich nicht als Alternative zum Westen, hieß es in ihren Schriften, aber sie zeige, dass »Alternativen möglich« seien.[7]

Was die Bewunderer des chinesischen Modells indes übersahen, war die Tatsache, dass der freundlich lächelnde Redner von Davos längst begonnen hatte, das von Deng geschaffene System der kollektiven Führung in etwas Neues zu verwandeln: eine Alleinherrschaft mit chinesischen Charakteristiken. Seit er im Jahr 2012 ins Amt gekommen war, hatte Xi nicht nur den Zugriff der Partei auf die Gesellschaft, sondern auch seinen eigenen Zugriff auf die Partei erhöht. Der Kampf gegen die Korruption, den er zu seinem Markenzeichen erhob, hatte sich zur größten »Säuberungs«-Aktion gegen Widersacher und Rivalen seit der Kulturrevolution ausgewachsen. Xi amtierte nicht nur als Partei- und Staatschef, er leitete auch die Zentrale Militärkommission, den Nationalen Sicherheitsrat sowie zahllose Komitees zu Wirtschaft und Cybersicherheit, zu Taiwan und zur Außenpolitik.[8] Seine Leitsätze wurden in den ideologischen Kanon der Partei aufgenommen, die um »Väterchen Xi« bald einen ähnlichen Personenkult inszenierte wie einst um Mao. Seit dessen Zeiten habe »kaum ein Politiker in Peking so viel Macht angehäuft wie Xi«, urteilte der SPIEGEL.[9]

Zudem hatte der starke Mann in Peking begonnen, den wirtschaftlichen und politischen Grundkonsens in China zu verschieben. Seit dem Massaker auf dem Tian'anmen-Platz gab es einen unerklärten Deal zwischen Partei und Volk. Die Bürger akzeptierten das politische Monopol der kommunistischen Führung. Im Gegenzug sorgten die Funktionäre dafür, das Defizit an Mitsprache und Rechtsstaat durch ein Mehr an wirtschaftlichem Wohlstand auszugleichen. Sichtbares Zeichen dieser spezifisch chinesischen Ausgabe eines Gesellschaftsvertrags war das numerische Wachstumsziel, das sich die Partei jährlich setzte und das es möglichst zu übertreffen galt.

Auch Xi bekannte sich zur »Entwicklung des Volkes, durch das Volk, für das Volk«, wie er in Anlehnung an die berühmte Demokratiedefinition Abraham Lincolns erklärte.[10] Doch zugleich begann er, den Begriff der Entwicklung um nicht ökonomische Kategorien zu erweitern: Nachhaltigkeit und Klimaschutz einerseits, nationale Größe, technologische Autarkie und Parteitreue andererseits.

Dahinter stand nicht nur die Erkenntnis, dass die Volksrepublik im vierten Aufschwungsjahrzehnt eine neue Stufe der Entwicklung erreicht hatte, sondern auch die Absicht, die eigene Macht auszubauen. Fortan rückte die Partei das »Denken Xi Jinpings über den Sozialismus« in die Nähe eines Dogmas.[11]

Seine Machtfülle bedeutete zugleich eine Abkehr von früheren Führungsprinzipien. Unter den Xi-Vorgängern Jiang Zemin und Hu Jintao hatte sich die Partei bemüht, Antworten auf die zentralen Schwächen autoritärer Regime zu geben. Das Problem, dass eine Autokratie nur unzureichend über den Zustand ihres Gemeinwesens informiert wird, weil niemand der Spitze schlechte Nachrichten überbringen mag, lösten die Parteiführer der Vor-Xi-Ära durch kontrollierte Liberalisierungen. Kritische Blogs im Internet wurden genauso geduldet wie begrenzte Proteste oder lokale Wahlen. Zugleich lockerte die Pekinger Führung die Zensur. So konnte sie Rückschlüsse ziehen, was die Bürger umtrieb und wie sich die politische Stimmung entwickelte.[12]

Für das Problem, dass sich die Bürger in einer Autokratie ihrer Rechte nie sicher sein können, fanden die Regierenden in Peking ebenfalls Lösungen. Ihre Landsleute durften darauf vertrauen, dass hohes Wachstum und steigende Immobilienpreise ihren Wohlstand in jedem Fall sicherten, was immer der Parteiführung ansonsten einfiel. Unternehmern war es seit Anfang der Zweitausenderjahre zudem möglich, Mitglied der Partei zu werden. Dort konnten sie ihre Interessen unmittelbar geltend machen. Die lokalen Beamten und Parteiführer wiederum köderte das System mit einem hohen Maß an Autonomie und Entscheidungsfreiheit, was dem »Kommunismus mit chinesischen Charakteristiken« eine »subtile und ausgefeilte« politische Struktur sowie kapitalistische Dynamik verlieh.[13]

Im Schulterschluss mit den Privat- und Staatsunternehmen ihrer Region durften die lokalen Politiker mit unterschiedlichen Technologie-, Geschäfts- und Finanzierungsmodellen experimentieren. Zugleich wurden sie konsequent am wirtschaftlichen Erfolg gemessen, weshalb die Regionen bald um die wachstumsstärksten und fortschrittlichsten Unternehmenskonzepte wetteiferten.

Der Kern des chinesischen Politikmodells bestand in einer neuen, höchst originellen Form von öffentlich-privater Partnerschaft. Weil ihre Karriere unmittelbar vom wirtschaftlichen Erfolg der regionalen Unternehmen abhing, waren Beamte und Parteiführer äußerst aufgeschlossen für die Wünsche, Bedürfnisse und Interessen der örtlichen Firmen. Die Unternehmer wiederum waren gut beraten, in den Kategorien ihrer lokalen Politiker zu denken. So kam es, dass die Belange des Einzelnen sowie die Positionen von Umwelt- oder Interessenverbänden in der Volksrepublik nur eine geringe Rolle spielten, die wirtschaftsnahe Infrastruktur indes oft schneller und effizienter ausgebaut wurde als in Europa oder den USA.

Mit Kommunismus hatte das wenig zu tun, wie der serbisch-amerikanische Ökonom Branko Milanović feststellte. Von Jahr zu Jahr wuchs in jener Zeit der Anteil des privaten Kapitals, während die Zahl der Beschäftigten in Staatsbetrieben zurückging.[14] Seit den späten Siebzigerjahren waren mehr als 20 Millionen private Firmen gegründet worden, die mehr als 60 Prozent der Wirtschaftsleistung erzeugten.[15]

Schon bald nach der Jahrtausendwende, so befand Milanović, hätten sich die Gewichte in China so weit verschoben, dass man nicht mehr von Sozialismus, sondern von einer Form von »politischem Kapitalismus« sprechen müsse. Ein Kapitalismus allerdings, der die Rollen neu verteilte. Im Wirtschaftssystem des Westens waren es die Unternehmer, denen die Rolle des schöpferischen Zerstörers zukam.

Im chinesischen Modell dagegen war die Disruptorenrolle zwischen Politik und Unternehmen geteilt, weil es neben dem Profitmotiv der Unternehmer ein klares politisches Ziel gab: Wirtschaftskraft und Wohlstand zu steigern, war das einigende Band zwischen Partei, Eliten und Volk.

Der Primat der Politik blieb dabei stets gewahrt. Unternehmen und Regionen erhielten neue Freiheiten, in der Wirtschaft herrschte ein oft gnadenloser Wettbewerb, aber Dosis und Schrittfolge der Liberalisierungen bestimmte Peking. Den Anfang machte Deng mit Reformen in der Landwirtschaft und der Gründung von Sonderwirtschaftszonen, die mit Marktwirtschaft und Unternehmertum experimentierten. Seine Nachfolger setzten die großen Staatskonzerne den Marktkräften aus und führten China in die Welthandelsorganisation. Unter Xi benannte die Volksrepublik mit ihrem Plan »Made in China 2025« zehn Schlüsselindustrien vom Schiff- über den Flugzeugbau bis zur Biomedizin, in denen das Land an der Weltspitze stehen sollte. War ein Reformzyklus an sein Ende gekommen und büßte an Wachstumswirkung ein, startete die Pekinger Führung den nächsten. »Die Kombination aus staatlicher Führung auf der Makroebene und dem Marktmechanismus auf der Mikroebene erklärt, warum das Land so schnell wachsen und technologisch aufholen konnte«, urteilt die chinesische Wirtschaftswissenschaftlerin Keyu Jin.[16]

Bis zum Amtsantritt Xis galt es noch als ausgemacht, dass sich China auch politisch weiter liberalisieren und dem Westen annähern werde. Mit wachsendem Lebensstandard werde der Wunsch nach mehr Mitsprache und sozialer Sicherheit wachsen, so hieß es auch im chinesischen Staatsapparat. Die kommunistische Ideologie, an der die Partei sklavisch festhielt, war zu einem Anachronismus geworden, zu einer Leerformel, die sich immer weniger mit der anhaltenden Privatisierung und Individualisierung der chinesischen Gesellschaft in Übereinstimmung bringen ließ. Und erst recht nicht mit den schreienden Widersprüchen, die mit dem rasanten Wachstum des Riesenreichs verbunden waren. Die bedingungslose Industrialisierung hatte einen Großteil der chinesischen Flüsse in stinkende Kloaken verwandelt. Jahrhundertealte Dörfer waren in gigantischen Stauseen versunken, überall entstanden graue, billig gebaute Hochhaussiedlungen.

Aus der einstigen Mangelwirtschaft war eine Ökonomie der Gegensätze geworden: zwischen den Provinzen, zwischen Stadt und Land, zwischen Arm und Reich. Eine neue Kapitalistenklasse war entstanden, die in den glitzernden Gucci- oder Versace-Shops der großen Städte einkaufte, zur Pflege ihrer privaten Golfplätze Heerscharen von Angestellten beschäftigte und Rassepferde in Deutschland oder Weingüter in Frankreich sammelte.

»Lasst einige zuerst reich werden«, hatte Deng Xiaoping zu Beginn seiner Reformen gefordert; nur wurden die Pioniere des Reichtums nun immer reicher, während der Abstand zur übrigen Bevölkerung wuchs. Das wohlhabendste Prozent der chinesischen Stadtbewohner besaß Anfang der Zehnerjahre rund 37 Prozent der Kapitaleinkünfte, während der Anteil von 95 Prozent der urbanen Bevölkerung bei annährend null lag.[17] Der Anteil der Kleinunternehmer an der städtischen Einwohnerschaft war innerhalb von zwei Dekaden von 0 auf 10 Prozent gestiegen und machte nun, zusammen mit den Fachkräften, die größte Gruppe der chinesischen Oberschicht aus. Nach drei Jahrzehnten Reformpolitik war die Volksrepublik zu einer Klassengesellschaft geworden, und die Kluft zwischen Arm und Reich war ähnlich groß wie in den USA.[18]

Hinzu kam die Korruption. Der große Ermessensspielraum, den die Partei ihren lokalen Vertretern einräumte, förderte einerseits das Wachstum. Andererseits verführte er die neue Unternehmerschicht dazu, sich das Wohlwollen der zuständigen Politiker und Bürokraten mit kleinen und großen Geschenken zu sichern. Studien zeigten, dass Beamte und Parteiführer auf Bezirks- oder Provinzebene während ihrer Amtszeiten oft zweistellige Millionenbeträge an Bestechungsgeldern einstreichen konnten.[19] Die Folge waren spektakuläre Affären und Skandale. Im Jahr 2009 etwa wurden der Vizeminister für Öffentliche Sicherheit und sein Stellvertreter verhaftet, weil sie umfangreiche Schmiergelder kassiert haben sollten. Kurz darauf erwischte es hohe Parteifunktionäre in Guangdong sowie Huang Guangyu, den reichsten Unternehmer des Landes. Ihm wurde vorgeworfen, Beamte bestochen und im großen Stil Geld im Spielerparadies Macau gewaschen zu haben.[20]

Dass die Volksrepublik gegen Korruption und Käuflichkeit vorgehen müsse, darüber waren sich in jenen Tagen alle einig. Über die Frage, wie das zu bewerkstelligen sei, herrschte indes erbitterter Streit. Eine Minderheit von Reformern plädierte dafür, die Freiräume der Funktionäre mithilfe des Rechtsstaates einzuschränken, wie es seit Langem im Westen üblich war. Der orthodoxe Flügel der Genossen dagegen warnte, dass sich hinter der glitzernden Fassade des Landes der Rost der Bestechlichkeit ausgebreitet hatte, wie schon einmal vor den Studentenprotesten.

Am Ende setzten sich die Hardliner durch, deren Idee darauf hinauslief, den Parteiapparat zugleich stärker und sauberer zu machen. Ihr Mann war Xi Jinping, Sohn eines bekannten Altfunktionärs und früherer Gouverneur der Provinz Fujian, der 2012 als neuer Generalsekretär der Kommunistischen Partei antrat, um für Ordnung zu sorgen.

Wie üblich begann er seine Amtszeit mit einer Kampagne gegen Korruption, die der Welt offenbarte, wie schamlos sich viele

Vertreter der chinesischen Arbeiter- und Bauernmacht an der Öffnungspolitik der vergangenen Jahre bereichert hatten. Xu Caihou zum Beispiel, stellvertretender Chef der Zentralen Militärkommission, hatte den gesamten Keller seines 1800-Quadratmeter-Hauses mit Bargeld gefüllt.[21] Bei Wei Pengyuan, einem Manager der nationalen Energiebehörde, mussten die Ermittler mit 16 Zählmaschinen anrücken, um 100 Millionen Yuan in seiner Wohnung zu erfassen. Im Anwesen von Ma Chaoqun, dem Chef der städtischen Wasserbehörde im Badeort Beidaihe, stellten die Fahnder 37 Kilo Gold und 40 Kisten voller Geldscheine und Kaufverträge sicher.[22]

Zugleich war nicht zu übersehen, dass die Strafaktionen nicht nur Kriminelle ins Visier nahmen, sondern auch Xis politische Gegner. Bo Xilai, der frühere Parteichef von Chongqing, galt als Xis möglicher Rivale im Kampf um die Macht. Er wurde wegen Korruption und Amtsmissbrauchs verurteilt. Obendrein sollte er auch versucht haben, den Mord seiner Frau an einem britischen Geschäftsmann zu vertuschen. Die Topgenossen Zhou Yongkang und Ling Jihua wurden wegen Bestechlichkeit geschasst, aber eine Rolle spielte wohl auch, dass sie Vertraute von Xi Jinpings Vorgängern Hu Jintao und Jiang Zemin waren. Funktionäre, die im chinesischen System als unantastbar gegolten hatten, landeten unter der neuen Führung im Gefängnis. Oder sie verschwanden spurlos, bevor die Staatsmedien oft Monate später eine dürre Meldung veröffentlichten, dass die in Ungnade gefallenen Genossen ihres Amtes enthoben und aus der Partei ausgeschlossen worden waren. Mal ging es um »Verstöße gegen die Disziplin«, worunter im Parteijargon meist »Korruption« verstanden wurde. Mal um »Fragen des Lebensstils«, was in China als Chiffre für sexuelle Ausschweifungen oder überzogenen Luxus gilt, zwei Laster, für die der Mann an der Staatsspitze besonders wenig Verständnis aufbrachte.

In den Jahren 2023 und 2024 traf sein Zorn gleich mehrere

hochrangige Mitglieder der militärischen Führung sowie Außenminister Qin Gang. Der hoffungsvolle Parteikader hatte als Schützling Xis eine Blitzkarriere hingelegt, war zum Botschafter in Washington und schließlich zum Außenminister der Volksrepublik aufgestiegen. Xi persönlich hatte ihn ausgewählt. Doch im Sommer 2023 wurde er plötzlich aus dem Verkehr gezogen. Wochenlang kochte die Gerüchteküche, bevor chinesischen Offiziellen schließlich im Geheimen mitgeteilt wurde, dass Qin in seiner Washingtoner Zeit eine außereheliche Affäre mit einer chinesischen Fernsehjournalistin gehabt haben solle, die möglicherweise eine britische Spionin war.[23] Offiziell aufgeklärt wurden die Vorwürfe nie, und so zeigte der Vorgang zweierlei: die Intransparenz des Pekinger Parteiapparats sowie die Machtfülle seines Chefs, der Karrieren genauso willkürlich befördern wie beenden konnte.

Gleich zu Beginn seiner Kampagne hatte Xi in der Tat versprochen, dass er nicht nur untere Kader, sondern auch führende Funktionäre zur Verantwortung ziehen werde. Neben »Fliegen«, wie das im Parteijargon hieß, werde er auch »Füchse und Tiger jagen«. Ein Vorhaben, von dem er sich einen doppelten Vorteil versprach. Zum einen steigerten die Verfahren gegen gierige und abgehobene Apparatschiks seine Beliebtheit im Volk. Zum anderen erlaubten sie es ihm, die frei gewordenen Posten mit Gefolgsleuten und Vertrauten zu besetzen. Längst gab es keine einzelnen Kampagnen mehr, sondern eine anhaltende Verfolgungsjagd, die mehr als vier Millionen Funktionäre das Amt kostete und in der Partei Furcht und Schrecken verbreitete.[24]

Die kollektive Führung der Deng-Ära hatte einer Alleinherrschaft Platz gemacht, die wie zu Maos Zeiten im kommunistischen Kodex verankert war. Der Kampf der Partei richte sich nicht nur gegen die wirtschaftliche, sondern auch die »politische Korruption«, hieß es in den KP-Schriften, worunter »der Verstoß gegen jene Gesetze der Partei« zu verstehen war, die niemand anderer definierte als der Pekinger Staatschef selbst.[25] Man werde »nicht ruhen, bis die Viren ausgerottet sind, die die Gesundheit der Partei bedrohen«, verfügte er. »Null Toleranz« war sein Schlagwort, das sich zuvorderst gegen jene richtete, die »politische Fraktionen oder Cliquen und Interessengruppen innerhalb der Partei« bildeten.[26]

Wie Putin in Russland war Xi als Vertreter traditioneller Eliten an die Macht gekommen. Und ähnlich wie der Kremlherrscher nutzte er sein Mandat, um sich nach und nach von seinen Auftraggebern zu emanzipieren und eine persönliche Diktatur zu errichten.

Putin grenzte sich stets ab von der kommunistischen Vergangenheit der Sowjetunion. Xi dagegen sah sich als Erneuerer des marxistisch-leninistischen Erbes. Die Genossen in Moskau hatten mit dem dialektischen und historischen Materialismus auch sich selbst aufgegeben, so sah es Xi. Er dagegen setzte unverdrossen auf das ideologische Tafelsilber der Partei. Indem er die Werte und Ideale der kommunistischen Vergangenheit hochhielt, rechtfertigte Xi zugleich, warum die KP stärker auf Staat, Wirtschaft und Gesellschaft zugreifen müsse.

In einem Land, das durch den ständigen Selbstreinigungsprozess der Partei gesteuert wurde, war kein Platz für bürgerliche Ideen wie Gewaltenteilung, Meinungsfreiheit oder Rechtsstaat. Und so drehte Xi die liberalen Reformen der Deng-Ära konsequent zurück: Ausländische Onlineangebote von Google bis Facebook wurden aus dem Internet verbannt, die Blogs einheimischer Kritiker abgeschaltet. Die Sicherheitsbehörden erhöhten den Druck auf Dissidenten und Zivilorganisationen und stockten ihre Spitzelarmeen auf.[27]

In der Deng'schen Reformära war der Kommunismus zu einem Erinnerungsposten verkommen, Xi inszenierte sein Comeback. Die Schriften von Marx und Mao wurden an den Universitäten wieder verstärkt gelehrt, ergänzt um die jüngsten Erkenntnisse des Parteichefs selbst.[28] Wie zu Zeiten der Kulturrevolution zogen Propagandateams durch die entfernteren Regionen des Reiches, um die aktuelle Parteilehre zu verbreiten.[29] In der Reformära hatte sich die KP aus zahlreichen Gremien zurückgezogen, unter Xi übernahm sie wieder die Führung. Die Internetsicherheit wurde dem Industrieministerium entzogen und einer Parteikommission übertragen, die der KP-Chef selbst leitete. Die Verantwortung für die Medien lag nicht mehr beim Staatlichen Presseamt, sondern bei der KP-Abteilung für Öffentlichkeitsarbeit. In der Wirtschaft wurden die Weichen von der Partei gestellt, nicht von der Regierung.[30]

Der Repression im Inneren entsprach die Abgrenzung nach außen. Folgte man Xi, war China von Feinden umgeben. Der Westen: ein Gegner, der dem Land das untaugliche System der liberalen Demokratie aufzwingen wollte. Taiwan: eine abtrünnige Provinz, die zur Not mit Gewalt der Volksrepublik angegliedert werden musste. Hongkong: ein Relikt der britischen Kolonialherrschaft, für dessen demokratischen Restbestand es in der Volksrepublik keinen Platz gab. Je stärker sich Xi als Alleinherrscher etablierte, desto häufiger griff er zu jenem nationalistischen Narrativ, mit dem Diktatoren von jeher ihr Regime zu befestigen wussten: Wenn der Feind von außen kommt, scharen sich alle um den Herrscher.

Mehr Macht an der Spitze aber war gleichbedeutend mit weniger Mitsprache der Basis, und so wurde Xis Alleinherrschaft mit zunehmender Dauer auch zu einem ökonomischen Problem. Was richtig und was falsch war, verschleierte die Partei nicht nur bei den vermeintlichen oder tatsächlichen Fehltritten ihres Führungspersonals, sondern auch im Zahlenwerk der Wirtschaft. Die Zweifel an den chinesischen Wachstumsdaten wuchsen, und der verstärkte Zugriff der Partei auf Wirtschaft und Gesellschaft verunsicherte die Privatwirtschaft.

In der Deng'schen Reformära galten Wachstum und Effizienz als alles überragende Ziele, weshalb sich die Technologiekonzerne des Landes weitgehend frei auf den Weltmärkten bewegen konnten.

Unter der Herrschaft Xis dagegen wurden Prestige, Unabhängigkeit und Sicherheit zu zentralen Zielen, die auch die globalen Multis zu verfolgen hatten.

China sollte nicht nur »einen größeren Eigenanteil bei Wissenschaft und Technik« anstreben, so forderte Xi. Es ging ihm auch darum, »die Schlüsselelemente der industriellen Produktion im eigenen Land zu halten«.[31] Dominanz war das Ziel des Parteichefs, die er durch die gezielte Förderung moderner Industrien erreichen wollte. Nach der Finanzkrise hatte China vor allem in Immobilien und Infrastruktur investiert, nun sollte der Schwerpunkt im Aufbau neuer Fabriken und Forschungsstätten für Klimaschutzindustrien, Kommunikationstechnik oder Künstliche Intelligenz liegen. Investition statt Konsum, das war die Leitidee, der sich die Privatwirtschaft unterordnen sollte.

Der Erste, der das zu spüren bekam, war Jack Ma, der Gründer des Onlinehändlers Alibaba. Nachdem er im Herbst 2020 kurz vor einem geplanten Börsengang der Konzerntochter ANT Group die chinesische Finanzpolitik kritisiert hatte, wurde das Vorhaben kurzfristig abgesagt. Ma verschwand monatelang aus der Öffentlichkeit, ein Kartellverfahren wurde eingeleitet, und das Unternehmen spaltete sich in sechs selbstständige Einheiten auf. Xi hatte den bekanntesten Unternehmer des Landes in die Knie gezwungen, und Mas Konzern war nun eifrig bemüht, den strategischen Zielen der Regierung gerecht zu werden, zum Beispiel bei der Chipproduktion.[32]

Alibaba war das prominenteste Beispiel für die Eingriffe der Regierung in den Privatsektor, aber es war längst nicht das einzige. Der Internetkonzern Tencent musste unter dem Druck Pekings sein Geschäft mit Onlinespielen einschränken. Der Taxi-App-Anbieter Didi zog sich nach Intervention der Regierung von der New Yorker Börse zurück. Finanz- und Immobilienkonzerne mussten Vermögenswerte abtreten, manche ihrer Chefs wanderten ins Gefängnis.

Zugleich gab es staatliches Geld für jene Konzerne, die sich den Anweisungen der Regierung brav unterwarfen. Den Elektronikriesen Huawei förderte Peking nicht nur mit Subventionen und Steuervorteilen. Die Regierung machte den Konzern auch zum führenden Ausrüster ihrer Datennetze, womit sie ihm zu einem entscheidenden Vorteil im internationalen Wettbewerb verhalf. Der Elektroautokonzern BYD profitierte von staatlichen Krediten und Forschungsverbünden, mit denen er seine Position bei wichtigen Komponenten wie Batterien, Chips und Motoren stärken konnte.[33] Mit der Mischung aus Anreizen und Sanktionen brachte die Regierung den Privatsektor des Landes zwar auf Linie. Zugleich aber verschärfte sie die Strukturprobleme der chinesischen Wirtschaft.

Das zweite Problem, das sich mit Xis autoritärem Kurs verstärkte, war der Umgang mit schlechten Nachrichten, die Covid-Krise machte es sichtbar. Erst unterdrückte Chinas Zensur die Meldungen über eine neue tödliche Lungenkrankheit in der Provinz Wuhan. Dann hielt die Regierung an ihrer strikten Null-Covid- und Lockdown-Strategie fest, obwohl die Virusvarianten ansteckender, aber auch weniger gefährlich geworden waren. Erst als Demonstranten in Shanghai »Nieder mit Xi Jinping!« skandierten, leitete das Regime die Kehrtwende ein. Die Fähigkeit der Kommunistischen Partei zur Selbstkorrektur, so zeigte sich, war offenbar weniger ausgeprägt als behauptet.

In der Theorie stützte sich Xis Volksrepublik auf eine »wissenschaftliche Vorausschau der Entwicklung«, wie es in den Parteischriften hieß. In der Praxis dagegen wurden Zahlen gefälscht, unangenehme Nachrichten unterdrückt, Bilanzen geschönt. In der Volksrepublik gab es Immobilienschulden im Umfang von rund sieben Billionen Dollar, die nirgendwo erfasst waren, so schätzten Experten im Jahr 2024.[34] Die Zahlen zur Jugendarbeitslosigkeit wurden künstlich gesenkt. Eine Reihe von Börsen veröffentlichten keine Daten zu ausländischen Direktinvestitionen, nachdem die Zahlen allzu rückläufig waren. Offenbar mochte in China »niemand mehr ein Memo unterzeichnen, das einem zentralen politisches Ziel Xis zuwiderläuft«, kritisierte der Londoner *Economist*.[35] Die Experimentierfreude von lokalen Politikern und Unternehmern, auf der ein großer Teil des chinesischen Wirtschaftswunders beruhte, machte unter Xi einem neuen ideologiegetränkten Zentralismus Platz.

Gut vier Jahrzehnte nach Beginn der Öffnungspolitik war die Volksrepublik zur zweitgrößten Wirtschaftsmacht der Welt aufgestiegen. Sie war der wichtigste Handelspartner für 70 Prozent aller Nationen und hatte mehr Kredite an Entwicklungs- und Schwellenländer ausgereicht als IWF und Weltbank zusammen.[36]

Doch zugleich zeigten die volkswirtschaftlichen Daten, dass die Entwicklung des Landes ins Stocken geraten war. Das Wachstum hatte sich seit den Zehnerjahren nahezu halbiert. Auf dem Immobilienmarkt verfielen die Preise und mit ihnen die Finanzkraft von Unternehmen, lokalen Banken und Kommunen. Obwohl China Milliarden in neue Technologien lenkte, waren die Effizienzgewinne der Wirtschaft auf ein Viertel geschrumpft.[37]

China hatte in der Deng-Ära ein neues Entwicklungsmodell geschaffen, das in kreativer Weise die Herrschaft der Partei mit der Herrschaft des Marktes verband. Unter der Alleinherrschaft Xis indes drohte sich das System selbst zu blockieren.

Mit schönen Worten versprach der Parteichef seinen Untertanen eine »Politik des gemeinsamen Wohlstandes«, die von einer gleichmäßigeren Verteilung von Einkommen und Vermögen begleitet werden sollte. Doch bei näherem Hinsehen handelte es sich eher um Symbolpolitik. Mal sollten große Unternehmen mehr Geld für wohltätige Zwecke spenden. Mal traf Xis Bannstrahl Influencer, die in ihren Social-Media-Accounts zur Abendgarderobe Hermès-Taschen oder Cartier-Uhren empfahlen.[38]

Die öffentlichen Ausgaben für Soziales, Bildung, Beschäftigung und Gesundheit beliefen sich dagegen auf lediglich 8 Prozent der chinesischen Wirtschaftsleistung, ein Bruchteil der Aufwendungen in westlichen Industrienationen. Um für schlechte Zeiten vorzusorgen, mussten die Chinesen stattdessen einen Großteil ihrer Einkünfte aufs Sparkonto tragen – was wiederum die Banken in die Lage versetzte, das Geld unter tatkräftiger Hilfe von Staat und Partei in den Aufbau von Industrie und Infrastruktur zu lenken.

Für die Sparer war das ein schlechtes Geschäft. Weil der Finanzmarkt der Volksrepublik weitgehend in der Hand staatlicher Banken lag und es nur wenig Wettbewerb gab, warfen die Einlagen kaum Erträge ab. China war das Land des Wirtschaftswunders, aber es war auch das Land der finanziellen Repression. So nennen Fachleute die ökonomische Strategie, durch künstlich niedrig gehaltene Sparzinsen die Investitionen anzukurbeln.[39]

Doch was in den frühen Perioden der Industrialisierung hilfreich war, wurde im Lauf der Jahre zu einer Hypothek. Erst pumpte der Ersparnisüberschuss die chinesische Immobilienblase auf, die seither wie ein Damoklesschwert über der chinesischen Wirtschaft hing. Danach war es der von Xi propagierte Aufbau von Klimaschutz-, Digital- und Kommunikationsindustrien, der gefährliche Überkapazitäten schuf. Knapp ein Drittel der zumeist neu geschaffenen Elektroautofabriken des Landes machte im Jahr 2024 Verluste. Die Produktionsmöglichkeiten der chinesischen Solarindustrie überstiegen den globalen Bedarf um das Doppelte. Mehr als 800 Firmen in China stellten einfache Industrieroboter her, die nur in begrenztem Umfang nachgefragt wurden.[40] Der Investitionsboom führte zu Spannungen mit den Handelspartnern, weil die im Übermaß produzierten Güter die weltweiten Märkte überschwemmten. Auf dem Heimatmarkt wiederum löste er einen Preisverfall aus, der viele Unternehmen in den Bankrott und die Wirtschaft insgesamt in eine Deflationsspirale zu treiben drohte.

Chinas ökonomischer Motor war ins Stottern geraten, nirgendwo zeigte sich das deutlicher als beim Umgang mit dem einst so erfolgreichen Prinzip der jährlichen Wachstumsziele. Jahrelang hatte die Vorgabe aus Peking, dass die Wirtschaft in den kommenden zwölf Monaten zwischen 7 und 8 Prozent (in den Nullerjahren) oder zwischen 5 und 7 Prozent (ab 2015) zulegen sollte, die nachgeordneten Verwaltungseinheiten der Provinzen, Bezirke und Kommunen zur Suche nach innovativen Firmen- und Infrastrukturkonzepten angespornt. Im Wettbewerb der Unternehmen und Regionen wurden Produkte und Produktionsverfahren beständig billiger und besser. So kam es, dass die Wirtschaft regelmäßig schneller wuchs als geplant.[41]

In der Regierungszeit Xis dagegen wurde das ausgerufene Wachstumsziel meist punktgenau erreicht. Das war erstaunlich genug, wird es doch mit zunehmendem Reifegrad einer Wirtschaft immer schwerer, große Zuwächse zu erzielen. Im modernen China gelang es trotzdem, weil die Regierenden in den Regionen kreative Wege fanden, den Pekinger Vorgaben gerecht zu werden. Die Manipulation der Statistik war die eine Methode, mit der die Funktionäre Wunsch und Wirklichkeit zusammenbrachten. Die andere war staatliches Wachstumsdoping auf Pump. Wann immer die lokalen Kader merkten, dass die Wirtschaft in ihrer Region die angestrebten Steigerungsraten verfehlen würde, nahmen sie Kredite auf oder verkauften öffentliches Land, um mit den Einnahmen Straßen oder Brücken zu bauen, Hochhäuser zu errichten oder die Ansiedlung von Firmen zu fördern. Das steigerte zuverlässig das Wachstum, minderte aber die Rentabilität der Projekte. Viele gläserne Wohn- oder Bürotürme standen leer, manch neue Straße wurde kaum befahren, zahlreiche Start-ups warfen keine Gewinne ab. Die offizielle Wachstumsziffer sagte demzufolge immer weniger über den »allgemeinen wirtschaftlichen Wohlstand aus«, klagten Ökonomen, weder über »den Zustand der Unternehmen« noch »die materielle Lage der Privathaushalte« oder die »Entwicklung der Produktivität«. Von »Entkopplung« war in ihren Studien die Rede.[42]

Xi Jinping war einst angetreten, das ökonomische System der Reformära zu erneuern. Stattdessen hatte er es in Teilen ad absurdum geführt. Unter Deng hatten Bürokraten und Unternehmer Hand in Hand gearbeitet, um das Wachstum zu steigern. Unter Xi erzeugten sie Überkapazitäten. Statt für wirtschaftsfreundliche Experimente wie in der Deng-Ära wurden die politischen und ökonomischen Eliten der Republik nun dafür belohnt, die »Xi-Jinping-Gedanken« zu befolgen, wie das im Parteijargon hieß. Unter Deng durften die Jugendlichen der Volksrepublik auf eine bessere ökonomische Zukunft hoffen, unter Xi wurden viele von ihnen arbeitslos. Während China unmittelbar nach der Jahrtausendwende die innovativsten Firmen der Welt angelockt hatte, kehrte sich der Strom zu Beginn der Zwanzigerjahre um: Viele zukunftsträchtige chinesische Start-ups flüchteten in die USA. Im Jahr 2021 zählten spezialisierte Institute noch über 100 junge chinesische Firmen, die mehr als eine Milliarde Dollar wert waren – auf den Kapitalmärkten wurden sie »Einhörner« genannt. Im Jahr 2023 war ihre Zahl auf unter 40 geschrumpft.[43]

Der bedeutendste Unterschied aber betraf das Prinzip der politischen Führung. In der Reformära durften Spitzengenossen höchstens zehn Jahre im Amt bleiben, um Machtverschleiß und Herrschaftsmissbrauch zu vermeiden. Xi dagegen setzte durch, dass für ihn die Grenzen nicht länger galten. Im Jahr 2018 strich der Volkskongress den entsprechenden Artikel aus der Verfassung. Im Jahr 2023 trat Xi seine dritte Amtszeit als Präsident an, und niemand weiß, viele noch folgen werden. Der Kampf um die Macht: Nach Xi könnte er in Chaos und Anarchie enden.

Stabilität und Wohlstand, das war das Versprechen, das die kommunistische Führung ihren Bürgern gegeben hatte, nun geriet es wegen der zunehmenden wirtschaftlichen Fehlfunktionen und Ungleichgewichte in Gefahr. Niemand wusste das besser als Xi selbst, und so begannen er und seine Leute 2024 eine wirtschaftsfreundliche Offensive, um die Stimmung zu drehen. Auf einer Parteikonferenz im Frühsommer war nicht mehr von »unordentlichem Kapitalismus« die Rede wie in den Jahren zuvor, sondern von der Bedeutung des Privatsektors.

Xi versprach, die Firmen von ungerechtfertigten Strafzahlungen und Gebühren zu entlasten. Er ließ sich bei symbolträchtigen Treffen mit westlichen Firmenbossen und heimischen Digitalunternehmern fotografieren und feierte den Erfolg des chinesischen Künstliche-Intelligenz-Unternehmens Deepseek. Vor allem aber rehabilitierte er den Techunternehmer Jack Ma, den er Jahre zuvor so spektakulär abgestraft hatte. Nun schüttelte er dem Alibaba-Gründer vor den laufenden Kameras des Staatsfernsehens die Hand. Peking, so sollten die Bilder signalisieren, sucht wieder den Schulterschluss mit den Hightechfirmen, auf die es im technologischen Wettlauf mit den Vereinigten Staaten um die neuesten KI-Modelle und Halbleiter-Architekturen angewiesen ist.

Für das Wachstum werde ebenfalls etwas getan, so verkündete die Parteiführung. Die Rede war von billigen Krediten und zusätzlichen Konjunkturspritzen.

Die Ökonomen indes blieben skeptisch, ob neue Ausgabenprogramme die Lösung bringen würden. Im Zweifel, so lautete die Sorge, würden diese nur noch mehr Überkapazitäten schaffen. Stattdessen, so empfahlen die Experten, müsse China sein Wirtschaftsmodell grundsätzlich ändern: weniger Mittel für Investitionen und Hightechförderung, mehr Geld für Konsum und Sozialprogramme.

Doch von solchen Ideen hielt Xi wenig. Er propagierte zwar den Kommunismus, doch wenn es um Sozialpolitik ging, dachte er eher neoliberal. Ein Wohlfahrtsstaat nach westlichem Muster, so fürchtete er, werde die schöpferischen Kräfte der Volksrepublik erlahmen lassen.

Die neue Liebe zur Unternehmerschaft hielt sich ebenfalls in Grenzen. Die Kapitalisten würden gebraucht, so lautete die neue

Linie. Doch von einem generellen Rückzug des Staates aus der Wirtschaft wurde genauso wenig gesprochen wie von einer stärkeren Rolle der Unternehmen oder gar einem Ausbau des Rechtsstaats.

China war das produktivste Industrieland der Welt, es war eine Hightechnation, die den Beweis erbracht hatte, das Wohlstand und Marktwirtschaft auch in einem autoritären Regierungssystem gedeihen können. Das Land verstand sich als Führungsnation des Globalen Südens und als Gegenmodell zum Westen, das seinen Bürgern einen vergleichbaren materiellen Lebensstandard, aber mehr Stabilität und Sicherheit versprach.

Zugleich aber zeigte das Beispiel Chinas, dass eine hoch technisierte Diktatur nicht von den grundsätzlichen Schwächen einer Autokratie verschont bleibt: mangelnder Rechtssicherheit und Mitsprache, stockendem Informationsfluss, repressivem Klima und nicht zuletzt – dem ewig gleichen Mann an der Spitze.

Zu Beginn seiner dritten Amtszeit war Xi bereits 69 Jahre alt, doch es war unwahrscheinlich, dass er sein Amt zu Lebzeiten aufgeben würde. Er hatte so vielen Genossen so viel angetan, dass er gezwungen war weiterzuregieren. Würde er seinen Posten räumen, befand der frühere australische Premierminister und Chinakenner Kevin Rudd, wären »er und seine Familie vor der Verfolgung durch seine Nachfolger nicht sicher«. Die Wahrheit lautete: Xi saß in der Tyrannenfalle – und mit ihm das ganze Land.

Als der starke Mann in Peking sein Amt im Jahr 2012 antrat, schienen die demokratischen Regierungen Nordamerikas und Europas dagegen von den Anfechtungen der Diktatur völlig unberührt zu sein. Zu unangefochten, zu verwurzelt und zu erfolgreich war die liberale Demokratie in Ländern wie Frankreich, Deutschland, Großbritannien oder den USA. Dass sich der Virus des Autoritarismus in Kernländern des Westens ausbreiten könnte, war auszuschließen.

So dachte man.

TEIL 3
DIE ANTWORT DER DEMOKRATIE

BEWEGUNG AUF DEM WÄHLERMARKT

Die Zeremonie im US-Kongress, mit der Donald Trump seine zweite Präsidentschaft einläutete, war keine der üblichen Amtseinführungen mit Rede und Eidesformel. Es war eine Krönungsmesse.

In den ersten Reihen hinter dem neuen alten Mann im Weißen Haus standen nicht etwa die Minister seines Kabinetts, sondern die Mitglieder seiner Familie und Techmilliardäre wie Jeff Bezos oder Mark Zuckerberg, aufgereiht wie die Höflinge an einem Fürstenhof. Trumps Amtsvorgänger hatten sich meist als Hüter der amerikanischen Verfassung präsentiert. Der neue Präsident dagegen berief sich auf die Gnade Gottes, die ihn im Sommer 2024 vor der Kugel eines Attentäters bewahrt hatte, damit er »Amerika wieder groß machen« könne. Trump kündigte an, die Namen von Bergen und Meeresbuchten umzubenennen. Und als er auf die Außenpolitik zu sprechen kam, ging es nicht etwa um den Krieg in der Ukraine oder den Konflikt mit China. Stattdessen kündigte er an, das »amerikanische Territorium auszuweiten« und sich »den Panamakanal zurückzuholen«.[1]

Trump klang nicht wie einer seiner Vorläufer aus der Nachkriegszeit. Er klang wie ein gekrönter Herrscher des 19. Jahrhunderts, der in imperialen Kategorien dachte. Der weniger auf die Ratschläge seiner Minister als auf die Empfehlungen seiner Verwandten und Seilschaftsfreunde gab. Der gewillt war, seine Macht gegen die Institutionen und Regeln des Rechtsstaats auszuweiten. Der unmittelbar nach seiner Rede auch jene Aufrührer des Sturms auf den US-Kongress begnadigte, die Polizisten verletzt hatten.

War das der Auftakt, um eine der ältesten und angesehensten Demokratien der Welt in eine Autokratie nach ungarischem Vorbild zu verwandeln? »Der König ist zurück«, frohlockte sein Chefberater, der Tesla-Gründer Elon Musk.

Noch nie ist seit Mitte des vorigen Jahrhunderts aus einem etablierten Rechtsstaat des Westens eine Diktatur geworden. In der Wissenschaft gilt es als Gesetzmäßigkeit, dass Demokratien nicht sterben, sofern sie reich und alt sind. Der autoritäre Rückfall Ungarns wird in dieser Hinsicht als bedauerliche Ausnahme angesehen, die mit der kommunistischen Vergangenheit zusammenhängt. Eine Entdemokratisierung der USA dagegen, der unbestrittenen Führungsmacht der freien Welt, wäre ein untrügliches Signal, dass sich die Autokratie weltweit auf dem Vormarsch befindet.

Dass es dazu kommt, ist keineswegs ausgeschlossen. Die US-Politikwissenschaftler Steven Levitsky und Daniel Ziblatt haben schon vor Jahren eine Checkliste aus 15 Punkten erarbeitet, um vor einer Wahl die Gefahr zu ermessen, dass sich ein Politiker nach seinem Sieg zum Diktator aufschwingt. Steht der Bewerber zur Verfassung, und erkennt er die Ergebnisse von Wahlen an? Bezeichnet er seine politischen Konkurrenten grundlos als kriminell? Unterstützt er militante Gruppen, die Gewalt als Mittel der Politik befürworten? Geht er mit juristischen Mitteln gegen Opponenten oder Kritiker aus der Zivilgesellschaft vor? Bei Trump, so lässt sich unschwer erkennen, müssen so gut wie alle Fragen mit Ja beantwortet werden: Der US-Präsident hat seine Niederlage bei der Wahl 2020 nie anerkannt. Er hat damit gedroht, seine Konkurrentin Hillary Clinton ins Gefängnis zu werfen. Trump, so stellte 2021 sogar CDU-Mann Friedrich Merz ein paar Jahre vor seiner Kanzlerschaft fest, »ist ganz offenkundig kein Demokrat«.

Andererseits ist es genauso wenig ausgemacht, dass Trump mit einem autoritären Umbau der USA Erfolg hätte. Zwar zeigt das Beispiel Ungarns, dass es einen direkten Weg vom Populismus in die Autokratie gibt. Von einem Automatismus aber kann keine Rede sein.

Die mächtigsten Diktatoren der Gegenwart lassen sich kaum als Populisten kennzeichnen. Wladimir Putin achtet zwar penibel darauf, dass seine Politik massentauglich ist. Aber er stellt die tatsächlichen oder vermeintlichen Gegensätze zwischen Volk und Oberschicht nicht ins Zentrum seiner Politik, wie es Populisten zu tun pflegen.[2] Auch Chinas Staatschef Xi Jinping versteht sich keineswegs als Volkstribun. Er geht zwar hart gegen Parteifunktionäre oder Unternehmer vor, die er für korrupt oder politisch unzuverlässig hält. Aber solange die kommunistische Ideologie richtig (also: in seinem Sinne) angewendet werde, verfolgten Volk und Elite dasselbe Ziel, so lehrt es der starke Mann in Peking. Der antipopulistische Zug in der Politik Putins und Xis ist typisch für Diktatoren, die nicht durch eine Wahl, sondern durch den Aufstieg in Partei oder Regierung an die Macht gekommen sind.

Wer dagegen in einer Demokratie zum Autokraten werden will (und nicht auf einen Putsch oder Volksaufstand rechnen kann), für den ist der Populismus die erste Wahl, um das Ziel zu erreichen. Je überzeugender er sich beizeiten als Held des Volkes gegen die korrupte Elite positioniert, umso leichter kann er nach seinem Wahlsieg gegen die Opposition sowie die vermeintlich volksfeindlichen Unterstützer des Systems in Justiz, Medien oder Wissenschaft vorgehen.

So kommt es, dass zahlreiche Spin-Diktatoren des 21. Jahrhunderts ihren Aufstieg als Populisten begannen: Hugo Chávez zum Beispiel, der in Venezuela gegen eine kleptokratische Parteienelite aufbegehrte. Oder Recep Tayyip Erdoğan, der sich als Anwalt der kleinen Leute gegen die Herrschaft der Militärs und des Istanbuler Establishments verstand. Oder Viktor Orbán, der als Rächer der ungarischen Sparer gegen ausbeuterische Auslandsbanken und die korruptionsanfällige Vorgängerregierung vorging. Sie alle traten als

Vollstrecker eines Volkswillens auf, den sie in der Demokratie durch Fremdbestimmung und Expertokratie verfälscht sahen.

Zugleich zeigt sich, dass nicht jeder Populist zum Autokraten wird, wenn er an die Macht gelangt. Boris Johnson etwa war als Brexit-Kämpfer gegen den Willen der liberalen Londoner Eliten ins Amt gekommen. Doch als ihm die eigene Partei das Vertrauen entzog, blieb ihm keine andere Wahl als der Rücktritt. In osteuropäischen Ländern kamen ebenfalls Populisten an die Macht, die ihr Amt nach einer oder mehreren Amtsperioden wieder verloren, Bojko Borissow in Bulgarien zum Beispiel oder Vladimír Mečiar in der Slowakei. In Polen begann die PiS-Partei des nationalkonservativen Politikers Jaroslaw Kaczyńsky nach ihrem Wahlsieg 2015 mit einem autoritären Umbau des Justiz- und Mediensystems, der jedoch unvollendet blieb. Im Dezember 2023 gewann Kaczyńskys liberaler Gegenspieler Donald Tusk die Wahl, der seither bemüht ist, zu den Regeln und Prinzipien der liberalen Demokratie zurückzukehren.

Kurz: Nicht alle Autokraten sind Populisten, und nicht alle Populisten werden zu Autokraten. Auf der anderen Seite gilt: Aus einer Demokratie führt der Weg in die Diktatur in der Regel über den Populismus. Es ist ein langwieriger und oft verschlungener Marsch, der in zwei Etappen verläuft. Zunächst muss der Populist genug Wählerstimmen fischen, um regieren zu können. Danach gilt es in einem zweiten Schritt, die eigene Macht aus- und das politische System umzubauen. Dazu gehört, die Opposition zu marginalisieren, Verwaltung, Justiz und Medien ihres Einflusses zu berauben und die verfassungsmäßige Ordnung auszuhebeln. Eine Aufgabe, die umso schwerer zu bewältigen ist, je stärker demokratische und rechtsstaatliche Prinzipien in der Gesellschaft verankert sind.

Stößt der Populist auf Widerstand bei seinen Koalitionspartnern, im Parlament oder den verschiedenen staatlichen Ebenen und bleiben die Wahlen halbwegs frei, ist es nicht ungewöhnlich, dass der

Populist sein Regierungsamt bei der nächsten oder übernächsten Wahl wieder abgeben muss. Doch auch ein späteres Comeback ist denkbar, wie die Karriere des Orbán-Anhängers Robert Fico beweist: Nachdem der skandalumwehte Politiker 2018 als slowakischer Ministerpräsident zurückgetreten war, kehrte er 2023 nach gewonnener Parlamentswahl als Regierungschef zurück. Der Wechsel zwischen liberalen und illiberalen Demokraten ist inzwischen zu einer Art Muster in den fragilen Rechtsstaaten Osteuropas geworden.

Wie aber konnte es überhaupt so weit kommen, dass der demokratische Rückbau westlicher Staaten denkbar wurde, sogar in ihrer unbestrittenen Vormacht? Worauf ist der Siegeszug des Populismus zurückzuführen, und wie groß ist die Wahrscheinlichkeit, dass ein Parteiführer vom Schlage eines Herbert Kickl in Österreich oder einer Marine Le Pen in Frankreich ein autokratisches Regime errichtet?

Um die Frage zu beantworten, ist es hilfreich, sich das demokratische System westlicher Industriestaaten als Markt zu denken.[3] Die Nachfrage bilden die stimmberechtigten Bürger. Sie sind die Kunden, die sich unter den Parteien und Kandidaten diejenigen aussuchen, die ihren weltanschaulichen Vorlieben und ökonomischen Bedürfnissen am besten entsprechen. Sicherheit und Wohlstand spielen dabei eine besondere Rolle, aber auch der Wunsch, den eigenen gesellschaftlichen Status zu erhalten oder auszubauen.

Dass die Bürger nicht zuletzt ihre persönliche wirtschaftliche und soziale Lage im Blick haben, wenn sie ihre Stimme abgeben, bestätigen die Ergebnisse der US-Wahlen nach dem Zweiten Weltkrieg. Ein Präsident, der zwei Jahre vor der Wahl eine Rezession zu verantworten hatte, wurde so gut wie sicher abgewählt. Und mit dem sogenannten Misery Index, einer Maßzahl aus Inflations- und Arbeitslosenrate, ließ sich das Abstimmungsergebnis oft zuverlässig vorhersagen. Auch Banken beriefen sich darauf, wenn sie das

Ergebnis von US-Präsidentschaftswahlen zu prognostizieren versuchten.[4]

Das politische Angebot wiederum bilden die zur Wahl stehenden Parteien, die mit ihren Programmen und Kandidaten darum wetteifern, die Regierung führen oder zumindest mitbilden zu können. Im Wettbewerb um Wählerstimmen spielt ihre Bilanz der bisherigen Arbeit eine wichtige Rolle, aber auch die Zugkraft ihrer Wahlversprechen sowie Glaubwürdigkeit und Auftreten ihrer Kandidatinnen und Kandidaten.

Zugleich werden Strategie und Taktik der Anbieter stark von den Normen der Verfassung, den nationalen Traditionen sowie den Regeln des Wahlsystems geprägt, die eine Art Marktordnung für das politische Geschäft bilden. Gilt in einem Land beispielweise das Mehrheitswahlrecht, wird der politische Karrierist eher versuchen, in einer der dominierenden Parteien aufzusteigen. In einem Staat mit Verhältniswahlrecht dagegen dürfte es in vielen Fällen aussichtsreicher sein, eine Partei zu gründen. Das erklärt, warum sich die Ausrichtung, das Vorgehen und die Erfolge populistischer Bewegungen in den Staaten Westeuropas so stark unterscheiden. Zugleich zeigt die Tatsache, dass die Volkstribunen-Welle inzwischen so gut wie alle entwickelten Industrieländer erfasst hat, dass die Nachfrage ebenfalls eine große Rolle spielt. Offenbar ist in der westlichen Staatenwelt seit der Jahrtausendwende eine große Unzufriedenheit mit den etablierten Parteien gewachsen, und viel spricht dafür, dass dieser Frust nicht zuletzt ökonomische Ursachen hat.

Seit den 1980er-Jahren hatte sich die Kluft zwischen Arm und Reich in den traditionellen Industrieländern der nördlichen Erdhalbkugel dramatisch ausgeweitet, und auch in den ersten Dekaden des neuen Jahrtausends konzentrierte sich der zusätzliche Wohlstand, der in der westlichen Welt erzeugt wurde, auf die bessergestellten Kreise der Bevölkerung. Verliererin war die Mittelschicht. In europäischen Kernländern wie der Bundesrepublik schrumpfte der Anteil durchschnittlicher Verdienstgruppen an der Bevölkerung zwischen 1995 und 2018 von 70 auf 64 Prozent.[5] Hinzu kam in jüngster Zeit die wirtschaftliche Schwäche, der in der Bundesrepublik viele gut bezahlte Industriejobs zum Opfer fielen.

In den USA wiederum geriet die Mittelschicht in den vergangenen Dekaden von zwei Seiten unter Druck: Zum einen steigerten Wirtschaftsboom und Mindestlohnpolitik die Einkünfte der unteren Gehaltsklassen, zum anderen vergrößerte sich der Abstand zu den Spitzenverdienern aus der Finanz- oder Internetwirtschaft. So kam es, dass für eine wachsende Zahl von Berufsgruppen, von Lehrern bis zu Facharbeitern in der Industrie, das amerikanische Aufstiegsversprechen zu einer Illusion wurde. Der Traum vom Eigenheim bleibt Traum, und der Wunsch, den eigenen Kindern eine gute Ausbildung zu finanzieren, wurde vielfach unbezahlbar. Die verbreitete »Statusangst«, die sich nach Einschätzung von Soziologen in vielen Industrienationen des Westens ausbreitet, macht die Menschen empfänglich für die antielitären Parolen der Populisten.

Die Erzählung vom fleißigen Volk, das von einer globalen Elite ausgebeutet wird, dürfte in einer Gesellschaft mit wachsender und prosperierender Mittelschicht kaum zünden. Verlockend wird die Botschaft allerdings, wenn das Aufstiegs- und Sicherheitsversprechen der Industriegesellschaft nur noch für einen Teil der Bevölkerung gilt.

DIE GESPALTENE GESELLSCHAFT

Detroit war mal eine wohlhabende Metropole mit zwei Millionen Einwohnern. In der damals viertgrößten Stadt der USA bauten Ford und General Motors jene Cadillac- oder Lincoln-Limousinen, die in den frühen Nachkriegsjahrzehnten genauso zum amerikanischen Traum gehörten wie Rock 'n' Roll und Hollywood.

Dann aber verloren die Konzerne Marktanteile an die asiatische und europäische Konkurrenz, und aus der einstigen Boomtown wurde ein Ort des Abstiegs. Mitte der Zehnerjahre hatte die Stadt mehr als eine Million Einwohner verloren. Makler verkauften Häuser für 100 Dollar. Priester gingen mit einer Schusswaffe auf die Kanzel, weil vor den Kirchen Drogenbanden patrouillierten.[1]

Für Schlagzeilen sorgte die Stadt, als ihre korrupten Kommunalpolitiker 2013 Konkurs anmelden mussten – und drei Jahre später, als der republikanische Kandidat Donald Trump bei den Präsidentschaftswahlen einen Erdrutschsieg errang. In manchen Umlandgemeinden hatte der Immobilienunternehmer mehr als 25 Prozentpunkte hinzugewonnen. Es waren die altindustriellen Regionen des sogenannten Rust Belt, des Rostgürtels, so hieß es in den Analysen der Wahlbeobachter, denen Trump seinen Triumph verdankte.[2]

Eine Ruinenstadt wie Detroit war das nordfranzösische Dünkirchen nie. Aber auch dort waren jahrzehntelang Fabriken und Industriejobs verloren gegangen: im Schiffbau, in der Stahlbranche, der Textilproduktion.[3] Früher hatten die Wähler der Region traditionell für Sozialisten oder Kommunisten votiert, bei den Europawahlen 2024 indes holte der rechtspopulistische Rassemblement National von Marine Le Pen mehr als 42 Prozent der Stimmen, so viel wie kaum irgendwo sonst in Frankreich. Die Arbeiterpartei des Landes marschierte unter keiner roten Fahne mehr, sie trug jetzt das Kürzel »RN«.

Als 1990 die Mauer fiel, wären Erfolge wie die von Le Pen und Trump undenkbar gewesen. Populismus, das war zu jener Zeit ein Phänomen Südamerikas, ein Ausweis politischer Rückständigkeit, die Länder wie Argentinien oder Mexiko wiederholt mit Hyperinflation oder Staatsbankrott bezahlten. In den westlichen Demokratien dagegen beherrschten Volksparteien der linken wie rechten Mitte das Bild, deren politische Unterschiede sich im Kern auf den Umfang der Sozialleistungen und den Einfluss des Staates auf die Wirtschaft beschränkten.

Ein Vierteljahrhundert später war alles anders. Während sich in den Regionen des ehemaligen Ostblocks überall Autokratien etabliert hatten, die erfolgreich marktwirtschaftliche Elemente in ihre Systeme integrierten, sendeten die westlichen Demokratien Krisensignale. In der Wirtschaft litten sie unter Wachstumsschwäche, Haushaltsdefiziten und Abstiegsängsten. In der Politik bröckelten alte Gewissheiten. Überall waren die traditionellen Mitte-links- und Mitterechts-Gruppierungen geschrumpft, überall reüssierte jene politische Richtung, die einst als Dritte-Welt-Phänomen abgetan worden war.

Populistische Bewegungen vom rechten wie vom linken Rand des politischen Spektrums hatten sich in der westlichen Staatenwelt seit der Jahrtausendwende als die erfolgreichste Parteienfamilie etabliert. Ihre politischen Protagonisten wurden Juniorpartner in Koalitionskabinetten, und immer häufiger schafften sie es auch an die Spitze der Regierungen. Im Jahr 2018 wurde von den 60 wirtschaftlich bedeutendsten Ländern der Welt ein Viertel populistisch regiert, so viel wie nie zuvor.[4]

An der Spitze der Bewegung standen Politiker, die es wie Jörg

Haider in Österreich oder wie der Franzose Jean-Luc Mélenchon verstanden, sich als Volkstribunen zu inszenieren. Dahinter steckte aber auch das Unvermögen von Konservativen, Sozialdemokraten oder Liberalen, auf die tiefgreifenden wirtschaftlichen und sozialen Veränderungen in ihren Ländern befriedigende Antworten zu geben.

In den USA setzten Republikaner wie Demokraten lange Zeit einseitig auf die innovativen Kräfte ihres dynamischen Finanzsektors und der weltweit führenden Digitalwirtschaft. Die etablierten Parteien der EU-Staaten dagegen vertrauten darauf, den europäischen Vorsprung in traditionellen Industriezweigen wie Auto, Chemie oder Maschinenbau halten zu können.

Beide Strategien verfehlten das Ziel, die jahrzehntelange westliche Dominanz in der Ökonomie zu sichern. Stattdessen verstärkte sich bei vielen Bürgern der Eindruck, dass die westliche Staatenwelt ihr Versprechen auf Fortschritt und Teilhabe für alle nicht mehr gewährleisten konnte. In Europa wie in den USA fehlte das Geld für Brücken und Schulen, zugleich wuchs die finanzielle Misere der überdehnten Sozialsysteme, während die Staaten wachsende Schulden anhäuften. Die Einwanderung, von der sich viele eine Lösung der demografischen Probleme versprochen hatten, erzeugte in zahlreichen Bevölkerungsgruppen Frust und Ablehnung. Vor allem aber vertiefte sich auf beiden Seiten des Atlantiks die soziale Kluft: nicht nur zwischen Reich und Arm, sondern auch zwischen Stadt und Land, zwischen Gebildeten und Ungebildeten, zwischen Managern und Arbeitnehmern.

»Mehr denn je haben die Menschen das Gefühl, dass der Staat nicht für sie regiert wird, sondern für eine schmale Schicht gut vernetzter Insider, die den Gewinn abgreifen und Verluste auf die Allgemeinheit abwälzen«: Das schrieb 2023 nicht etwa der Funktionär einer der wenigen verbliebenen kommunistischen Parteien Westeuropas, sondern Martin Wolf, der Chefvolkswirt der Londoner *Financial Times*.[5]

Es sprach für sich, dass Wolfs Kritik an der sozialen Schieflage der westlichen Gesellschaften ausgerechnet von einem ihrer größten Profiteure geteilt wurde, dem Chef der US-Großbank JP Morgan, Jamie Dimon. »Die 74 Millionen Menschen, die Trump gewählt haben, haben ihre Gründe«, sagte der Manager, dessen Jahresgehalt zuletzt mehr als 37 Millionen Dollar betrug,[6] im Sommer 2024 in einem Zeitungsinterview. Die Politik müsse sich »stärker um die einkommensschwachen Bevölkerungsschichten kümmern«. Diese seien »in den vergangenen Jahren im Stich gelassen« worden, »unter anderem in der Bildungs- und Gesundheitspolitik«.[7]

Tatsächlich hatte sich die soziale Kluft in den westlichen Industrieländern seit der Jahrtausendwende vertieft. Die Oberschicht fuhr enorme Gewinne ein, während sich die Lebensverhältnisse in der Mitte der Gesellschaft kaum verbesserten. So wie Russland in den Neunzigerjahren von einer Gruppe reicher Oligarchen beherrscht worden sei, werde der Westen von einer »neuen Aristokratie« dominiert, klagte der frühere IWF-Chefvolkswirt Simon Johnson bereits 2009.[8]

Dass es ernst zu nehmende Stimmen gab, die das gesellschaftliche Klima in Europa und den USA mit den Verhältnissen in Russland verglichen, hatte seine Ursache nicht zuletzt in jenem systemstürzenden Prozess, der mit der Öffnung Chinas unter Deng Xiaoping neue Dynamik gewann: der Globalisierung. Schon zuvor war der weltweite Austausch von Gütern und Dienstleistungen, von Finanzströmen und Arbeitskräften zur bestimmenden Kraft in der ökonomischen Entwicklung geworden. Doch seit die weltweite Arbeitsteilung um mehr als eine Milliarde Chinesen erweitert worden war, hatte der Prozess ein bislang unbekanntes Tempo angenommen: Die Ungleichheit zwischen den Ländern nahm ab, weil eines der ärmsten der Welt plötzlich wohlhabend wurde. Die soziale Kluft innerhalb der Staaten aber vertiefte sich.

Niemand verstand es besser, diese Entwicklung zu veranschaulichen, als der Weltbank-Chefvolkswirt Branco Milanović. Seine sogenannte Elefantengrafik zeigte, dass die bevölkerungsreichen asiatischen Volkswirtschaften ihren Wohlstand zwischen 1998 und 2008 um 50 bis 70 Prozent gesteigert hatten (das war der Rumpf des Elefanten). Die Gering- und Mittelverdiener der westlichen Industrienationen dagegen hatten nur bescheidene Gewinne von 10 bis 20 Prozent zu verzeichnen, während die Reichen und Superreichen ihre Einkommen um rund 60 Prozent erhöhten (die beiden Gruppen bildeten den U-förmig geschwungenen Rüssel des Elefanten). Anders ausgedrückt: Gewinner der Globalisierung waren die Bevölkerung in den armen Ländern Asiens sowie die Oberschicht der Industrienationen. Wer dagegen dort den mittleren Verdienstgruppen angehörte und das Pech hatte, im rasenden Umbau der Weltwirtschaft seinen Job zu verlieren, lief Gefahr, zu verarmen. Milanović sprach von einer starken »Polarisierung im wohlhabendsten Viertel der Weltbevölkerung«.[9]

Keine andere Gruppe wurde dabei so stark getroffen wie die Industriearbeiter, die einst den Wohlstand der westlichen Gesellschaften geschaffen hatten und eine der Kernzielgruppen der Volksparteien waren. Jetzt sahen sie sich plötzlich 250 Millionen neuen Konkurrenten gegenüber, die im Zuge der chinesischen Öffnungspolitik ihre Reisfelder verlassen hatten, um in einer der hochmodernen Fabrikanlagen an den chinesischen Küsten anzuheuern.[10]

Als Ergebnis schrumpfte die westliche Industrie dramatisch, vor allem in den USA. Während sich der Anteil Chinas an den amerikanischen Güterimporten in den ersten sieben Jahren des neuen Jahrtausends beinahe verdoppelte, ging der Anteil der Industriearbeiterschaft an der US-Beschäftigung von knapp 13 auf gut 8 Prozent zurück.[11] Jobs wurden gestrichen und Fabrikanlagen stillgelegt. Millionen Menschen, die eben noch Motoren montiert oder vor einem Hochofen gestanden hatten, mussten sich plötzlich neue Jobs suchen: Manche wanderten in die Immobilienwirtschaft ab, andere wurden Paketfahrer oder Versicherungsvertreter. In den einst blühenden Industriezentren des Mittleren Westens sanken Löhne und Beschäftigung. Das Einzige, was dort noch wuchs, waren häufig die Sozialtransfers.

In Europa war die Deindustrialisierung ebenfalls spürbar, wenn sie auch nicht so große Ausmaße annahm wie in den USA. In Frankreich litten vor allem die alten Kohle- und Stahlreviere im Norden des Landes, in Deutschland traf es das Ruhrgebiet sowie die Pfalz und Oberfranken.[12]

Hinzu kam die Digitalisierung, die ebenfalls die Kluft zwischen Reich und Arm vergrößerte. Die boomenden Firmen der neuen Online- und Internetwirtschaft fuhren zwar enorme Gewinne ein. Aber davon profitierten vor allem deren Aktionäre sowie die hoch bezahlten Spezialisten in den Firmenzentralen. Das Fußvolk der Paketboten und Kurierfahrer, der Clickworker und Subunternehmer, die in der neuen Gig-Ökonomie von den Aufträgen der Plattformzentralen abhängig waren, kam dagegen mehr schlecht als recht über die Runden. Wie beim Onlineversandhaus Amazon zum Beispiel, das seine Lagerarbeiter mit Niedriglöhnen abspeiste und Gewerkschaften als »Geschäftsrisiko« einstufte, zusammen mit Krieg, Terrorismus und einer reduzierten Internetnutzung. Oder wie der Taxibetreiber Uber, dessen Fahrer häufig weder über eine Krankenversicherung noch ein festes Einkommen verfügten.[13]

Das Industriezeitalter der Fünfziger- bis Siebzigerjahre des 20. Jahrhunderts hatten Soziologen als »nivellierte Mittelstandsgesellschaft« beschrieben. In der digitalen Dienstleistungsökonomie des neuen Jahrtausends dagegen war eine neue Zweiklassenwelt entstanden, in der eine Gruppe gefragter Wissensarbeiter in die Oberschicht aufstieg: Investmentbanker, Chefdesigner oder Kartelljuristen brachten oft ein Vielfaches der Verdienste nach Hause, auf die ein einfacher Angestellter zählen konnte. Die Kaufkraft weißer Arbeiter dagegen ging zwischen 1979 und 2017 preisbereinigt um fast ein Fünftel zurück.[14]

Seit 1980 war der Anteil der obersten 10 Prozent der US-Verdiener an allen Einkünften von rund 33 auf fast 49 Prozent gewachsen. Der Anteil der 50 Prozent US-Bürger mit den niedrigsten Einkünften dagegen hatte von rund 21 auf 10 Prozent abgenommen. In Deutschland war der Topverdienerquotient im selben Zeitraum ebenfalls gestiegen, von 30 auf knapp 37 Prozent.[15] In den meisten westlichen Ländern schrumpfte die Mittelschicht, während der Verdienstabstand zwischen Top- und Normalverdienern wuchs.

Wer das Glück hatte, in der digitalen Dienstleistungswirtschaft über eine gefragte Qualifikation zu verfügen, durfte also auf eine dicke Prämie hoffen. Es sei denn, er besetzte eine Führungsposition – dann war der Aufschlag noch größer. In den USA hatte ein Topmanager 1980 das 42-Fache des Durchschnittsverdienstes kassiert. Zwei Generationen später war es das 347-Fache.[16]

Kennzeichnend für die neue Oberschicht war zudem, dass sie nicht nur über hohe Verdienste, sondern auch große Kapitaleinkünfte verfügte. Das machte es leichter, einen beruflichen Abstieg oder eine wirtschaftliche Krise zu überstehen. Vor einem halben Jahrhundert heirateten Angehörige der Oberklasse häufig Partner oder Partnerinnen aus unteren sozialen Schichten, der Chefarzt zum Beispiel eine Krankenschwester. Im neuen Jahrtausend dagegen gaben sich Angehörige der wohlhabenden Einkommensklassen zumeist untereinander das Jawort. Das verstärkte die soziale Spaltung und die Konzentration der Vermögen zusätzlich. Der Effekt war erheblich, wie die Statistiker ermittelten. Die sogenannte Homogamie war danach zu etwa einem Drittel für die wachsende Kluft zwischen Arm und Reich in den USA verantwortlich.[17]

So kam es, dass sich die neue Klassengesellschaft im westlichen Kapitalismus auch räumlich teilte. Die Villenviertel der großen Städte gehörten der akademisch gebildeten Elite, die von den sogenannten Agglomerationsvorteilen der Metropolen profitierte. In den Wohnblocks der Außenbezirke war das in- und ausländische Prekariat der unterstützenden Dienstleistungsbranchen zu Hause. In vielen ländlichen Regionen sowie den Zentren des ehemaligen Industriezeitalters dagegen fühlten sich die Bewohner häufig vernachlässigt und abgehängt.

Dass Hoffnungslosigkeit und Frust in den westlichen Verliererregionen sogar tödliche Folgen haben konnten, wies in den Zehnerjahren US-Nobelpreisträger Angus Deaton nach. Dem Princeton-Professor war aufgefallen, dass die Lebenserwartung weißer Männer mit geringem Bildungsabschluss jenseits der vierzig sank – nachdem sie zuvor jahrzehntelang gestiegen war. Ursache waren »Tode aus Verzweiflung«, wie das der Ökonom nannte, weil die Männer entweder Selbstmord begingen oder am übermäßigen Konsum von Alkohol und Drogen starben. Zuvor hatten sie häufig ihren Job verloren, von Stütze oder Zuwendungen gelebt und ihren gescheiterten Ehen nachgetrauert. »Von der Aushöhlung der weißen Mittelklasse« sprach Deaton und einem »enormen Druck auf arbeitende Amerikaner«.[18]

Der soziale Abstieg war auch in Europa zu beobachten, in den einstigen Kohle- und Stahlregionen der belgischen Wallonie zum Beispiel. Oder bei den Leiharbeitern und Werkvertragsbeschäftigten des sogenannten zweiten Arbeitsmarkts in Deutschland, der nach Ansicht des Frankfurter Sozialwissenschaftlers Oliver Nachtwey nichts anderes bewirkte als einen »Anstieg der Prekarität, sowohl auf dem Gesamtarbeitsmarkt als auch in den Unternehmen«.[19]

Die westlichen Regierungen versuchten gegenzusteuern, indem sie den Mindestlohn erhöhten. Damit hatten sie durchaus Erfolg – schufen aber zugleich ein neues Problem. In den Vereinigten Staaten zum Beispiel stellten sich Geringverdiener besser; doch zugleich enttäuschte die Maßnahme jene Teile der Mittelschichten, die davon nicht in derselben Weise profitierten. Sie sahen ihren eigenen Status schwinden, weil der Abstand zu den prosperierenden Schichten wuchs, während ihnen die Unterklasse ökonomisch näher rückte.[20] Hinzu kam die Sorge, den Job zu verlieren.

Mehr als wohlhabende Schichten litten Normalverdienerhaushalte überdies darunter, dass Teile des Bildungswesens in den Privatsektor abwanderten. In den Nachkriegsjahrzehnten hatte die staatlich vorangetriebene Bildungsexpansion Arbeiterkindern den gesellschaftlichen Aufstieg ermöglicht. Zwei Generationen später sicherten die Reichen den Bildungserfolg ihres Nachwuchses durch kommerzielle Vorschulen, Nachhilfeinstitute und Privatuniversitäten. Die Qualität der öffentlichen Lehranstalten und Hochschulen dagegen verfiel.

In den Vereinigten Staaten war die medizinische Versorgung derart teuer geworden, dass Firmen oft nur noch gut bezahlten Beschäftigten einen Versicherungsvertrag finanzierten. Das eingeführte und allgemein akzeptierte Prinzip, wonach Spitzenverdiener höhere Steuern zu zahlen hatten als schlechter gestellte Bürger, verkehrte sich in den USA ins Gegenteil. Eine Untersuchung des Weißen Hauses im Jahr 2021 ergab, dass die 400 reichsten US-Milliardäre durch das Ausnutzen von Schlupflöchern in den Steuergesetzen nur gut 8 Prozent ihrer Einkünfte ans Finanzamt abführten, nicht einmal halb so viel wie mittlere Verdiener.[21]

Die US-Investorenlegende Warren Buffett, selbst Milliardär, hatte schon in den Nullerjahren moniert, dass er nur halb so viel Steuern zahlen müsse wie seine Sekretärin. Es tobe »ein Klassenkampf« in den USA, schrieb er in einem Brief an seine Anteilseigner. »Und meine Klasse gewinnt.«[22]

Überall in den liberalen Demokratien des Westens hatten Entwicklungen Raum gegriffen, die Wissenschaftler mit Vokabeln wie »feudalistisch« oder »oligarchisch« belegten. Reichtum wurde nicht mehr erarbeitet, sondern vererbt. Aus der Mittelschicht führte der Fahrstuhl häufiger nach unten als nach oben. Und der Staat verstärkte die Entwicklung noch, indem er seinen wichtigsten Aufgaben nur noch unzureichend nachkam.

In den Nachkriegsjahrzehnten hatten die westlichen Gesellschaften im großen Stil Brücken, Straßen oder Flughäfen gebaut. In den Städten entstanden neue Wohnviertel, und die Zahl der Schulen und Universitäten vervielfachte sich im Zuge einer so gut wie alle Industrieländer umfassenden Qualifizierungsoffensive.

Im neuen Jahrtausend dagegen wurde die staatliche Infrastruktur vielerorts eher zurück- als ausgebaut. In vielen Ländern verschärfte sich die Wohnungsnot, weil Auflagen und Standards zum Schutz der Alteinwohner den Neubau bremsten. In Kalifornien scheiterte der Bau von Hochgeschwindigkeitszugstrecken an lähmenden Auflagen und Genehmigungsverfahren, in Deutschland bemaß sich der Planungszeitraum für neue Fernverkehrsstraßen oder Bahntrassen nicht mehr in Jahren, sondern in Jahrzehnten.

Was einst zu den breit gestreuten Errungenschaften des westlichen Lebensmodells gezählt hatte, entwickelte sich vielerorts zum Luxusgut. Wohneigentum zu erwerben, wurde für viele Mittelschichtfamilien unerschwinglich. Die Zahl der Obdachlosen stieg, es gab zu wenig Kindergartenplätze, und die Qualität der Schulen sank. Die Niederlande, Frankreich, Deutschland: Überall verschlechterten sich die Ergebnisse im sogenannten PISA-Vergleich der Organisation für wirtschaftliche Zusammenarbeit und Entwicklung (OECD).

Dass viele Staaten ihre originären Aufgaben vernachlässigten, spiegelte sich jedoch kaum in den Bilanzen der öffentlichen Haushalte wider. Im Gegenteil: Die Regierungen schwebten in ständiger Finanznot; zugleich entgingen ihnen jährliche Einnahmen in mehrstelliger Milliardenhöhe, weil Reiche knapp acht Billionen Euro in Steueroasen wie den Bermuda- oder Cayman-Inseln versteckt hielten.[23]

Am bedenklichsten aber war, dass die Oberschicht ihre wirtschaftliche Stärke zunehmend in politischen Einfluss verwandeln konnte, vor allem in den USA. Die Kosten eines Präsidentschaftswahlkampfs überschritten im neuen Jahrtausend die Milliardenmarke, und so waren Demokraten wie Republikaner mit nichts so sehr beschäftigt wie mit dem Einwerben von Parteispenden. Im Gegenzug zeigten sich Abgeordnete und Beamte höchst aufgeschlossen, wenn ihnen die Lobbyisten der Finanz-, Pharma- oder Techindustrie Eingaben für förderliche Steuergesetze oder Wettbewerbsregeln auf den Tisch legten.

Die Interessenvertreter führten die Staaten am Gängelband. Nie zeigte sich das deutlicher als in der Finanzkrise 2008, dem verstörendsten und zugleich folgenreichsten Ereignis des jungen Jahrtausends. Das weltweite Bankenbeben, das durch den Zusammenbruch des Wall-Street-Hauses Lehman Brothers ausgelöst worden war, schien die Oligarchiethese gleich auf dreifache Weise zu bestätigen. Zunächst hatte die Finanzindustrie auf schlecht besicherte Kredite gigantische Berge intransparenter Darlehens- und Versicherungspapiere gehäuft – und damit gewaltige Gewinne erzielt. Jahrelang war die Branche in vielen Ländern einer der am schnellsten wachsenden und am besten bezahlenden Zweige der Wirtschaft.

Als das Kartenhaus zusammenfiel, mussten die Steuerzahler die Profiteure mit billionenschweren Hilfspaketen retten. Die gigantischen Summen, die für die Kapitalspritzen an Banken, Fonds und Versicherungen gebraucht wurden, belasteten die Staatshaushalte noch nach vielen Jahren.

Der anschließende Einbruch der Immobilienpreise und der Konjunktur hinterließ auf den Topetagen der Finanzbranche ebenfalls weit weniger Spuren als in der amerikanischen Mittelschicht. Millionen US-Bürger verloren entweder ihr Haus oder ihren Job oder beides – und durften häufig schon froh sein, wenn sie ihr Wohlstandsminus nach Jahren wenigstens ein Stück weit hatten aufholen können. Allein zwischen 2007 und 2009 büßten die US-Haushalte in der Krise die unvorstellbare Summe von 17 Billionen Dollar ein. Zwar fielen die Verluste auch bei Topverdienern an, doch gemessen am Einkommen wurden mittlere Verdienstklassen weit härter getroffen, so zeigt eine Studie der Federal Reserve Bank of St. Louis. Vor allem junge Familien verloren danach bis zu 66 Prozent ihres Vermögens.[24] Die großen US-Banken dagegen erzielten schon im ersten Jahr nach der Krise wieder Gewinne.

Die Auszehrung der Mittelschicht war der wichtigste Faktor, der die Gesellschaften des Westens auseinandertrieb, aber er war nicht der einzige. Mindestens genauso bedeutend war die Migration, die in den Zehnerjahren die Debatte in den Industriestaaten beherrschte. Seit dem Mauerfall hatte der Ausländeranteil an den Bevölkerungen der westlichen Hocheinkommensländer bis zur Mitte der Zehnerjahre stark zugenommen, in Nordamerika von 10 auf 15 Prozent, in der Europäischen Union von 6 auf 11 Prozent.[25] So ging es auch danach weiter, vielerorts in verschärftem Tempo.

Die Volkswirtschaft im Ganzen, so wiesen es die Analysen der Ökonomen aus, profitierte zumeist, wenn zusätzliche Arbeitskräfte ins Land kamen. Gering- und Durchschnittsverdiener dagegen nahmen die Zuwanderer häufig als Konkurrenten wahr, weniger auf dem Arbeitsmarkt, wo sich die Löhne Studien zufolge durch den Zuzug meist kaum veränderten. Wohl aber, wenn es galt, sich eine günstige Wohnung zu sichern, einen Termin beim Hausarzt zu vereinbaren oder das eigene Kind in einer Kita unterzubringen. Zugleich blieben die Zuwanderer immer häufiger im Niedriglohnsektor gefangen, weil viele von ihnen schlecht ausgebildet waren und nur geringe Chance hatten, beruflich aufzusteigen.[26]

In Europa war die Einwanderung schon immer ein Streitthema, vor allem in Ländern wie Frankreich, Belgien oder den Niederlanden, die aufgrund ihrer kolonialen Vergangenheit viele Migranten anzogen. Zu einem Thema mit europaweiter Sprengkraft aber wurde es mit der Flüchtlingskrise des Jahres 2015. Seit Kanzlerin Angela Merkel die deutschen Grenzen für Schutzsuchende aus Syrien oder Afghanistan geöffnet hatte, stritt die Europäische Union über die Frage, wie der Zustrom zu bewältigen sei. Einige Regierungen setzten auf Abschreckung, andere auf Willkommenskultur. Die Brüsseler EU-Zentrale ersann Verteilschlüssel, handelte Rücknahmeabkommen aus und stritt über eine Reform des Asylrechts. Doch auf eine Lösung konnten sich die EU-Gremien über Jahre nicht verständigen; stattdessen schwenkten immer mehr Regierungen auf eine harte Linie in der Migrationspolitik ein.

Überdies war unübersehbar, dass die Einwanderung viele Länder überforderte, mitunter schon bei der Aufnahme und noch häufiger bei der Integration der Einwanderer in die Gesellschaft und den Arbeitsmarkt. In Schweden hatten die Behörden viele Ausländerviertel sich selbst überlassen und wunderten sich nun, dass in Göteborg oder Stockholm Parallelgesellschaften entstanden waren, in denen kriminelle Gangs das Kommando führten. In Deutschland klagten Städte und Gemeinden, dass sie mit der Aufnahme von Flüchtlingen überlastet seien. Und in den Banlieues von Paris oder Lyon sahen sich viele nordafrikanische Jugendliche vor die Wahl gestellt, sich entweder als Kleinkriminelle oder Billigarbeiter durchs Leben zu schlagen. Andere Perspektiven boten sich ihnen kaum in den Plattenbaughettos, in denen die Arbeitslosigkeit oft doppelt so hoch lag wie im Rest des Landes.[27]

Nicht anders war es in den USA. Die Vereinigten Staaten waren über viele Jahre ein Einwanderungsland mit liberalen Zuzugsgesetzen und einer aufnahmebereiten Bevölkerung gewesen. Doch das änderte sich, als nach der Covid-Pandemie Zehntausende von Flüchtlingen über die mexikanische Grenze kamen. Der Zuwachs überforderte selbst Städte wie New York, wo es zwar ein professionelles Aufnahmemanagement, aber zu wenige Wohnungen gab. So erhöhte der Zustrom die Zahl der Obdachlosen in der Stadt, die zu Tausenden in provisorischen Zeltstädten oder U-Bahn-Schächten kampierten.[28] Die Konkurrenz um die knappen Plätze in Schulen oder Kinderbetreuungseinrichtungen wuchs, und in der Mittelschicht machte sich der Eindruck breit, dass sie die Kosten einer Migrationskrise tragen sollte, die die Politik nicht lösen konnte oder wollte.

Wohlstand und Fairness, das waren die Errungenschaften, mit denen der Westen einst den Systemkonflikt mit dem kommunistischen Osten gewonnen hatte. 30 Jahre nach dem Mauerfall waren sie für beträchtliche Teile der Bevölkerung zu leeren Versprechen geworden. Und die Hoffnung, dass ihre Regierungen sie in eine bessere Zukunft führen könnten, hatten viele aufgegeben.

Im Gefolge des Chinaschocks büßten die USA viele traditionelle Industriezweige ein. Stattdessen verlegten sie sich auf die zukunftsträchtige Internet- und Onlineökonomie, die sie bald in einem Ausmaß dominierten wie einst Großbritannien die Kohle- und Stahlwirtschaft in den frühen Phasen der Industrialisierung im 19. Jahrhundert. Die größten Digitalfirmen stammten ausnahmslos aus den Vereinigten Staaten, US-Anbieter kontrollierten mehr als zwei Drittel des Marktes für Cloud-Computing, amerikanische Softwareingenieure hatten seit 2017 rund 70 Prozent aller grundlegenden KI-Modelle entwickelt.[29]

Der Techboom machte die USA zum fortschrittlichsten und dynamischsten Land der Erde, doch viele Durchschnittsamerikaner spürten wenig davon. Google oder Apple zahlten zwar hohe Gehälter, beschäftigten aber viel weniger Mitarbeiter als die Großkonzerne des Industriezeitalters. Reich wurden die Topmanager und Großaktionäre, die davon profitierten, dass die Konzerne ihr Quasimonopol unbehelligt ausweiten konnten. Unablässig kauften sie zukunftsträchtige Start-ups auf, ohne dass die amerikanischen Kartellbehörden einschritten. Statt für Wettbewerb zu sorgen, stützte der Staat eine Wirtschaftsordnung, die nicht wenige Ökonomen an das Amerika der Kartelle und Trusts des späten 19. Jahrhunderts erinnerte.

Den Finanzpolitikern in Washington gelang es ebenfalls nicht, Vertrauen zu schaffen. Trump wie Biden hatten in ihren Präsidentschaften im Rekordumfang Kredite aufgenommen, zuletzt belief sich die Neuverschuldung auf mehr als 6 Prozent des Bruttoinlandsprodukts, ein Wert, wie er früher nur bei schweren Rezessionen oder in Kriegen erreicht worden war. Doch auf ein gemeinsames Konzept zur Sanierung der Staatsfinanzen konnten sich die zerstrittenen Parteien nicht einigen. Die Demokraten wollten keine Sozialetats kürzen, die Republikaner keine Steuern erhöhen. Entsprechend stieg die Finanzlücke, und sie würde in den nächsten Jahren weiter steigen, wie Zahlen der OECD zeigten: Wollten die USA ihre Schuldenquote aus dem Jahr 2024 von 125 Prozent des Bruttoinlandsprodukts konstant halten, müsste die Regierung die Ausgaben von Staat und Sozialkassen um dreistellige Milliardenbeträge senken – oder im selben Umfang die Steuern erhöhen. Damit nicht genug. In den Folgejahren, so rechnete die Industrieländer-Organisation vor, wären noch größere Beträge nötig, um den Haushalt auszugleichen und eine Explosion der Staatsschulden zu verhindern.[30]

Ähnlich war die Lage in Europa, auch wenn die EU-Staaten eine andere wirtschaftspolitische Strategie verfolgten als die Regierung in Washington. Anstatt sich von China ökonomisch abzukoppeln, wie es die USA propagierten, pflegten sie weiterhin den industriellen Austausch. Autos, Maschinen und Luxusartikel aus der EU gegen chinesische Haushaltsgeräte, Tablet-Computer oder Kinderwagen: Das war der Handel, der gut bezahlte Jobs im deutschen Maschinenbau oder in der französischen Luxusgüterindustrie sichern sollte. Dass die EU-Unternehmen in der neuen Daten- und Internetökonomie kaum etwas zu bestellen hatten, wurde dagegen lange Zeit verdrängt. Stattdessen setzte die EU darauf, sich mit einem größeren Anteil an traditionellen Industrien ein besseres soziales Klima zu erkaufen.

Einige Jahre funktionierte das, vor allem in Deutschland, wo in den Zehnerjahren der Chinahandel und mit ihm die traditionellen deutschen Vorzeigeindustrien rund um die Sektoren Auto und Chemie florierten. Auf die Dauer aber war es ein schlechter Tausch, wie im Herbst 2024 der frühere italienische Ministerpräsident Mario Draghi in einem alarmierenden Bericht für die Europäische Kommission feststellte. In Europa betrug das Pro-Kopf-Einkommen danach nur mehr zwei Drittel des US-Wertes, und die Firmen des Kontinents gaben nur halb so viel Geld für Forschung und Entwicklung aus wie ihre Wettbewerber in den USA. Wenn die EU ihren technologischen Rückstand nicht verringere, warnte Draghi, werde Europa »seinen Lebensstil nicht mehr lange aufrechterhalten können«.[31]

Doch wo das Geld für einen neuen Aufbruch herkommen sollte, wusste auch Draghi nicht, der vor seinem Regierungsamt Chef der Europäischen und Gouverneur der italienischen Zentralbank gewesen war. In Europa war die Finanzlage der Staaten mindestens so angespannt wie in den USA. Frankreich hatte 2024 einen Schuldenberg von 113 Prozent der Wirtschaftsleistung aufgehäuft, in Italien waren es rund 135 Prozent. Angesichts der alternden und schrumpfenden Bevölkerung in Westeuropa war das eine gigantische Hypothek, wie die OECD errechnet hatte. Wollte die Regierung in Paris die Schuldenquote stabil halten, müsste sie in einem ersten Schritt rund 50 Milliarden Euro einsparen. In Italien wären es rund 23 Milliarden Euro.[32] Während die europäische Wirtschaft im internationalen Wettbewerb zurückfiel und die Verteilungskonflikte wuchsen, zeigten die Zahlen der OECD, dass die Regierungen vieler EU-Staaten weit über ihre Verhältnisse lebten.

Die Folgen einer schweren Finanzkrise, eine gespaltene Gesellschaft und ein Staat, der sein Versprechen auf ein besseres Leben in der Zukunft nicht mehr einhalten konnte: Die wirtschaftliche Basis für ein Erstarken populistischer Kräfte war gelegt.

Die Frage war nur, ob sich auch Politiker finden würden, die daraus Kapital zu schlagen wussten.

AUFMARSCH DER POPULISTEN

Der Mann am Telefon hatte gerade seinen Job verloren, aber er klang nicht ausgebrannt oder deprimiert, eher aufgekratzt. Es war tiefe Nacht, als Silvio Berlusconi im November 2011 einen Redakteur der italienischen Tageszeitung *La Stampa* anrief, um ihm Wichtiges mitzuteilen. Er habe gerade entschieden zurückzutreten, sagte der Ministerpräsident und begann mit einer langen Aufzählung, wer sich ihm in seiner Amtszeit alles in den Weg gestellt habe: die Weltpresse, die »voller Attacken« gegen ihn gewesen sei. Der Wirtschaftsminister, der gemacht habe, »was er wollte«. Die Parteifreunde, die »Verrat begangen« hätten, obwohl er doch »der Patenonkel ihrer Töchter war«. Am Ende habe er sich ähnlich machtlos gefühlt wie Mussolini, der nur noch dann etwas habe durchsetzen können, wenn es »Geschenke zu verteilen« gegeben habe. Nun werde er etwas anderes machen, kündigte Berlusconi an. Vielleicht werde er »wieder Präsident des AC Mailand werden«.

Anklagen, Selbstmitleid und das Gefühl, von allen verlassen und verraten zu sein: Das war es, was der Mann, den sie in Anlehnung an den alten italienischen Adelstitel den »Cavaliere« nannten, am Ende seiner Regierungszeit vor den Italienern ausbreiten wollte. Zwei Jahrzehnte lang hatte Berlusconi die italienische Politik dominiert, mal als Regierungschef, mal als Oppositionsführer. Für die italienische Wirtschaft waren seine vier Regierungen »ein Desaster«, wie der Londoner *Economist* urteilte.[1] Seine mäßige Regierungsbilanz resultierte nicht zuletzt aus seinen »übergroßen Versprechungen«, so befand sein Biograf Paul Ginsborg.[2]

Umso erfolgreicher war er als Politiker. Berlusconi war der am längsten amtierende italienische Ministerpräsident der Nachkriegszeit. Er erfand die Rolle des Unternehmer-Populisten, der seine Privatfernsehkanäle zur Betäubung der Massen und sein Regierungsamt zum Nutzen der eigenen Geschäftsinteressen einzusetzen pflegte. Er wurde wegen Steuerbetrugs verurteilt und ging politisch gegen die Mailänder Justiz vor, die ihm Bestechlichkeit und Korruption vorwarf. Er sah sich als Antipolitiker, der die Rechte und Werte des rechtschaffenen Volkes gegen unfähige und käufliche Eliten verteidigen wollte.[3] Wie kaum ein anderer Regierungschef seiner Zeit verstand er es, stets alle Aufmerksamkeit auf sich zu ziehen, und sei es durch »Bunga Bunga«-Sexpartys in seiner norditalienischen Villa.

Berlusconi war in vielerlei Hinsicht der Erfinder eines neuen Politikstils, wie ihn später Unternehmer wie Donald Trump in den USA oder Politiker wie Sebastian Kurz in Österreich weiterentwickeln sollten. Er war ein moderner Volkstribun, ein schöpferischer Zerstörer der Politik, der zum Vorläufer jener Bewegung wurde, die in der zweiten Dekade des neuen Jahrhunderts einen kometenhaften Aufstieg erlebte.

Mal kaperten ihre Vertreter etablierte Parteien, wie Trump die Republikaner in den USA. Mal gründeten sie neue Bewegungen, wie die AfD in Deutschland. Überall aber verstanden sich ihre Parteiführer als Anwälte des kleinen Mannes gegen eine Oberschicht, die sich von den Wünschen, Befindlichkeiten und Interessen des breiten Volkes entfremdet hatte.

Manche tendierten dabei nach links und lehnten sich an Hugo Chávez' »Sozialismus des 21. Jahrhunderts« an. Sie attackierten Banker, Topmanager und Finanzmogule, warben für staatliche Eingriffe in die Wirtschaft oder plädierten dafür, Teile der Industrie zu nationalisieren. Andere siedelten sich eher am rechten Rand des politischen Spektrums an, agitierten gegen Einwanderer sowie religiöse oder ethnische Minderheiten und propagierten traditionelle Werte wie Recht, Sicherheit und Ordnung.

Davon abgesehen waren die Positionen der Rechtspopulisten eher diffus. In Europa vertraten ihre Anführer so gut wie jede Position – und auch das Gegenteil davon. Wichtig war nur, dass sich ihre Forderungen gegen »das Establishment« wenden ließen. Während die Freiheitspartei des Niederländers Geert Wilders für die Gleichstellung homosexueller Paare eintrat, kämpften die »Brüder Italiens« der seit 2022 amtierenden Ministerpräsidentin Giorgia Meloni für die traditionelle Ehe. Umgarnte Ungarns Regierungschef Viktor Orbán Kremlherrscher Putin, gab es für Jaroslaw Kaczyńsky, seinen rechtspopulistischen Gesinnungsfreund in Polen, keinen schlimmeren Feind. Die britische UKIP-Partei des Brexit-Propagandisten Nigel Farage warb für liberale Wirtschaftspolitik, die Frankreichs Rassemblement National entschieden ablehnte. Es ist eher eine Untertreibung, dass Sozialwissenschaftler die Schule der Populisten als »dünne Ideologie« einstufen.[4]

Was die Populisten aller Schattierungen und Richtungen dagegen bis heute verbindet, ist die Abneigung gegen die Institutionen der liberalen Demokratie, gegen unabhängige Gerichte, freie Presse, zivilgesellschaftliche Organisationen und eine autonome Wissenschaft. Die Idee, einem Regierungschef gemäß dem »Checks and Balances« genannten Prinzip der Gewaltenteilung Fesseln anzulegen, ist dem Populismus wesensfremd. Der antielitäre Reflex ist der Kern seiner Lehre: Wer glaubt, den wahren Volkswillen erspüren und durchsetzen zu können, mag sich nicht dem Urteil eines Notenbankdirektors oder Untersuchungsrichters beugen.

Sich von den Kontrollinstanzen der liberalen Demokratie abzugrenzen, gehörte deshalb zum Standardrepertoire jener Politikunternehmer, die in den Neunzigerjahren das Parteienangebot des Westens erweiterten. Genau besehen war es sogar eine der Ursachen ihres Comebacks. Dass sich TV-Tycoon Berlusconi der Politik zuwandte, hing nicht zuletzt mit dem Verdacht der italienischen Justiz zusammen, bei seinem unternehmerischen Aufstieg sei nicht alles mit rechten Dingen zugegangen. Seither war der Kampf gegen die Staatsanwälte, die ihn unablässig mit Verfahren überzogen, eines seiner vordringlichen Anliegen. »Politisierte Richter« hätten sein Land »unbewohnbar« gemacht,[5] schimpfte er. Damit setzte Berlusconi eine Erzählung in die Welt, derer sich später auch viele seiner Nachfolger bedienten. Für den österreichischen Rechtspopulisten Jörg Haider zum Beispiel, der Anfang des 21. Jahrhunderts in zahlreiche Skandale um illegale Parteienfinanzierung verwickelt war, stand die Macht ebenfalls vor dem Recht. Der Volkswille, so lautete seine Losung, zähle mehr als Richtersprüche.[6]

Was die Populisten der verschiedenen Spielarten zusätzlich vereinte, war das Unbehagen über die »Hyperglobalisierung«, wie Ökonomen die Zeit um die Jahrtausendwende nannten. Das rasante Wachstum des grenzüberschreitenden Verkehrs von Waren, Menschen und Kapital erzeugte Verlierer, die gewiefte Parteigründer und Politikunternehmer als Wählerklientel für sich entdeckten. Und so warben sie im Gegensatz zu den etablierten Parteien dafür, ihre Gesellschaften so weit wie möglich vor den Unbilden der Welt abzuschotten. Neben das klassische Rechts-links-Schema trat eine weitere politische Zweiteilung, die der *Economist* mit dem Gegensatzpaar »Zugbrücke rauf, Zugbrücke runter« kennzeichnete. Für den US-Ökonomen Dani Rodrik gab es »überzeugende Beweise«, dass »die Globalisierung eine entscheidende Rolle beim Aufstieg des Populismus gespielt hat«.[7]

Wer die Wirtschaftsgeschichte kennt, durfte davon nicht überrascht sein. Es war der erste Globalisierungsschub an der Wende vom 19. zum 20. Jahrhundert gewesen, der die Bewegung einst hervorgebracht hatte. 1892 gründete sich in den USA die linksgerichtete People's Party, kurz auch »Populists«, die sich gegen den internationalen Handel, weltumspannenden Kapitalverkehr und

Migration stellte. Sie kämpfte gegen Banken und Kartelle, die fallenden Weltmarktpreise von Agrarprodukten und den Goldstandard, der den internationalen Handel zuvor stark angekurbelt hatte. Zwar konnte sich die Populistenpartei nie bei Wahlen durchsetzen und wurde 1909 wieder aufgelöst, doch dafür machten viele ihrer Ideen später Karriere bei Republikanern oder Demokraten.

Die zweite Welle der Bewegung schwappte in den Dreißigerjahren über den Globus. Die Weltwirtschaftskrise hatte die populistische »Wir gegen die«-Erzählung neu belebt und brachte ihre Verkünder an die Macht: im deutschen und italienischen Faschismus, aber auch in Ländern wie Ungarn, Spanien oder Portugal, wo überall Autokratien und Diktaturen im Namen des Volkes entstanden.

Nach dem Zweiten Weltkrieg spielte die Bewegung in Europa, Asien oder Nordamerika zunächst kaum eine Rolle, wohl auch, weil der Ost-West-Konflikt die Weltpolitik beherrschte. Dafür zeigte sich der Populismus in Südamerika umso lebendiger. Nach dem Vorbild des argentinischen Präsidenten Juan Perón rührten brasilianische, chilenische oder peruanische Politiker in den Jahrzehnten um den Zweiten Weltkrieg den immer gleichen Cocktail an: Erst lösten sie mit kreditfinanzierten Sozial- und Ausgabenprogrammen ein künstliches Konjunkturhoch aus. Dann folgte dem Aufschwung eine oft galoppierende Inflation samt Währungskrise und ökonomischem Absturz. Von einem »sich endlos wiederholenden Zyklus« sprachen in den Neunzigerjahren die Ökonomen Rudiger Dornbusch und Sebastian Edwards. Der politische Reigen trage »selbstzerstörerische Züge« und belaste ausgerechnet »jene Bevölkerungsgruppen«, die doch »eigentlich begünstigt werden sollten«.[8]

Derart diskreditiert hatte sich die populistische Variante Südamerikas, dass die Bewegung in den letzten Dekaden des 20. Jahrhunderts ausgedient zu haben schien. Nur noch eine Handvoll von Regierungschefs wie etwa der nationalkonservative neuseeländische Premier Robert Muldoon fühlten sich in jener Zeit berufen, sich in der Rolle des Volkstribunen und Anti-Elite-Kämpfers zu präsentieren.

Die Wende brachten dann die Jahre um den Jahrtausendwechsel, als die Integration Chinas in die Weltwirtschaft die zweite Globalisierungswelle der Geschichte auslöste. Südostasien, Lateinamerika, Osteuropa und schließlich die Kernländer des Westens: Überall erkannten findige Parteigründer und Politikunternehmer, dass die beschleunigte Globalisierung die Nachfrage nach einem politischen Angebot befeuerte, das nicht zuletzt darauf hinauslief, Barrieren für ausländische Güter oder Einwanderer zu errichten. Das Unbehagen über die Globalisierung bereitete den Boden, auf dem der Populismus wuchs. Sein Erfolg dagegen hing von zwei Faktoren ab: der Fähigkeit seiner politischen Anführer, das Thema emotional aufzuladen und zum Gegenstand eines Kulturkampfes zwischen heimatverbundenem Volk und globalistischer Elite zu machen. Sowie der Glaubwürdigkeit, mit der die Mitte-Parteien das Gegenmodell aus Weltoffenheit, Toleranz und Internationalismus vertraten.

Unter Konservativen galt Freihandel lange als unbestrittene Voraussetzung für Wohlstand und Wirtschaftswachstum, während es Vorbehalte gegen Einwanderung gab. Im linken Lager war es häufig umgekehrt, doch galt auch dort die Losung, dass die Globalisierung nicht aufzuhalten, sondern zu gestalten sei. Zudem waren die meisten Sozialdemokraten, Liberalen oder Grünen davon überzeugt, dass progressive Politik nicht länger in den Grenzen des Nationalstaats, sondern nur durch grenzüberschreitende Regeln, Verträge und Organisationen durchgesetzt werden könne.

Wie die Populisten Stimmen fingen

Das war der Konsens, der nach dem Mauerfall jahrzehntelang die westlichen Industrienationen beherrschte und sich etwa in der Erklärung des G8-Gipfels in Gleneagles niederschlug. Darin bekannten sich die Mitte-links- oder Mitte-rechts-Regierungen des Industrieländer-Clubs (zu dem damals auch Putins Russland zählte) zum wiederholten Mal dazu, ihre »Märkte weiter zu öffnen« und »handelsschädliche Subventionen« etwa in der Landwirtschaft abzubauen.[9]

Doch je stärker die Schattenseiten der Internationalisierung ins Bewusstsein drangen, zum Beispiel nach der großen Finanzkrise des Jahres 2008, desto lauter meldeten sich populistische Kritiker zu Wort. In den Reihen der politischen Linken war es etwa der US-Senator Bernie Sanders, der früh für einen protektionistischen Kurs warb. Er lehnte Handelsverträge ab und wollte mit Zöllen und Importbarrieren die Jobs amerikanischer Industriearbeiter schützen. In Großbritannien verfolgte Labour-Führer Jeremy Corbyn ebenfalls eine links-nationale Agenda. Sein Zorn traf vor allem die Europäische Union, in der er ein neoliberales Projekt zur Entfesselung der Märkte und zur Unterdrückung der Arbeiterklasse sah.

An die Macht schafften es die beiden Politiker mit ihrer Agenda indes nicht. Sanders scheiterte 2016 bei den Vorwahlen der Demokraten für die Präsidentschaftswahl knapp an Hillary Clinton. Corbyn trat nach einer schweren Niederlage bei den Unterhauswahlen 2019 zurück.

Umso verblüffender war, dass in beiden Ländern schließlich Vertreter der politischen Rechten mit ähnlich globalisierungskritischen Positionen die Regierung eroberten. In Großbritannien erzielte Boris Johnson mit seiner national-populistischen Kampagne des »Get Brexit done« 2019 einen Erdrutschsieg. In den USA gewann 2016 Trump, nachdem es dem protektionistischen Flügel der Republikaner gelungen war, in den deindustrialisierten Zonen des Mittleren Westens auf einer Welle des Rechtspopulismus zu reiten. Studien zeigten: In Regionen, in denen der Chinaschock besonders viele Jobs gekostet hatte, wechselten Demokraten-Wähler zum rechtslastigen TV-Sender Fox News, vertraten in Umfragen konservative

Ansichten und spendeten Wahlkampfgelder für radikale Kandidaten.[10] Dass sich Trump im Wahlkampf 2016 als kompromissloser Kämpfer gegen den internationalen Handel aufstellte, war ein wesentlicher Grund für seinen Erfolg, wie Ökonomen herausfanden. Wäre der Chinaschock seit der Jahrtausendwende nur etwa halb so groß ausgefallen, so haben sie errechnet, hätte 2016 wahrscheinlich Hillary Clinton gewonnen.[11]

In Europa zeigte sich ein ähnliches Muster. Bei der Brexit-Abstimmung in Großbritannien räumten die EU-Gegner vor allem in den ehemaligen nordenglischen Industrieregionen ab, die früher links gewählt hatten. In Schweden konnten die populistischen »Schwedendemokraten« überall dort besonders große Zugewinne verbuchen, wo die Arbeitslosigkeit nach der Finanzkrise gestiegen war.[12] In Frankreich wurden die abgewrackten Industriereviere des Kohle- und Stahlzeitalters zu Hochburgen des Rassemblement National.

Viele der ehemaligen Arbeiterviertel waren zudem zu bevorzugten Wohnquartieren für Ausländer geworden, was die Populisten geschickt für sich zu nutzen wussten. Vorurteile und Ressentiments gegen Fremde hatten der extremen Rechten schon immer ein sicheres Wählerreservoir verschafft. Doch nun luden ihre Strategen die alten Vorbehalte zusätzlich mit der populistischen Erzählung auf, dass die westlichen Eliten die vielen Zuwanderer und Flüchtlinge zur Unterdrückung des einfachen Volkes ins Land geschleust hätten. Während sich die gut verdienenden Akademikerhaushalte in den Städten über billige Gartenhelfer oder Pflegekräfte aus dem Ausland freuten, nahm sie die Unterschicht als Konkurrenz um Arbeitsplätze, Wohnraum oder Sozialleistungen wahr.

Mit keinem anderen Thema konnten rechtspopulistische Politiker deshalb so zuverlässig Stimmen einfahren wie mit der Frage der Migration. Es war wie ein Naturgesetz: Stiegen die Flüchtlingszahlen, stiegen ihre Wahlerfolge – wenngleich sich bei näherem Hinsehen aufschlussreiche Differenzen zeigten. Lebten in einem

Wahlbezirk bereits Migranten oder nahmen die Einwandererzahlen nur moderat zu, so fielen die Gewinne für die Populisten meist geringer aus. Das deutete darauf hin, dass sich der politische Zug nach rechts erst dann in Bewegung setzte, wenn die Migration plötzlich und ungebremst zunahm und der Staat bei der Aufnahme von Einwanderern die Kontrolle verlor.[13]

Hinzu kam, dass viele Routinen westlicher Politik nicht mehr funktionierten wie gewohnt. In den USA hatten sich die Gräben zwischen Demokraten und Republikanern derart vertieft, dass notwendige politische Kompromisse kaum noch zustande kamen. Beim wiederkehrenden Haushaltsstreit im Kongress zum Beispiel konnten sich die Parteien nur noch selten auf tragfähige Lösungen verständigen. Die Folge war, dass regelmäßig ein Stillstand der Regierungsgeschäfte drohte. Zugleich besetzten die Parteien wichtige Posten etwa am Obersten Gericht ausschließlich nach Parteiloyalität. Mitunter wetteiferten sie auch darum, den Zuschnitt von Stimmbezirken oder das Ausfertigung von Wählerlisten zu manipulieren. Von einer »Tyrannei der Minderheit« sprachen Politikwissenschaftler. Sie warnten davor, dass der Prozess Amerikas Demokratie »an den Abgrund« führen könne.[14]

In Europa dagegen klagten die Experten über eine gestörte Balance unter den politischen Gewalten. Manche vertraten die Auffassung, dass Justiz und Verfassungsgerichte die Politik zu sehr dominierten. In vielen Ländern werde ein Großteil der öffentlichen Angelegenheiten »nicht mehr über Mehrheiten und Wahlen, sondern über Gerichtsentscheidungen« geregelt, monierte etwa der deutsche Politikwissenschaftler Philip Manow.[15] Andere wiederum sahen eine Machtverschiebung zugunsten der Exekutive, wie sie sich etwa während der Coronapandemie in den Beschlüssen der Ministerpräsidentenkonferenz in Deutschland ausgedrückt hatte. Grundrechte waren oft in großem Umfang eingeschränkt worden, ohne dass die Parlamente beteiligt gewesen wären.[16]

Weithin unumstritten war der Befund, dass die vielen Ebenen

der Europäischen Union die Probleme der Demokratie verschärften, und zwar gerade auf jenen Feldern, die bevorzugt von Populisten bestellt wurden. Die Europäische Währungsunion etwa litt von Beginn an unter dem Konstruktionsfehler, dass sie ein gemeinsames Geldwesen, aber keine gemeinsame Finanzpolitik vorsah. Als die Gemeinschaftswährung wegen der hohen Schulden von Ländern wie Griechenland, Italien oder Irland Anfang der Zehnerjahre vor dem Zerfall stand, wurden die ungelösten Konflikte postwendend zum Treibstoff für die neuen Volksbewegungen.

In Südeuropa gründeten sich neue populistische Linksparteien, nachdem ihre Länder auf Druck der EU radikale Sparprogramme gegen einen möglichen Euro-Crash hatten beschließen müssen. In Spanien holte die Podemos-Bewegung, die über beste Kontakte zu Gefolgsleuten des venezolanischen Autokraten Hugo Chávez verfügte, bei Wahlen bis zu 20 Prozent der Stimmen. In Frankreich gründete der frühere sozialistische Minister für Berufsbildung Jean-Luc Mélenchon mehrere kapitalismus- und eurokritische Sammlungsbewegungen, die bei Wahlen mitunter besser abschnitten als die Sozialisten. In Griechenland gewann die linksradikale Syriza-Partei von Alexis Tsipras die Wahl 2015 mit dem Versprechen, die Sparprogramme der EU zu kippen.

Im europäischen Norden dagegen befeuerte die Krise den Aufstieg der Populistenkollegen aus dem rechten Lager. In Deutschland gründete sich die AfD, die zunächst als eurokritische Professorenpartei gegen eine Schuldenunion auf EU-Ebene antrat.[17] In Finnland steigerten die »Wahren Finnen« ihren Stimmenanteil im Zuge der Euro-Havarie um das Fünffache. Ähnliche Entwicklungen, so zeigten die Studien von Wirtschaftshistorikern, hatte es in der Geschichte schon häufiger gegeben. In der Vergangenheit waren Finanz- oder Bankencrashs häufig »mit bedeutenden Änderungen im Wählerverhalten« und »wachsender politischer Polarisierung verbunden«, heißt es etwa in einer Studie des Kiel Instituts für Weltwirtschaft über die Nachwirkungen von Crashs in 20 Industrieländern seit 1870. In den fünf Jahren nach einer Finanzkrise, so lautete der Befund, konnten rechtsradikale Parteien ihren Stimmenanteil um etwa 30 Prozent steigern.[18]

Dass der Populismus ein Kind der Krise ist, bestätigte sich auch im Chaos der Flüchtlingswelle im Jahr 2015. Die europäischen Regeln zur Steuerung und Verteilung von Einwanderern (»Dublin-Verordnung«) erwiesen sich als derart unzureichend, dass sie den Populisten willkommene Munition gegen ihre beiden Lieblingsfeinde lieferten: Einwanderer und Europäische Union. Matteo Salvini, Chef der nationalistischen italienischen Lega, sprach von den »autoritären EU-Eliten, denen keinerlei Autorität zusteht«. Die AfD nutzte die Gelegenheit, um über das »Brüsseler Bürokratiemonstrum« herzuziehen. Und Rassemblement-National-Chefin Marine Le Pen beschimpfte den Staatenbund als »großes Verhängnis« und »antidemokratisches Ungeheuer«. Sie wolle verhindern, dass es »fetter wird und weiteratmet«.[19]

Globalisierung und Migration: Das waren die Themen, mit denen die Populisten Stimmen fingen, aber es waren längst nicht die einzigen Gründe für ihren Erfolg. Hinzu kam, dass die etablierten Parteien frühere Verkaufsschlager aus ihren Auslagen verbannt hatten, obwohl es weiter Kunden dafür gab. Die Konservativen zum Beispiel hatten sich im Zuge der Thatcher-Reagan-Revolution der Achtziger- und Neunzigerjahre vor allem als Anwälte liberaler Wirtschaftsreformen aufgestellt. Traditionelle Positionen zu Nation, Familie, Religion galten plötzlich als Ausverkaufsware, die so schnell wie möglich ausgebucht werden müsse. Bedeutende Wählergruppen fanden so nur noch ein eingeschränktes politisches Angebot. Von »inhaltlicher Auszehrung« und »Profilverlust« sprach etwa der Frankfurter Politikwissenschaftler Thomas Biebricher.[20]

Nicht weniger tiefgreifend war die politische Wende bei der Linken. Hatten sich die Demokraten in den USA und die Sozialdemokraten in Europa früher als Anwälte des kleinen Mannes und der Arbeiterschicht verstanden, so kümmerten sie sich nun verstärkt um ethnische oder sexuelle Minderheiten sowie um die Belange der meist gut verdienenden Akademikerschichten in den Städten. Deren Interesse an weltweitem Handel und freiem Dienstleistungsverkehr prägte fortan die Wirtschaftspolitik, zum Beispiel bei den US-Demokraten. War die Partei früher für Protektionismus und Gewerkschaftsrechte eingetreten, um die Jobs und das Verdienstniveau von Industriearbeitern zu sichern, so wollten die Demokraten nun »die Verlierer entschädigen«. So hieß das Konzept, das unter den Präsidenten Bill Clinton und Barack Obama gepflegt wurde. Es lief auf einen Tausch Geld gegen Arbeitsplätze hinaus. Der Strukturwandel in der Wirtschaft sollte hingenommen, aber durch finanzielle Transfers an die Ausgesteuerten abgefedert werden.

Doch die Arbeiter wollten keinen Scheck vom Amt, sie kämpften um ihre Jobs. Staatliche Arbeitsplatzgarantien, Protektionismus, Mindestlöhne: Das war die Agenda, die von den Bevölkerungsschichten mit niedrigem Bildungsabschluss gewünscht, aber von den Demokraten immer weniger angeboten wurde. In der Folge wandten sich die einstigen Kernwähler in einem jahrzehntelangen Prozess in Scharen von der Partei ab. Studien zeigten: Für etwa die Hälfte der Wähler ohne Hochschulabschluss, die den Demokraten die Unterstützung entzogen, war die Wende in der Wirtschaftspolitik der wichtigste Grund.[21]

Die Folge war, dass sich im rechten und linken Lager das Wählerreservoir seither nahezu austauschte, nicht nur in den USA, sondern auch in vielen europäischen Ländern. In Frankreich stimmten viele Arbeiter, die früher kommunistisch oder sozialistisch gewählt hatten, für den rechten Rassemblement National, wie es der Soziologe Didier Eribon in seinem autobiografischen Essay »Rückkehr nach Reims« beschrieb. In Deutschland wählten bei der Bundestagswahl im Februar 2025 mehr als dreimal so viele Arbeiter die AfD als die SPD.

Hinzu kam, dass sich auch unter den Mitgliedern und Funktionären kaum noch Arbeiter, aber dafür umso mehr Akademiker fanden. Oft kam der Parteinachwuchs nicht mehr aus der Gewerkschaftsbewegung, sondern aus der eher postmateriell ausgerichteten Welt der Bürgerinitiativen, Umweltgruppen oder Nichtregierungsorganisationen. »Überall hat eine gut ausgebildete Elite die Mitte-links-Parteien übernommen«, sagt der US-Ökonom und Nobelpreisträger Daron Acemoğlu. »Ihre Politik und ihre Rhetorik zielen nicht mehr auf die Arbeiter, sondern auf das, was einer gut qualifizierten Oberschicht wichtig ist.«[22]

Dass die Angebote der Mitte-links-Parteien an ihrer einstigen Kernklientel heute vielfach vorbeigehen, stellte auch der frühere SPD-Chef Sigmar Gabriel fest. Viele seiner Genossen hätten den Kontakt zur Arbeiterschaft weitgehend verloren, so konstatierte er schon Ende 2017 in einem Essay für den SPIEGEL. Zahlreiche Parteifreunde verfolgten inzwischen eher liberale oder grüne Ideen der Postmoderne und überließen wichtige Begriffe wie den der Heimat der politischen Rechten. Die Sozialdemokraten müssten »sich fragen, ob sie kulturell noch nah genug an jenen Teilen der Gesellschaft sind, die mit dem Schlachtruf ›Anything goes‹ nicht einverstanden« seien, schrieb er. »Wer die Arbeiter des Rust Belt verliert, dem werden die Hipster in Kalifornien auch nicht mehr helfen.«[23]

Der Appell des einstigen Parteivorsitzenden verhallte weitgehend ungehört. Den Wunsch nach Heimat machten fortan die Populisten zu ihrem Thema, und niemand tat das geschickter als Donald Trump. Mit seiner Forderung nach hohen Zöllen und weniger Einwanderung sprach er aus, was viele Arbeiter dachten. Und mit seiner Zusage, die Industrie zurück in die USA zu holen, bediente er ihre Sehnsüchte nach einer vermeintlich guten alten Zeit. Wie kein anderer richtete Trump seine Slogans an der Erkenntnis des US-Wissenschaftlers Francis Fukuyama aus, dass die heutigen Wähler nicht nur nach ihren Interessen, sondern mehr denn je nach Identitäten entschieden.[24] Sie suchten nach Repräsentanten, die ihnen ähnlich seien, und sähen sich als Teil einer Gruppe, die Respekt verdiene und der es um Status und Würde gehe.

Die kulturelle Nähe zwischen dem Kandidaten und seiner Anhängerschaft erzeugte jenen Wärmestrom, mit dem Trump sein Publikum euphorisierte, wenn er im Stil südamerikanischer Potentaten vom Balkon des Weißen Hauses seine Ansprachen hielt. »Wir lieben dich!«, brüllte die Menge. »Ich liebe euch auch!«, brüllte Trump zurück.[25]

Es war eine feine Ironie der Geschichte, dass sein populistisches »Wir gegen die«-Schema derselben Gruppenlogik folgte, nach der zuvor die Demokraten ihre Politik auf Minderheiten wie Schwarze, Latinos oder die LGBTQ-Gemeinde ausgerichtet hatten. Trumps Identitätspolitik dagegen zielte auf die weiße Arbeiterschaft, die das liberale Amerika vergessen hatte. Trump versprach, sie gemeinsam mit der amerikanischen Nation »wieder groß« zu machen.

Die Demokraten waren die Partei der Minderheiten, die sich im Konflikt mit der weißen Mehrheitsgesellschaft sahen. Trump drehte den Spieß um und machte die weiße Unterschicht zum Subjekt einer Identitätspolitik von rechts. Er zeigte sie als Opfer eines Establishments, das Amerikas Märkte ohne Rücksicht auf Jobs weiter öffnen und all die Einwanderer ins Land holen wollte, die den US-Arbeitern angeblich die Industriestellen und die Wohnungen wegnahmen. »Ich liebe die Ungebildeten«, sagte Trump. Seine Gegenkandidatin Hillary Clinton dagegen sprach von der einstigen Kernklientel ihrer Partei als »den Kläglichen« – womit jenes Wort gefallen war, in dem sich wie in keinem anderen die Ursache für die fatale Niederlage der Demokraten im Wahlkampf 2016 verdichtete.

Dass sich hinter Trumps Arbeiterparolen in Wahrheit ein zynisches Kalkül zugunsten der meist weißen Upper Class verbarg, verstand der Bauunternehmer perfekt zu tarnen. Dennoch war es unübersehbar, wie sich zum Beispiel an seiner Steuerpolitik nachweisen ließ. Sie begünstigte einseitig die Reichen und war der Grund, weshalb sich die republikanische Partei so bereitwillig in Trumps Arme warf. Deren Strategen hatten schon seit Langem nach einem Weg gesucht, wie sie die ökonomischen Interessen der Oberschicht in einer zunehmend diversen und von wachsender Ungleichheit geprägten Gesellschaft durchsetzen konnten. Trump bot eine verblüffend einfache Lösung, die US-Ökonom Rodrik so zusammenfasste: Die Partei habe ihre Oberschichtspolitik aus niedrigen Steuern, Sozialkürzungen und Deregulierung mit dem Kampf gegen Rassengleichheit, Schwulenehen und Freihandel verbunden. Positionen, so schrieb Rodrik, die in Teilen der Bevölkerung populär gewesen seien und mit denen die »Partei der Reichen« gering verdienende Wähler dazu gebracht habe, »gegen ihre unmittelbaren materiellen Interessen zu stimmen«.[26]

Die Fehler der etablierten Parteien – und wie sie sich vermeiden lassen

Der Wahlkampf der Republikaner beruhte auf einem Trick, aber er verfing. Auch deshalb, weil der geniale Unterschichtsfänger Trump der beste Propagandist war, den die Partei für ihr Verführungsprojekt finden konnte. Mit seiner einfachen Sprache, seinen knappen Slogans und den ständigen Wiederholungen traf er den Nerv einer Wählerschaft, die sich von dem abgehobenen, auf politische Korrektheit bedachten Jargon der Washingtoner Politik-Insider zunehmend abgestoßen fühlte.

Wie kein anderer verkörperte Trump jenen kulturellen Bruch mit der liberalen Elite, der im Mittelpunkt des populistischen Projekts stand. Schon Berlusconi hatte »die politische und bürokratische Maschine« seines Landes attackiert, die »perfekt darauf ausgerichtet gewesen« sei, seinen Aufstieg zu verhindern.[27] Der »tiefe Staat« und ein angeblich volksfernes Establishment: Das waren nun überall die

Gegner. Der österreichische Rechtspopulist Jörg Haider nannte sie »die Gauner der Republik«, die »unter dem Deckmantel der Universität oder sonstiger Institutionen« agierten. Seine französische Gesinnungsfreundin Marine Le Pen polemisierte gegen die verknöcherte Pariser Führungsschicht, die sich aus Mitgliedern großbürgerlicher Familien und Absolventen staatlicher Eliteschulen zusammensetze. Und die AfD sprach von »einem politischen Kartell«, von »selbstherrlichen Gewaltinhabern«, denen die Partei »die illegitime Macht entreißen« müsse.[28]

Dass die Rhetorik verfing, hing mit der Entfremdung wichtiger Bevölkerungsgruppen von den einstigen Volksparteien zusammen, aber auch mit taktischen Fehlern. Im Kampf um die Macht rückten die etablierten politischen Kräfte in die Mitte, womit sie an den Rändern ein politisches Vakuum erzeugten, das die Populisten gern füllten. Das ließ sich in vielen europäischen Ländern beobachten, aber nirgendwo hatte es so gravierende politische Konsequenzen wie in Frankreich.

Während Marine Le Pen dem Rassemblement National ein zunehmend bürgerliches Image verpasst hatte, seit sie 2011 den Vorsitz übernommen hatte, waren die etablierten Parteien unter den Präsidenten Nicolas Sarkozy (Republikaner) und François Hollande (Sozialisten) durch Skandale und interne Streitigkeiten immer schwächer geworden. Sollte die Republik vor Le Pen bewahrt werden, so schlussfolgerte Hollandes Wirtschaftsminister Emmanuel Macron, müsse das alte Links-rechts-Duopol durch eine neue einheitliche Kraft der politischen Mitte ersetzt werden. Mit seiner Bewegung En Marche, der sich eine ansehnliche Zahl von Politikern aus den Reihen der Republikaner wie der Sozialisten anschloss, errang er bei den Präsidentschaftswahlen 2017 einen triumphalen Sieg.

Anfangs galt der Erfolg als Beispiel, wie sich mit einer neuen zentristischen Kraft die populistische Welle brechen ließ. Doch je länger Macron regierte, desto deutlicher zeigten sich die Schwächen des

Ansatzes. Zum einen bestätigte der frühere Investmentbanker, dessen brillanten Auftritten stets eine gewisse Hochnäsigkeit anhaftete, aufs Schönste die Vorurteile seiner antielitären Widersacher. Zum anderen gelang es ihm immer seltener, die vielfältigen Konflikte der französischen Gesellschaft mit einer Politik der Mitte aufzulösen. Da die sozialdemokratische und republikanische Konkurrenz aber weitgehend ausgeschaltet war, stärkte Macron die Extremisten. Als die Bewegung des Linkspopulisten Mélenchon und Le Pens Rassemblement National bei den Europawahlen 2024 große Gewinne erzielten, setzte Macron in einem Akt der Verzweiflung Neuwahlen zur Nationalversammlung an. Das Manöver trug ihm eine empfindliche Niederlage ein, während die Populisten von rechts und links profitierten. Seither regierte Macron ohne Mehrheit im Parlament, und seine Premierminister waren auf die Gnade der politischen Ränder angewiesen. Anstatt die Populisten kleinzuhalten, wie es beabsichtigt gewesen war, hatte sie Macrons zentristisches Experiment gestärkt.

Die Anti-Establishment-Parteien waren durch die ökonomische Polarisierung in den westlichen Industrienationen entstanden. Ihre Anführer profitierten von den kulturellen Brüchen, die daraus hervorgegangen waren, und von der Welt der sozialen Medien, deren Echokammern Wutbotschaften, Verschwörungstheorien und Hassreden belohnten. Doch die Bewegung wäre wohl kaum so erfolgreich gewesen, wenn ihnen die etablierten Parteien nicht den Weg frei gemacht hätten. In vielen westlichen Staaten hatten die Politiker der politischen Mitte den Draht zu bedeutenden Gruppen der Bevölkerung verloren, ihre Themen und Anliegen vernachlässigt und den politischen Diskurs auf jene gebildeten Schichten ausgerichtet, denen sie zumeist selbst entstammten.

Mal waren es die Krisen und Affären der Mitte-Parteien, von denen die Populisten profitierten. Im Italien der frühen Neunzigerjahre zum Beispiel hatten sich Christdemokraten und Sozialisten nach zahlreichen Korruptionsfällen und Mafiaskandalen gleichermaßen diskreditiert, sodass sich ein politischer Außenseiter wie Berlusconi als Retter ins Spiel bringen konnte. Dann wieder bereiteten politische Fehlkalkulationen den Anti-Elite-Politikern das Feld – wie die fatale Entscheidung des britischen Regierungschefs David Cameron, ein Referendum zum EU-Austritt anzusetzen. Was die Europaskeptiker in seiner Konservativen Partei befrieden sollte, setzte eine Volksbewegung gegen seine Regierung in Gang. Der Vorgang bestätigte das Urteil des US-Politikwissenschaftlers Larry Bartels, nach dem der Niedergang von Demokratien zumeist »von ihrer Spitze« ausgehe.[29]

Ist es demzufolge nur eine Frage der Zeit, bis in weiteren Staaten des Westens Populisten an die Regierung kommen? Und werden sie dann versuchen, ihre Länder nach ungarischem Vorbild in Spin-Diktaturen zu verwandeln?

Die Erfahrungen mit den populistischen Bewegungen der vergangenen zwei Jahrzehnte zeigen, dass der Aufschwung der Anti-Elite-Parteien keineswegs garantiert ist. Im Gegenteil: In manchen Ländern haben die Wähler entschieden, sie zurück in die Opposition zu schicken. In anderen ist es den Kräften der Mitte gelungen, die Populisten durch kluge Politik zurückzudrängen. In wieder anderen haben die demokratischen Institutionen und Gewohnheiten einen autoritären Umbau des Regierungssystems verhindert.

Mitunter aber haben sich die populistischen Bewegungen auch selbst zerstört, wie die spanische Podemos-Partei, die eine Gruppe linker Politikwissenschaftler 2014 gegründet hatte. Ihre Wurzeln lagen in einer quirligen Protestbewegung, die Anfang der Zehnerjahre gegen die Sparpolitik der EU, gegen Zwangsräumungen und Frauendiskriminierung in spanischen Großstädte entstanden war. Ihr Anführer war Pablo Iglesias, ein Madrider Universitätsdozent mit Zopf und Bärtchen, der klassische Positionen der Linken mit der populistischen »Wir gegen die«-Botschaft würzte: Auf der einen Seite stand das einfache Volk, das unter der Sparpolitik zur Eurorettung litt. Auf der anderen befand sich die korrupte Wirtschafts- und

Politikelite des Landes, die sich willenlos den Diktaten der Brüsseler EU-Zentrale und der internationalen Finanzlobby ergab. Mit viel gesehenen TV-Sendungen, der populären Forderung nach einem bedingungslosen Grundeinkommen und parteiinternen Onlineabstimmungen holte die Partei bei den Parlamentswahlen 2015 ein Fünftel aller Stimmen. Ein paar Jahre später stieg Iglesias sogar zu einem der Vizeministerpräsidenten einer sozialdemokratisch geführten Linksregierung auf.

Doch da hatte Podemos ihren Zenit bereits überschritten. Flügelkämpfe zerrissen die Bewegung. Gründungspolitiker verließen die Partei im Streit, Korruptionsvorwürfe wurden laut, und an der Basis wuchs der Unmut über den absolutistischen Führungsstil des Chefs, der sich als prominente Fernsehfigur Starallüren leistete. Als Iglesias nach mehreren Wahlniederlagen seine Ämter niederlegte, zerfiel die Partei und ging in einer neuen linken Sammlungsbewegung auf, die jedoch nicht mehr die Durchschlagskraft des Gründungsbündnisses erreichte. Podemos war an den eigenen Ansprüchen gescheitert. In der Anti-Establishment-Formation, die eine neue Form von Demokratie und Basispolitik vorleben wollte, war es am Ende auch nicht anders zugegangen als in einer der Altparteien.

Befördert wurde der Niedergang zudem durch den allmählichen Aufschwung der spanischen Wirtschaft in der zweiten Hälfte der Zehnerjahre. Weil die Zahl der Arbeitslosen sank und auch die Einkommen der Mittelschicht stiegen, verlor die Podemos-Kritik ihre ökonomische Grundlage. Auch das war eine wiederkehrende Erfahrung in den westlichen Industrienationen seit der Jahrtausendwende: Wenn es den etablierten Parteien gelang, den Populisten durch eine erfolgreiche Politik das Mobilisierungsthema zu entreißen, ließ sich ihr Aufstieg oftmals bremsen.

Ein besonders eindrückliches Beispiel dafür lieferte Schweden. Jahrzehntelang hatte sich das Land durch eine besonders liberale Flüchtlings- und Einwanderungspolitik ausgezeichnet. Auch 2015, als sich Millionen Opfer des syrischen Bürgerkriegs auf den Weg nach Europa machten, hielt die Regierung in Stockholm die Landesgrenzen offen. Das trieb indes nicht nur die Einwanderungszahlen auf einen neuen Rekordwert, sondern auch die Umfrage- und Wahlergebnisse der rechtsnationalistischen Schwedendemokraten. Die Partei mit Wurzeln in der Neonazi-Szene hatte sich schon seit Langem gegen die Einwanderungs- und Integrationspolitik des Landes positioniert, die in vielen Städten zu Parallelgesellschaften und Bandenkriminalität geführt hatte. Der Anstieg der Asylbewerberzahlen nach 2015 überforderte die Gesellschaft zusätzlich; und so holten die Schwedendemokraten bei der Parlamentswahl des Jahres 2018 mehr als 18 Prozent der Stimmen, so viel wie noch nie.

Schon seit einiger Zeit hatten die etablierten Parteien – von den Konservativen über die Liberalen bis zu Sozialdemokraten und Grünen – unter dem Druck der populistischen Konkurrenz eine Kehrtwende in der Flüchtlingspolitik eingeleitet. Nun verschärften sie den Kurs. Abschiebungen wurden erleichtert, der Familiennachzug erschwert, Sozialleistungen gekürzt. Als die konservativ geführte Regierung von Premierminister Ulf Kristersson im Jahr 2024 meldete, dass erstmals seit Jahrzehnten mehr Flüchtlinge das Land verlassen als angesteuert hatten, zeigte die Politik Erfolg. Bei den Europawahlen im Juni desselben Jahres holten die Schwedendemokraten, die inzwischen als Duldungspartner indirekt an der Regierung beteiligt waren, lediglich 13,2 Prozent der Stimmen, deutlich weniger als fünf Jahre zuvor. Nach Ansicht vieler Beobachter hatte der erste Rückschlag der Partei seit ihrer Gründung seinen Grund nicht zuletzt in der Tatsache, dass die Migration bei den Wählern nur noch ein untergeordnetes Thema war.

Ähnlich verlief die Entwicklung in anderen skandinavischen Ländern. Auch in Dänemark und Finnland hatten die etablierten Parteien des rechten wie des linken Lagers nach und nach einen restriktiveren Kurs in der Flüchtlingsfrage eingeschlagen, der den rechtspopulistischen Aufschwung stoppte. Die Partei Die Finnen büßte im Vergleich zur vorherigen Europawahl fast 40 Prozent ihrer Stimmen ein, bei der Dänischen Volkspartei waren die Verluste ähnlich hoch.

Sind Populisten dagegen erst mal an der Macht, ist die Wahrscheinlichkeit groß, dass sie versuchen, das politische System autoritär umzubauen. Wer sich im Besitz des Volkswillens wähnt, fühlt sich in der Regel auch berufen, ihn durchzusetzen. So besehen ist der Populismus der kleine Bruder der Autokratie.

Eine andere Frage ist, ob der Volkspolitiker mit seinem Ansinnen durchkommt. Gegen seine diktatorischen Neigungen steht in der Regel nicht nur die demokratische Opposition. Dagegen stehen auch die Verfassung, der unabhängige Teil des Justiz- und Verwaltungsapparats sowie eine Zivilgesellschaft, die auf der Erkenntnis von 300 Jahren westlicher Aufklärung gegründet ist. Danach war es noch nie eine gute Idee, die ganze Macht einem einzelnen Menschen anzuvertrauen. Die Erfahrung mit dem Populismus der vergangenen 25 Jahre zeigt, dass die demokratischen Reflexe in den westlichen Gesellschaften noch immer stark sind – und nicht selten obsiegen.

In Großbritannien zum Beispiel war Boris Johnson in den Stürmen der Brexit-Kampagne zum Premierminister aufgestiegen. Doch als offenkundig wurde, dass er seine Politik mit Tricks, Rechtsbrüchen und Lügen durchsetzen wollte, stellten sich ihm die Granden der eigenen Partei und die britischen Institutionen entgegen. 2019 stoppte der Oberste Gerichtshof sein Vorhaben, mit regelwidrigen Zwangsferien für das Parlament seine Brexit-Pläne durchzubringen. Gegen seine Versuche, das von ihm selbst ausgehandelte Nordirland-Protokoll zu brechen, opponierte das Oberhaus.

Zugleich wuchs die Enttäuschung über die Resultate seines Brexit-Experiments. Vor dem Referendum zum EU-Austritt hatte Johnson seinen Landsleuten eine goldene Zukunft ohne die Bürokratie aus Brüssel versprochen. Doch als die Zöllner in Calais und Dover wieder ihre Grenzhäuschen bezogen, machte sich der EU-Austritt auf der Insel in leeren Supermarktregalen und unterbesetzten Kliniken bemerkbar. Es fehlte an Lkw-Fahrern und Krankenschwestern, und viele Unternehmen, die sich einst wegen der EU auf der Insel angesiedelt hatten, verlegten ihre Filiale wieder aufs Festland. Rund ein Prozent ihrer Wirtschaftsleistung verloren die Briten wegen des EU-Austritts pro Jahr, so errechneten Ökonomen. Als dann auch noch bekannt wurde, dass Johnson in der Affäre um illegale Coronapartys Gesetze übertreten und das Parlament belogen hatte, wandten sich immer mehr Parteifreunde von ihm ab. Im Spätsommer 2022 hatte er den Rückhalt seiner eigenen Truppen verloren und trat entnervt zurück.

Johnson war der Fall des Volkstribunen, der an seinem Charakter und seinen falschen Versprechungen gescheitert war. In Polen wiederum war kurz darauf eine autoritär-populistische Regierung zu besichtigen, die ihr Gefühl für die Stimmung im Volk verlor. Die Partei PiS des nationalkonservativen polnischen Politikers Jaroslaw Kaczyńsky hatte nach der Übernahme der Regierung im Jahr 2015 damit begonnen, das politische System des Landes nach ungarischem Vorbild umzubauen. Die Regierung ging gegen kritische Medien vor, brachte das Verfassungsgericht auf Linie und stellte große Teile des Justizapparats unter Kontrolle der Regierung. Brüssel eröffnete ein Rechtsstaatsverfahren und sperrte EU-Gelder für das Land; doch ihren Rückhalt bei den Wählern büßte PiS erst ein, als sie sich in Abtreibungs- und Kirchenfragen auf einen ultrakonservativen Kurs festlegte. Als Fehlschlag erwies sich zudem die Idee, die Bevölkerung nach Orbán-Manier zu manipulativen Referenden über Ausländer zu rufen. Die selbst ernannten Volkspolitiker hatten die Stimmung im Volk falsch eingeschätzt. Im Herbst 2023 wurde die PiS-Regierung nach einer deutlichen Niederlage bei den Parlamentswahlen durch ein Bündnis des liberal-konservativen Politikveteranen Donald Tusk abgelöst.

Die Entscheidung zwischen liberaler und illiberaler Demokratie war damit jedoch nicht gefallen, wie sich nur 18 Monate später zeigte. Bei den Präsidentschaftswahlen im Frühsommer 2025 triumphierte PiS-Kandidat Karol Nawrocki, der die Politik seiner Gesinnungsfreunde fortzusetzen versprach. Die polnische Gesellschaft ist zutiefst gespalten, so zeigte die Wahl: zwischen dem liberalen städtischen Westen des Landes und einem ländlichen, autoritär denkenden Osten. Tusk war es nicht gelungen, die tiefen politischen Gräben zu verkleinern.

In der populistischen Bewegung haben die Erfolge und Misserfolge der vergangenen Jahre zu unterschiedlichen Reaktionen geführt. Manche Parteien in Europa rückten nach rechts, wie die AfD in Deutschland. Andere schlugen den Weg in die politische Mitte ein. Sie dämpften ihre Attacken auf die Europäische Union, näherten sich in der Energie- und Umweltpolitik den Positionen der Konservativen an und suchten nach einer Politik, mit der sich die Brücken zur Demokratie aufrechterhalten ließen.

Ihre Vorzeigefrau wurde Giorgia Meloni, Chefin der rechtsnationalen Partei Fratelli d'Italia, deren Wurzeln in die faschistische Bewegung Benito Mussolinis zurückreichen. Sie war 2021 zur italienischen Ministerpräsidentin aufgestiegen, nachdem sie ihre Partei klug aus dem Intrigenspiel um den Sturz und die Nachfolge ihres Amtsvorgängers Mario Draghi herausgehalten hatte. So konnte sie sich unbeschädigt als Chefin einer rechtskonservativen Dreiparteienkoalition etablieren, in der die »Brüder Italiens« die stärkste Kraft bildeten.

Anfangs waren die Erwartungen an ihre Regierung gering. Die einen fürchteten, dass sie die EU-kritische Autokratenfraktion um Orbán stärken könnte. Die anderen gaben der früheren Erziehungsministerin allenfalls ein paar Monate, bis sie im Haifischbecken der italienischen Parteipolitik untergehen werde.

Das Gegenteil geschah. Melonis fragiles Bündnis entwickelte sich zu einer der stabilsten italienischen Regierungen der Nachkriegszeit.

Mindestens genauso überraschend war, wie scharf sie sich von Europas rechtspopulistischer Hardliner-Fraktion abgrenzte. Sie stellte sich im Ukrainekonflikt eng an die Seite Kiews, pflegte beste Beziehungen zu EU-Kommissionschefin Ursula von der Leyen und verfolgte eine Linie in der Flüchtlingspolitik, die auch liberale oder sozialdemokratische EU-Regierungen mittrugen. Zwar warnte Italiens Opposition, dass die Ministerpräsidentin in der Innenpolitik autoritär gegen kritische Medien sowie die LGBTQ-Gemeinde vorgehe. Doch blieben ihre Attacken weit hinter dem zurück, was vor ihrer Amtsübernahme befürchtet worden war.

Stattdessen zeigte sich, dass es im europäischen Rechtspopulismus nun zwei Strömungen gab: Auf der einen Seite stand die korrupte und europafeindliche Autokratie Orbáns, auf der anderen Seite positionierte sich Meloni als Protagonistin eines neuen populistischen Pragmatismus. Vom rechtskonservativen Flügel der Christdemokratie unterschied sich ihre Politik nur noch in Nuancen. Sichtbar wurde der Richtungsstreit, als die beiden Führungsfiguren der europäischen Rechten nach den Europawahlen zwei gegensätzliche Parteienfamilien im Europäischen Parlament gründeten. Während sich der Orbán-Verbund schärfer denn je von den Parteien der demokratischen Mitte absetzte, kooperierte die Meloni-Allianz eng mit der konservativen Europäischen Volkspartei.

Die Entwicklungen der vergangenen zwei Jahrzehnte lehrten, dass der Populismus keineswegs zwangsläufig in die Autokratie führen muss. In Italien hatte sich im rechten Lager nicht die radikale europafeindliche Linie von Lega-Chef Matteo Salvini durchgesetzt, sondern der moderatere Kurs Melonis. Zugleich sorgte das politische System des Landes mit seiner starken Stellung von Parlament, Präsident und Regionalregierungen dafür, dass die Ministerpräsidentin kaum autokratisch durchregieren konnte. Meloni mühte sich wie viele italienische Regierungschefs vor ihr, die Stellung dieses Amts durch eine Verfassungsreform zu stärken. Doch ob sie damit

Erfolg haben würde, war alles andere als gewiss. Der Letzte, der dabei an einer Volksabstimmung gescheitert war, war ihr sozialdemokratischer Amtsvorgänger Matteo Renzi gewesen.

Wann die Brandmauer hilft – und wann nicht

Populisten sind keine besseren Politiker. Solange das Wahlsystem eines Landes intakt ist, unterliegen sie denselben Beliebtheitszyklen wie ihre Kollegen aus dem Mitte-Lager. Können sie ihre Versprechen nicht halten, verlieren sie an Zustimmung. In erster Linie ist es deshalb eine Angelegenheit der etablierten Parteien, den populistischen Vormarsch aufzuhalten. Der Aufstieg der Bewegung wurzelt in der Unzufriedenheit breiter Bevölkerungsschichten, dass der wirtschaftliche Aufschwung an ihnen vorbeiläuft (wie in den USA) oder es in der Wirtschaft kaum noch aufwärtsgeht (wie in Europa). Zugleich sind die Erfolge von Trump, Le Pen und Co. ein klarer Hinweis, dass Konservative und Liberale, Grüne und Sozialdemokraten wichtige Wählerschichten nicht mehr erreichen. Nichts hat die Identitätspolitik von rechts so befördert wie die Identitätspolitik von links.

Vor allem aber ist der Populismus ein Seismograf für die Fähigkeit der Politik, Probleme zu lösen. Es ist die Krise, die der Bewegung Nahrung gibt. Und es ist ihr Ende, das sie schrumpfen lässt.

Das beste Beispiel dafür lieferte der Beinahezerfall der Europäischen Währungsunion. Solange der Euro vor dem Bruch stand und die Brüsseler Krisenmanager den Regierungen in Madrid oder Athen ein Sparpaket nach dem anderen aufnötigten, waren die Populisten im Aufwind. Als die EU-Krisenpolitik jedoch allmählich griff, ging ihnen erst das Thema verloren – und dann der Zuspruch der Wähler.

Dass gutes Regieren und Populismus kommunizierende Röhren sind, kann auch in Deutschland beobachtet werden. Die Kanzlerschaft Angela Merkels zum Beispiel lässt sich in zwei Perioden teilen: eine erste, in der sie mit einer klugen Krisen- und Wirtschaftspolitik den Populismus lange erfolgreich zurückdrängte. Und eine zweite, in der das Gegenteil geschah.

Als Merkel 2005 ihr Amt antrat, führte sie zunächst die beschäftigungsfreundlichen Agendareformen des sozialdemokratischen Kanzlers Gerhard Schröder weiter. Sie verlängerte die Lebensarbeitszeit und ließ das Rentenalter auf 67 Jahre steigen. Es gelang ihr, den Konjunktureinbruch nach der Finanzkrise mit einer effektiven Konjunkturpolitik aus Kurzarbeitergeld und Abwrackprämie abzufedern – Maßnahmen, die internationale Organisationen wie der IWF oder die OECD als vorbildlich einstuften. Deutschland ging stärker aus dem Abschwung hervor als die meisten anderen Industrienationen. Während die USA in jenen Jahren ihren Chinaschock erlebten, exportierte die Bundesrepublik Maschinen, Chemieprodukte oder Autos in alle Welt. Das sicherte nicht nur Millionen von gut bezahlten Mittelschichtsjobs in der Industrie, sondern auch politische Stabilität. Während Parteien wie die FPÖ in Österreich oder die Lega Nord in Italien bereits große Erfolge feierten, blieb Deutschland lange Zeit populismusfrei. Die Bundesrepublik war Europas ökonomische und politische Vorzeigenation, in der Extremisten keine Chance hatten.

Das änderte sich erst, als sich in der Eurokrise die AfD gründete. Bei den Europawahlen 2014 holte die Partei über 7 Prozent der Stimmen, doch wieder gelang es Merkel, die neue Konkurrenz durch geschicktes Krisenmanagement auszumanövrieren. Sie gab stets nur so viel deutsche Garantiegelder für den Kampf gegen die Währungskrise frei, wie zur Beruhigung der Finanzmärkte unbedingt nötig waren. 2015 war die Währungsunion wieder weitgehend saniert, und so war es beinahe folgerichtig, dass die AfD in den damaligen Umfragen wieder unter die Fünf-Prozent-Hürde rutschte.

Dann kam die Flüchtlingskrise mit der Merkel-Entscheidung, die Grenzen für eine bislang nie gekannte Form von »Willkommenskultur« zu öffnen. Was AfD-Vize Alexander Gauland später als »Geschenk« für seine darniederliegende Partei bezeichnen sollte, setzte zugleich das Signal, dass die zweite Phase der Merkel-Ärä begonnen hatte: jene reformarmen Jahre der Großen Koalition, in denen die Politik der Kanzlerin dazu beitrug, das Comeback der AfD zu fördern. Durch den Kontrollverlust an den deutschen Grenzen. Aber auch durch eine Finanzpolitik, die im Namen des Schuldenabbaus die Zukunft aus dem Blick verlor. Merkels Haushaltspolitik der schwarzen Null beschleunigte den Verfall der deutschen Infrastruktur und ignorierte die herannahende Demografiekrise in den sozialen Sicherungssystemen. Zugleich verschlechterten sich die Bedingungen für private Investitionen, sodass die heimischen Unternehmen neue Fabriken und Anlagen vornehmlich im Ausland errichteten. So begann in der zweiten Hälfte der Zehnerjahre jenes Schrumpfen der Industrieproduktion, das sich einige Jahre später zur Erosion des deutschen Geschäftsmodells auswachsen sollte. Die Deindustrialisierung der Bundesrepublik wurde zu einem weiteren Mobilisierungsthema für die Rechtspopulisten.

Hinzu kam Merkels Strategie, der CDU auf ihrem Weg in die Mitte so gut wie jedes eigene inhaltliche Profil auszutreiben. In der sicheren Annahme, dass die eigenen Anhänger in jedem Fall zur Wahl gehen würden, übernahm sie zahlreiche Positionen der politischen Konkurrenz, um wiederum deren Klientel von der Stimmabgabe abzuhalten. »Asymmetrische Demobilisierung« hieß die Methode, mit der Merkel bei den Bundestagswahlen einen sozialdemokratischen Herausforderer nach dem anderen zur Strecke brachte, zugleich aber – ähnlich wie Macron in Frankreich – einen wachsenden Leerraum rechts des eigenen Lagers schuf. Unter ihrem Nachfolger Olaf Scholz, der sich als sozialdemokratische Fortsetzung Merkels verstand, wurde das Spielfeld für die AfD noch größer. Bei der Bundestagswahl 2025 fuhr die Partei mit 20,8 Prozent der Stimmen schließlich das beste Ergebnis ihrer Geschichte ein.

Die Erfahrungen mit der Politik Merkels und Macrons zeigten, dass im Zeitalter des Populismus eine alte Formel aus den Lehrbüchern der Parteiendemokratie überdacht werden muss: Wahlen werden in der Mitte gewonnen, das stimmt noch immer. Aber die Schlacht gegen den Populismus entscheidet sich an den Rändern.

Die Erfahrungen der vergangenen zwei Jahrzehnte lehren, dass gutes Regieren und ein breites demokratisches Angebot noch immer die besten Mittel gegen die »Wir gegen die«-Parteien sind. Die Tendenz der vergangenen Jahre dagegen, das politische Spektrum zunehmend zu verengen, kommt einer Aufforderung gleich, populistische Parteien zu gründen. Wenn Konservative den Konservatismus aus ihren Programmen verbannen und die Parolen der Arbeiterparteien keine Arbeiter mehr erreichen, ist es nicht verwunderlich, wenn die Konkurrenz den Markt aufrollt.

Die Wahlerfolge von Populisten sind zunächst einmal keine Gefahr für die Demokratie, sondern ein Hinweis auf die Defizite etablierter Parteien. Wenn diese in der Folge ihre Positionen und Strategien überdenken, ist das kein Grund zur Sorge, sondern ein Zeichen für funktionierenden Wettbewerb. Populisten an der Regierung zu beteiligen, ist ebenfalls kein Dammbruch, solange sie sich glaubwürdig zur Verfassung, zu Gewaltenteilung und Rechtsstaat sowie zum Prinzip freier und fairer Wahlen bekennen. Sie wegen radikaler Positionen in der Migrations- oder Außenpolitik auszuschließen, ist keine gute Idee. Das läuft auf den Versuch hinaus, die Demokratie zu retten, indem man sie abschafft.

Anders ist es, wenn Populisten aus ihren autokratischen Neigungen keinen Hehl machen. Donald Trump hätte nach seinem Versuch, die Amtsübernahme seines rechtmäßig gewählten Nachfolgers Joe Biden zu verhindern, nie wieder zu einer Präsidentenwahl antreten dürfen. Es war ein Versäumnis der Demokraten und der US-Justiz, dass die entsprechenden Verfahren nicht rechtzeitig eingeleitet wurden, um eine erneute Kandidatur Trumps zu verhindern.

Auch die EU hat ihre Verfahren gegen Orbáns Rechtstaatsverstöße zu spät begonnen und lange zu halbherzig betrieben. Erst allmählich beginnen die westlichen Demokratien zudem, ihre politischen Systeme vor Autokraten besser zu schützen, indem sie die Unabhängigkeit der Gerichte stärken oder staatliche Eingriffe in die Presse- und Meinungsfreiheit erschweren.

Am Ende aber werden alle Verfassungszusätze und Brandmauern wenig nutzen, wenn ein mit großer Mehrheit gewählter Antidemokrat die Macht an sich reißen will: Dann hängt es von der Geschlossenheit der Opposition, der demokratischen Gesinnung von Beamten und Richtern sowie dem Widerstandswillen in der Zivilgesellschaft ab, ob die Diktatur zu stoppen ist. In Polen ist der Ausgang des Ringens offen, genauso wie in den USA.

Nach seiner verstörenden Antrittsrede im US-Kongress hat Trump begonnen, die USA autoritär umzubauen. Sein »Make America Great Again« klingt restaurativ, aber was er seit Beginn seiner zweiten Präsidentschaft vorantreibt, ist eine Revolution. Er brachte kaum Gesetze in die Parlamentskammern ein, dafür explodierte die Zahl seiner präsidialen Dekrete. Er feuerte Tausende von Staatsbediensteten, deren Stellen er mit Gefolgsleuten besetzte – oder einsparte. Universitäten wurden bedroht, weil sie sich seiner Gesellschaftspolitik entgegenstemmten, und Rechtsanwälte, weil sie seine persönlichen Feinde beraten hatten. Trump ignorierte Gerichtsurteile und kokettierte eine Zeit lang damit, gegen den Wortlaut der Verfassung für eine dritte Amtszeit zu kandidieren. 30 Jahre nachdem der westliche Populismus durch Berlusconi neu begründet worden war, hat er mit Trumps zweiter Präsidentschaft einen vorläufigen Höhepunkt erreicht. In den liberalen Niederlanden führt Rechtspopulist Wilders die stärkste Partei des Landes. In Frankreich arbeitet der Rassemblement National daran, im Jahr 2026 die Präsidentschaft zu erringen. Und in Deutschland ist die vom Verfassungsschutz als »gesichert rechtsextrem« eingestufte AfD bei der Bundestagswahl 2025 zur zweitstärksten Kraft aufgestiegen.

Seit den Neunzigerjahren haben Europas Populisten ihren Stimmenanteil von 12 auf über 30 Prozent im Jahr 2022 gesteigert.[30] Ihre Erfolge machen aus dem Kampf um die Demokratie einen Zweifrontenkrieg. Die liberalen Kräfte in Europa und den USA stehen nicht nur im Konflikt mit den selbstbewussten Diktatoren in China oder Russland, sondern auch mit den autoritär gesinnten Vertretern des »wahren Volkswillens« in ihren eigenen Ländern. Es ist wie im Kalten Krieg, in dem es ebenfalls die fünften Kolonnen Moskaus im Westen gegeben hat.

Damals siegte die Demokratie, heute ist der Ausgang offen. In manchen Ländern befinden sich die Populisten auf dem Rückzug. In anderen haben sie sich von ihren radikalen Positionen verabschiedet und sich in gemäßigt linke oder rechte Parteien des demokratischen Spektrums verwandelt. Ausgerechnet in den USA jedoch, der westlichen Führungsmacht, scheint mit Trump eine autoritäre Entwicklung möglich.

Wie im Ost-West-Konflikt des vorigen Jahrhunderts hat sich die Auseinandersetzung zwischen Demokratie und Autokratie zudem auf andere Teile der Welt ausgeweitet, auf Schwellenländer wie Indien, die Philippinen und etliche Staaten Südamerikas: Auch dort wird um Rechtsstaat und Gewaltenteilung gestritten, um das Verhältnis zwischen Politik und Wirtschaft, um die effizienteste Regierungsform. Oft unter ähnlichen Bedingungen und mit denselben zweischneidigen Ergebnissen wie in Europa und den USA.

Wie schwer es indes ist, eine einmal errichtete Autokratie wieder zu beseitigen, lässt sich in vielen Schwellenländern besonders eindrücklich studieren. Auch in solchen, die zum Westen zählen.

IM REICH DES SULTANS

Dicht gedrängt standen die Männer vor dem Bergwerksschacht im türkischen Soma, die Helme mit den Grubenlampen noch auf dem Kopf, die Gesichter rußgeschwärzt. Tags zuvor hatten sie Hunderte ihrer Kollegen tot aus der Tiefe bergen müssen, weil untertage ein verheerendes Feuer gewütet und das Management offenbar wichtige Sicherheitsmaßnahmen vernachlässigt hatte. Nun warteten sie darauf, dass ihnen der Ministerpräsident sein Mitgefühl zeigen, die Manager an ihre Verantwortung erinnern und ein paar Worte des Trostes finden würde.

Sie warteten vergeblich. Recep Tayyip Erdoğan, der seit über zehn Jahren als starker Mann das Land regierte, war nicht als Trauernder an den Unglücksort geeilt, sondern als Oberlehrer. So etwas passiere nun mal »überall auf der Welt«, dozierte er und verstörte sein Publikum mit einem faktengesättigten Referat über die weltweite Geschichte von Bergwerksunglücken. In England seien in den Jahren 1862, 1866 und 1894 mehr als 200, 360 und 290 Bergarbeiter gestorben, führte Erdoğan aus.[1] In Frankreich hätten 1906 sogar mehr als 1000 Menschen ihr Leben lassen müssen, in Japan seien es 1914 fast 700 gewesen. Das Unglück in Soma sei ebenfalls »ein Betriebsunfall«, setzte er hinzu, wie er nun mal »in solchen Minen immer wieder« passiere.

Die Zuhörer waren fassungslos. Viele von ihnen waren knapp dem Tod entronnen, sie waren geschockt über die große Zahl der Opfer und empört über Erdoğans kalten »Alles halb so schlimm«-Vortrag. Die Kumpel wandten sich gegen den Regierungschef, Protestrufe wurden laut, und seine Leibwächter hatten Mühe, ihrem Chef einen Weg durch die aufgebrachte Menge zu bahnen. Das Video, das zeigte, wie ein Erdoğan-Berater zudem einen am Boden liegenden Protestierer zusammentrat, ging im Netz viral, und die internationale Presse schrieb von »Massenzorn« gegen Erdoğan.[2]

Der misslungene Auftritt des Ministerpräsidenten zeigte nicht nur, wie weit sich der selbst ernannte Volkstribun in seiner langen Regierungszeit vom Volk entfernt hatte. Er war auch ein Beleg für die These, dass sich in einer Autokratie die Qualität der Regierung verschlechtert, je länger sie dauert. Das ist zwar auch in Demokratien der Fall, doch gibt es dort das Instrument des Regierungswechsels, das es in einer Alleinherrschaft wie der Erdoğans nicht gibt.

War sein deplatzierter Vortrag also das Werk eines inkompetenten Redenschreibers? Oder hatte Erdoğans Leuten der Mut gefehlt, ihrem Chef die zynischen Relativierungen auszureden? Unübersehbar war jedenfalls, dass die verfehlten Ausführungen das sorgsam gepflegte Bild des Volksverstehers beschädigte. Konnte es sein, so fragten sich viele Türken, dass ihr bewunderter Landesvater in Wahrheit ein Volksverächter war?

Dabei hatte der Autokrat – ähnlich wie Putin, Chávez oder Orbán – als Reformer begonnen. Nachdem er als Parteichef der konservativ-islamischen AKP im Jahr 2003 an die Regierung gekommen war, hatte der Kapitänssohn Marktwirtschaft und Demokratie zu seinen Markenzeichen gemacht. In seinen ersten Regierungsjahren erleichterte Erdoğan die Teilzeitarbeit, er förderte den Mittelstand und setzte in der autoritätshörigen türkischen Gesellschaft liberale Reformen durch. Die Todesstrafe wurde abgeschafft, die Rechte von Frauen, Kindern und Minderheiten erweitert, Versammlungs- und Pressefreiheit gestärkt. Islamischen Intellektuellen galt er als Vertreter einer neuen »muslimischen Postmoderne«. Für den späteren Bundespräsidenten Horst Köhler, damals Chef des Internationalen Währungsfonds, war Erdoğan sogar eine Art türkischer

Ludwig Erhard. Das Land stehe vor einem Wirtschaftswunder, befand Köhler 2003, das sich mit der Entwicklung im Nachkriegsdeutschland messen lassen könne.[3]

Doch je länger der Modernisierer an der Macht war, desto stärker schlugen seine autokratischen Instinkte durch. Während ihn der Westen noch als Erneuerer und Reformpolitiker feierte, hatte Erdoğan das Reformermanuskript längst gegen jene Regieanweisungen ausgetauscht, denen auch die aufstrebenden Diktatoren in Russland oder Venezuela folgten. Wie Putin oder Chávez ging auch der starke Mann in Ankara immer offener gegen Kritiker in Opposition und Medien vor. Er beschnitt die Unabhängigkeit von Justiz und Wissenschaft, pflegte eine Pfründe- und Vetternwirtschaft und betonte die religiösen Elemente seiner Politik, die er in den ersten Amtsjahren zu verbergen gewusst hatte. War Erdoğan also in Wahrheit ein islamistischer Fundamentalist, wie viele seiner türkischen Kritiker von Beginn an argwöhnten? Ein religiöser Fanatiker, der seinen geheimen Regierungsplan eine Zeit lang tarnte, um ihn dann umso entschlossener in die Tat umzusetzen?

Viel spricht dafür, dass die Wahrheit noch einfacher ist. Genau besehen hatte Erdoğan zur Demokratie dasselbe instrumentelle Verhältnis wie zur Religion. Rechtsstaat und Gewaltenteilung waren für ihn so lange maßgebliche Prinzipien, wie sie ihm halfen, seine Macht zu festigen. Wurden sie zur Gefahr für seine Herrschaft, legte er sie ab. Ähnliches galt für den Islam, der zwar im Mittelpunkt seines politischen Programms stand – den er aber längst nicht so stringent verfolgte wie sein politischer Ziehvater, der Gründer der muslimischen Wohlfahrtspartei und kurzzeitige Ministerpräsident Necmettin Erbakan. Während dieser in den Neunzigerjahren nach nur einjähriger Amtszeit seinen Posten im Streit um die Stellung des Islam verlor, galt für Erdoğan stets die umgekehrte Rangfolge: erst die Macht, dann die Religion.

So besehen ist der Islampolitiker, der sich Ende der Neunzigerjahre von seinem langjährigen Lehrmeister abwandte, kein religiöser Fundamentalist, sondern ein Fundamentalist der Macht. Ein typischer Spin-Diktator also, an dessen inzwischen mehrere Dekaden umfassender Regierungszeit sich zweierlei studieren lässt: erstens, worin die Grenzen und Risiken dieses Herrschaftsmodells liegen. Und zweitens, warum es in der Türkei besonders günstige Voraussetzungen fand.

Schließlich erweckte das Land Ende der Neunziger den Eindruck einer gefestigten westlichen Demokratie: Die Türkei war Mitglied der Nato, und es gab viele, die sie als Kandidatin für den Beitritt zur EU sahen. Wie in Europa und den USA wurde das Land von Parteien der linken und rechten Mitte regiert, die sich an der Macht abwechselten.

Tatsächlich war der eigentliche Souverän im Land aber nicht der Wähler, sondern die Armee, ein Staat im Staate mit eigener Justiz, eigenem Geheimdienst, eigenen Fabriken. Alle paar Jahre, wenn ihnen die Politik in Ankara nicht gefiel, putschten die Generäle. Sie verboten Parteien, warfen missliebige Politiker ins Gefängnis, verhafteten Minister und Regierungschefs oder brachten sie gar an den Galgen, wie 1961, als sie Adnan Menderes exekutieren ließen, einen mehrfach wiedergewählten Ministerpräsidenten. Richter und Journalisten mussten stets die Grenzen beachten, die ihnen die Offiziere setzten. »Die Armee«, urteilten Türkeikenner, »bestimmte das Geschehen.«[4]

Zugleich polarisierte ein Kulturkampf das Land. Die städtische Führungsschicht in Politik, Verwaltung und Wissenschaft folgte der Vorgabe von Staatsgründer Mustafa Kemal Atatürk, wonach die Religion in der Gesellschaft nur eine untergeordnete Rolle spielen dürfe. Die fromme Unterschicht auf dem Land und in den Arbeitervierteln dagegen erlebte ihre soziale wie religiöse Diskriminierung als zwei Seiten derselben Medaille. Wer aus einer armen, sogenannten Schwarztürkenfamilie stammte, hatte praktisch keine

Chance, jemals in die bessergestellte Welt der weißen Türken aufzusteigen.

Hinzu kam, dass die privilegierten Schichten in Behörden und staatsnahen Unternehmen eine lähmende Filzokratie bildeten, in der es nicht auf Leistung, sondern auf Protektion, Anpassung und den richtigen Familiennamen ankam, mitunter auch auf die besseren Verbindungen zur Mafia. Da passte es ins Bild, dass es schließlich ein Streit zwischen Präsident Ahmet Necdet Sezer und Regierungschef Bülent Ecevit über den Kampf gegen die Korruption war, der das Land kurz nach der Jahrtausendwende in eine der schwersten politischen Krisen seit der Staatsgründung stürzte. Getrieben von einer zweistelligen Inflation und hohen Staatsschulden, brachte der Konflikt Banken, Investoren und Kleinanleger dazu, ihr Geld in großem Stil außer Landes zu schaffen. Das Ergebnis war ein Währungssturz, der die Türken ein Drittel ihrer privaten Vermögens kostete und zahlreiche Firmen in die Pleite trieb.

Eine Finanz- und Bankenkrise, ein korruptes Regierungs- und Parteiensystem sowie eine zutiefst polarisierte Gesellschaft: Wie in anderen Staaten nach der Jahrtausendwende war damit der Boden bereitet, um eine populistische Retterfigur an die Regierungsspitze zu spülen – Erdoğan, den Chef der islamistischen AKP, der mit dem Satz »Ich bin Schwarztürke wie ihr« bei der Wahl 2002 einen Erdrutschsieg errang.

Er trat als Mann des einfachen Volkes an und zugleich als Erneuerer der türkischen Wirtschaft. Seine ökonomischen Reformen bescherten dem Land einen rasanten Aufschwung. Mit Wachstumsraten von bis zu 10 Prozent verwandelte Erdoğan die Türkei in das »China Europas«, wie die Finanzpresse jubelte.[5] Wohnungen, Straßen und Brücken wurden gebaut. In den Städten konnte sich eine wachsende Mittelschicht einen mitteleuropäischen Wohlstand mit Waschmaschinen, Kühlschränken und Autos leisten. Die Zahl der Armen ging zurück, und aus Istanbul wurde »Istancool«, die vibrierende Boomtown am Bosporus, in der die besten Traditionen von Orient und Okzident zum neuen Modell eines religiös fundierten wirtschaftlichen Aufbruchs verschmolzen.[6]

Sosehr Erdoğan das Land aus seiner ökonomischen Erstarrung befreite, so sehr diente ihm der Aufschwung zugleich dazu, die eigene Macht zu sichern. Die milliardenschweren Investitionen, die er in die lange vernachlässigten Regionen der Osttürkei lenkte, verschafften ihm das Wohlwollen der religiös eingestellten ländlichen Bevölkerung. Seine Wirtschaftsreformen sorgten für Rückhalt bei jenen exportorientierten Mittelstandsfirmen aus der Textil-, Maschinenbau- oder Elektroindustrie, die auf den Weltmärkten als »anatolische Tiger« Furore machten. Erdoğan hatte die Wirtschaft im Blick, aber stets ging es auch um Politik. Die Wohnungsbauprogramme, die seine ärmeren Landsleute in großer Zahl aus der Peripherie in die Städte lockten, hatten den kühl kalkulierten Nebeneffekt, die Zahl der AKP-Wähler in den Großstädten zu erhöhen.

Als Reformer antreten, um die eigene Position zu stärken und so lange wie möglich an der Macht zu bleiben: Das war der Hintergedanke Erdoğans bei seinem Aufbruch in Sachen Demokratie. Auf den ersten Blick folgten seine liberalen Reformen den Vorgaben der Europäischen Union für einen EU-Beitritt der Türkei. Bei näherem Hinsehen bestand ihr Ziel vor allem darin, unter Zuhilfenahme Brüssels die Stellung der Armee zu schwächen. Je mehr er Gerichte, Parlamente und Zivilgesellschaft stärkte, desto unwahrscheinlicher wurde ein Militärputsch. Und noch eine Überlegung bremste den Machtanspruch der Offiziere: Die Armee musste sich politisch zurückhalten, um den von allen gewünschten EU-Beitritt nicht zu gefährden.

Das war die Logik, mit der Erdoğan durchsetzte, dass sein Parteifreund Abdullah Gül zum Staatspräsidenten gewählt wurde – gegen den Willen der Generäle, die unbedingt verhindern wollten, dass ein Vertrauter Erdoğans ihr Oberbefehlshaber wurde.

Das zweite Element, das dem Ministerpräsidenten bei seinem Machtkampf gegen die Armee half, war die Religion. Seit den frühen Tagen seiner politischen Karriere war Erdoğan eng mit dem islamischen Prediger Fethullah Gülen befreundet. Von seinen Anhängern als türkischer Gandhi verehrt, hatte der Geistliche eine islamische Bildungsbewegung gegründet, deren Ziel es war, Polizei, Justiz und Militär im Namen eines aufgeklärten, demokratischen Islam zu unterwandern.[7] Mit beträchtlichem Erfolg, wie sich erwies, als Gülens Leute der Staatsanwaltschaft die Belege für eine angeblich existierende Geheimgesellschaft in Militär und Staatsapparat namens Ergenekon lieferten, die Terrorakte und Entführungen gegen die Regierung geplant haben sollte. Die Vorwürfe waren dubios und fragwürdig, aber sie reichten aus, dass die Justiz im großen Stil gegen Erdoğans Gegner im sogenannten tiefen Staat vorging. Hunderte Offiziere, Politiker und Geschäftsleute wurden inhaftiert und ihrer Posten enthoben. Im Juli 2011 schließlich trat die komplette Armeeführung zurück. Erdoğan hatte die Machtverhältnisse in der Türkei auf den Kopf gestellt. Brachten früher die Generäle die Regierenden hinter Gitter, so war es nun umgekehrt.[8]

Es war ein Sieg für Erdoğan, aber nicht für die Demokratie, wie sich bald zeigte. Die war für den Regierungschef nur »der Zug, auf den wir aufsteigen, bis wir am Ziel sind«, wie er vor seinem Amtsantritt erklärt hatte. Und das Ziel war die Macht, genauer die Macht, die er mit niemandem mehr teilen wollte: nicht mit der Spitze seiner Partei, nicht mit seinen Religionsfreunden von einst und schon gar nicht mit den Institutionen einer freiheitlichen Gesellschaft. Er wollte die Alleinherrschaft, und so entschied sich Erdoğan in seiner zweiten Amtsperiode, nicht mehr den Regeln der liberalen Demokratie zu vertrauen, sondern dem Vorbild Putins zu folgen, dem erfolgreichen Spin-Diktator aus Moskau. Wie der Kremlherrscher ging nun auch Erdoğan mit wachsendem Elan gegen jene vor, die ihm bei seinem Aufstieg geholfen, aber dabei selbst Macht angesammelt hatten.

Als Erstes traf es die Akteure der Zivilgesellschaft, die Journalisten, Zeitungsverleger und Intellektuellen, die ihn nach seinem Amtsantritt noch als Reformer begrüßt hatten. Jetzt aber musste Erdoğan seine Wähler davon überzeugen, dass ihr Wohlergehen von seiner Machfülle abhing. Kritiker waren da eher hinderlich, und so überzog er bald jeden, den er als Gegner ausgemacht hatte, mit Prozessen und Verfahren. Journalisten, die Missliebiges berichteten, ließ er wegen Spionage belangen.[9] Der Presse- und Fernsehtycoon Aydın Doğan, dessen Medien Unfreundliches über den Ministerpräsidenten verbreitet hatten, wurde mit einer Steuerklage in Milliardenhöhe weichgeklopft[10] – eine Methode, die in Putins russischem Autokratielabor entwickelt und erfolgreich erprobt worden war. Studenten, Künstler und Oppositionspolitiker verklagte Erdoğan persönlich wegen Verleumdung oder Beleidigung. Karikaturisten drohten mehrjährige Haftstrafen, nur weil sie einen Erdoğan-Kopf auf Tierkörper gesetzt hatten.[11] Die Medien wurden gleichgeschaltet und Internetgesetze verabschiedet, die kritische Inhalte unter Strafe stellten. Bald waren in der Türkei so viele Journalisten inhaftiert wie in kaum einem anderen Land.

Vom liberalen Klima der Erdoğan'schen Anfangsjahre blieb kaum etwas übrig. Dass er stattdessen den Weg in die Tyrannei eingeschlagen hatte, bewies er im Umgang mit Demonstranten; auch das war eine Anleihe bei Putin, der 2012 mit aller Härte gegen Wahlfälschungsproteste vorgegangen war. Erdoğan machte es genauso. Als im Frühling des Folgejahres Umweltschützer gegen die geplante Bebauung des Gezi-Parks protestierten, ließ Erdoğan die »Plünderer« und »Terroristen« brutal zusammenprügeln. Während der in den darauffolgenden Monaten anhaltenden Proteste kamen insgesamt fünf Menschen ums Leben, Tausende wurden verletzt beziehungsweise verhaftet. Spin-Diktator Erdoğan hatte bewiesen, dass er auch das Instrument der Furcht beherrschte.

Als Nächstes ging der Regierungschef gegen Weggefährten vor, die es wagten, Widerspruch anzumelden. Den härtesten Machtkampf trug er dabei mit dem Islamprediger Gülen aus, seinem einstigen Mitstreiter, der für sich und seine Sekte einen immer größeren Einfluss forderte. Als Erdoğan das zurückwies, begann der Prediger, sich öffentlich von der Politik seines früheren Verbündeten abzusetzen, etwa mit Kritik am brutalen Vorgehen gegen die Gezi-Demonstranten. Erdoğan betrachtete das als Kampfansage, die entsprechend zu beantworten war. Erst kündigte der Regierungschef an, die Religionsinstitute Gülens zu schließen. Dann machte er seinen Gegenspieler für den gescheiterten Militärputsch im Jahr 2016 verantwortlich. Nachdem Teile der Armee versucht hatten, Erdoğan zu stürzen, hatten sich Einheiten der Polizei und Tausende Türken den Panzern entgegengestellt. Nicht alle waren Anhänger Erdoğans, aber keiner wollte in die Zeit der Militärdiktatur zurück. Eine Konstellation, die der Regierungschef geschickt zu nutzten wusste, um ein weiteres Mal im Namen der Demokratie gegen die Demokratie vorzugehen.

Diesmal bestand sein Mittel der Wahl darin, den Staatsapparat einer umfassenden »Säuberung« zu unterziehen. Nicht nur Anhänger Gülens wurden entlassen, es traf auch Zehntausende von Oppositionellen und Menschenrechtlern. Jeder, der sich nicht als loyaler Erdoğan-Anhänger zu erkennen gab, lief Gefahr, mit Berufsverbot belegt oder verhaftet zu werden.[12]

Obwohl Erdoğan zunehmend autoritär regierte, blieben ihm seine Anhänger treu. Bei den Parlamentswahlen der Zehnerjahre lag die AKP stets mit großem Abstand vorn, auch wenn es ihr nie gelang, die angestrebte Zweidrittelmehrheit zu gewinnen.

Die Zivilgesellschaft hatte Erdoğan genauso erfolgreich an die Kette gelegt wie den Staatsapparat, nun galt es, jene Verbündeten zur Seite zu schieben, die ihn auf seinem Weg zur Alleinherrschaft störten. Männer wie seinen Parteifreund Abdullah Gül zum Beispiel. Der altgediente AKP-Politiker hatte 2007 das Präsidentenamt übernommen, formal als Nummer eins im Staat, tatsächlich aber als treuer Diener Erdoğans. Am liebsten hätte Gül seinen Job noch ein paar Jahre weitergeführt, doch der Parteichef hatte andere Pläne. Weil er nicht ein viertes Mal Regierungschef werden durfte, kandidierte Erdoğan selbst für das Präsidentenamt, versah es mit zusätzlichen Rechten und sorgte mit einem Geschäftsordnungstrick dafür, dass Gül nicht antreten konnte. Im August 2014 wurde Erdoğan mit absoluter Mehrheit zum Präsidenten gewählt.

Er war jetzt der unumstritten mächtigste Mann des Landes, ein moderner Sultan, der nach den neuen Regeln weiter im Amt bleiben durfte. In Russland hatten Putin und Medwedew ihre Ämter getauscht, um die Amtszeitbegrenzung der Verfassung auszuhebeln. In der Türkei nutzte Erdoğan denselben Trick. Spielten die Wähler mit, konnte er nun bis 2028 im Amt bleiben, es wäre ein Regierungsrekord von fast 25 Jahren.

Wie in Putins Russland war es nicht länger der Staat, der seinen Herrscher prägte; es war der Herrscher, der sich seinen Staat schuf. Alles hing nun vom starken Mann an der Spitze ab, und so war es kein Wunder, dass in Erdoğans Präsidentschaft bald jene Lähmungserscheinungen auftraten, die in autoritären Regierungssystemen häufiger zu beobachten sind. Wer allmächtig ist, hält sich gern auch für allwissend, und damit fängt das Elend meistens an.

In seiner Reformperiode hatte sich Erdoğan noch mit unabhängigen Experten und starken Politikern umgeben. Nun herrschte er mit einem Küchenkabinett aus wenigen Beratern und Familienmitgliedern wie seinem Schwiegersohn Berat Albayrak. Das Klima im türkischen Hofstaat war von Neid und Missgunst geprägt sowie vom Verfolgungswahn des Chefs, der seit dem gescheiterten Putschversuch überall Verschwörer und Feinde witterte.[13] Befehlsgewalt und Kaderkontrolle bestimmten seinen Führungsstil. Erdoğan sei im Amt immer autoritärer geworden, klagte sein langjähriger Finanzminister Abdüllatif Şener, der die Partei bereits im Jahr 2007 verlassen hatte. »Erdoğan bestimmt alles«, sagte der frühere Ressortchef. »Er kontrolliert alles, er ist der oberste Richter, und es sieht nicht so aus, als wenn sich daran etwas ändern wird.«[14]

Das zweite Merkmal des Erdoğan-Regimes war die Korruption. Bereits im Jahr 2010 hatten US-Diplomaten der Washingtoner Zentrale von massiven Vorwürfen berichtet, die Plattform Wikileaks hatte ihre Depeschen öffentlich gemacht: Erdoğan, so hieß es darin, solle sich bei der Privatisierung einer Ölraffinerie bereichert haben, eine geheime Staatskasse führen und über mehrere Konten in der Schweiz verfügen. Die Ausbildung seiner Söhne werde angeblich von türkischen Geschäftsleuten finanziert.[15]

2013 ermittelten Staatsanwälte gegen zahlreiche AKP-Politiker und Minister, nachdem sie bei Razzien Millionenbeträge gefunden hatten, versteckt in Schuhkartons. Von Bestechung, Geldwäsche und illegalen Goldgeschäften im engsten Umfeld des Präsidenten war die Rede.[16] Unter anderem richteten sich die Vorwürfe gegen Erdoğans Sohn Bilal, der sich bei der Vergabe von Grundstücken und Baurechten bereichert und illegale Ölgeschäfte mit dem Islamischen Staat betrieben haben sollte. Der Mitschnitt eines Telefongesprächs tauchte auf, in dem Erdoğan seinen Sohn angewiesen habe, Geld aus dem Haus zu schaffen. Die beiden dementierten alle Vorwürfe.[17]

Für den vorläufigen Höhepunkt der Affärenserie sorgte schließlich Sedat Peker, ein Pate der türkischen Mafia, der aus dem arabischen Exil brisante Videos auf Youtube veröffentlichte. Darin warf er dem Sohn eines früheren Erdoğan-Ministerpräsidenten illegalen Drogenhandel vor und bezichtigte einen weiteren hochrangigen AKP-Politiker, in den Mord an einer jungen Frau verwickelt zu sein. Die Partei wies die Anschuldigungen zurück, aber untersucht wurden sie nie. Ein Reporter der staatlichen Nachrichtenagentur, der einen AKP-Minister mit den Vorwürfen konfrontierte, verlor am nächsten Tag seinen Job.[18] Bekannt wurde auch, dass AKP-Abgeordnete kiloweise Goldbarren aus Dubai in die Türkei geschmuggelt haben sollen. Weiter hieß es, ein für die Sicherheit des Landes zuständiger General habe illegale Migranten aus Syrien ins Land gebracht; zudem habe ein Erdoğan-Minister seiner Behörde Produkte der eigenen Firma verkauft.[19]

Das Wirtschaftswunderland Türkei war nach zwei Jahrzehnten Erdoğan-Regime auf dem besten Weg, zu einer Bananenrepublik zu werden. In kaum einem anderen Land war die Korruption seit der Jahrtausendwende derart gewuchert wie im Reich des neuen Sultans, und kaum irgendwo sonst leistete sich eine Regierung, die einmal als besonders wirtschaftsnah gegolten hatte, ein derart großes Maß an ökonomischem Missmanagement.

Dazu trug vor allem der Präsident selbst bei, der seit Langem der unorthodoxen Lehre anhing, dass niedrige Zinsen zu niedriger Inflation führten. In der ökonomischen Wissenschaft wird seit Jahrhunderten zwar die gegenteilige Auffassung vertreten; doch Erdoğan meinte, es besser zu wissen, und so ersetzte er seine Finanzminister und Notenbankchefs durch willige Anhänger seiner Irrlehre, darunter seinen skandalumwitterten Schwiegersohn Berat Albayrak. Wie vom Familien- und Staatspatron gewünscht, senkten seine ausgewählten Geld- und Finanzpolitiker die Zinsen. Damit erfreuten sie zwar seine Unternehmerfreunde in der Bau- und Exportindustrie, aber zugleich lösten sie eine zerstörerische Teuerungswelle aus, die Erdoğan jahrelang nicht in den Griff bekam.

Die Inflation stieg zeitweise auf über 80 Prozent. Die Landeswährung Lira brach ein, ausländische Investoren zogen ihr Geld ab, und weil die Löhne nicht im selben Tempo stiegen wie die Preise, verfielen die Einkommen der Mittelschicht. Im Jahr 2021 waren sie in Dollar gemessen wieder auf das Niveau des Jahres 2009 gesunken. Viele Türken wussten schon zur Hälfte des Monats nicht mehr, wie sie ihre Rechnungen bezahlen sollten, und Millionen ihrer Landsleute rutschten unter die Armutsgrenze. Mit seiner laut

Economist »verrückten Geldpolitik« hatte Erdoğan einen Großteil jenes Wirtschaftsaufschwungs vernichtet, den er zuvor geschaffen hatte.[20]

In der Not halfen ihm seine Diktatorenfreunde aus Russland, China und Katar mit Finanzspritzen; die eigentliche Entlastung aber sollte ein aggressiv aufgeladener Nationalismus bringen, ein beliebtes Mittel bei allen bedrängten Diktatoren. Erdoğan startete Militäroperationen in Syrien und gegen die Kurden. Die Schuld an der Währungskrise gab er ausländischen Spekulanten, gegen die er sich ebenfalls im Krieg wähnte. Es gebe keinen Unterschied, so ließ er wissen, zwischen Menschen mit Waffen und solchen, die sein Land mit dem Wechselkurs angriffen.[21]

Doch je länger die Krise anhielt, desto größer wurde der Unmut bei seinen traditionellen Wählern in der Unter- und Mittelschicht. Türkei und Islam sind starke Argumente, aber nicht, wenn Butter oder Benzin unbezahlbar werden. Bei den Kommunalwahlen 2019 verlor Erdoğans Kandidat in Istanbul knapp gegen den kemalistischen Politiker Ekrem İmamoğlu. Vier Jahre später gab die Erdoğan-Partei neben Istanbul auch die meisten übrigen Groß- und Küstenstädte des Landes ab. Die Präsidentschaftswahl 2023 gewann Erdoğan nur knapp.

In zwei Jahrzehnten hatte Erdoğan seine Regierung in eine nahezu perfekte Alleinherrschaft verwandelt. Als Reformer gestartet, nahm seine Herrschaft in den Zehnerjahren zunehmend despotische Züge an. Seine Rachsucht bewies er im Kampf mit der Gülen-Bewegung, deren Anhänger er selbst im ausländischen Exil verhaften und in die Türkei verschleppen ließ. Sein Größenwahn spiegelte sich in Bauprojekten wie seinem tausend Zimmer zählenden Präsidentenpalast in Ankara oder der irrwitzigen Idee, einen parallelen Schiffskanal zum Bosporus zu graben. Seine Herrschsucht bewies er im Streit mit dem regierungskritischen schwedischen Journalisten Kaj Joakim Medin, der im März 2025 in Istanbul wegen

»Präsidentenbeleidigung« verhaftet und zu elf Monaten Freiheitsentzug auf Bewährung verurteilt wurde.

Erdoğans Ruf als Reformer war da längst verspielt. Sein Wirtschaftswunder war einer galoppierende Geldentwertung gewichen. Seine Ministerrunde hatte sich in einen Club der Jasager verwandelt, in dem das Gespür für die Wünsche der Bevölkerung verloren ging, genauso wie für die Voraussetzungen einer soliden Finanzpolitik. Sein liberaler Aufbruch hatte eine Kleptokratie erzeugt, in der ein Regierungsposten als Einladung zur persönlichen Bereicherung galt und der Staat wie ein Familienbetrieb geführt wurde. Niemand störte sich daran, wenn die Firma eines Erdoğan-Sohnes Drohnen an die türkische Armee verkaufte oder sein Schwiegersohn Zeitungen und Fernsehsender erwarb, die anschließend AKP-Propaganda verbreiteten.

Umso erstaunlicher war, dass sich nach zwei Jahrzehnten Erdoğan-Herrschaft die Demokratie zurückmeldete. Trotz eines allgegenwärtigen Polizei- und Repressionsapparats waren die Oppositionsparteien im Chaos der späten Präsidentenjahre erstarkt. Mutige Journalisten umgingen noch immer die Zensur, zur Not aus ihrem Exil im Ausland. Selbst in der AKP meldeten sich Kritiker zu Wort.

Drei Jahre vor dem Ende der offiziellen Amtszeit Erdoğans war das Land Anfang 2025 zutiefst verunsichert. Einerseits schreibt die Verfassung vor, dass sich der Präsident nicht mehr zur Wahl stellen darf. Andererseits fürchteten nicht wenige, dass Erdoğan trotzdem weitermachen wolle. Würde er wirklich abtreten, wenn er nicht wüsste, wer sein Nachfolger würde? Wenn er nicht sicher sein könnte, dass ihm Prozesse und Klagen erspart blieben? Dass er vor Verfolgung geschützt wäre?

Die Antwort gab Erdoğan kurz darauf selbst. Ebenfalls im März 2025 verhaftete die von ihm gesteuerte Justiz den Istanbuler Bürgermeister İmamoğlu wegen Korruption. Außerhalb des Präsidentenlagers zweifelte kaum jemand daran, dass die Vorwürfe fingiert worden waren, um den populären Oppositionspolitiker von einer Kandidatur bei den nächsten Präsidentschaftswahlen abzuhalten. In den folgenden Monaten erfasste eine breite Protestwelle das Land, wie es sie seit den Gezi-Park-Protesten nicht mehr gegeben hatte. Zweierlei ließ sich aus den Vorgängen ableiten: Zum einen ging Erdoğans Beliebtheit durch sein brutales Vorgehen gegen seinen aussichtsreichsten Gegenkandidaten weiter zurück. Zum anderen war er offenbar entschlossen, die Verfassung zu umgehen, um weiter an der Macht zu bleiben.

Anders gesagt: Der Präsident und seine Untertanen sind in der Tyrannenfalle gefangen. Und die Eine-Million-Dollar-Frage lautet: Wie könnte sich das Land daraus befreien?

IST DIE DEMOKRATIE ZU RETTEN?

Es war ein illustrer Kreis, den der amerikanische Präsident Joe Biden zusammengerufen hatte. Rund 275 Vertreter von Regierungen, Parlamenten und zivilgesellschaftlichen Organisationen aus mehr als 100 Ländern hatten sich Anfang Dezember 2021 zu einem Welt-Demokratiegipfel zusammengeschaltet. Die Runde sollte sich über »inklusives Regieren«, den »Kampf gegen Desinformation« sowie »die Verlässlichkeit von Wahlergebnissen« austauschen.

Zum Auftakt hatte Biden den Kampf für die Demokratie zur »entscheidenden Herausforderung der Gegenwart« erklärt, Staats- und Regierungschefs wie Emmanuel Macron (Frankreich), Jair Bolsonaro (Brasilien) oder Boris Johnson (Großbritannien) hörten andächtig zu. In vielen Ländern gebe es einen »zunehmenden Autoritarismus«, der entschieden bekämpft werden müsse, forderte Biden. Von einem »Scheidepunkt« sprach der US-Präsident und fragte: »Werden wir den Rückschritt der Rechte und der Demokratie zulassen?«

Darauf konnte die Antwort selbstverständlich nur »Nein« lauten. Dennoch war unübersehbar, dass die US-Initiative von einer Reihe teilnehmender Regierungen mit Skepsis verfolgt wurde. Manche wunderten sich, warum auch Länder wie Pakistan oder die Demokratische Republik Kongo geladen waren, die als harte Autokratien galten. Die Regierung Bosnien-Herzegowinas wiederum war irritiert, dass nicht sie, sondern das autoritär regierte Serbien berücksichtigt worden war.[1] Einige argwöhnten, dass der Präsident wohl eher die Freunde seiner Regierung als die Freunde der Demokratie eingeladen habe.

Die Begeisterung von Bidens Landsleuten hielt sich ebenfalls in Grenzen. Kurz vor dem Gipfel war eine Umfrage bekannt geworden, nach der 75 Prozent der US-Amerikaner den Schutz heimischer Arbeitsplätze für eine vordringliche Regierungsaufgabe hielten, aber nur 20 Prozent die Förderung der Demokratie im Ausland. Auch in der Fachwelt wurden Vorbehalte laut. Bidens Initiative habe viele Schwellen- und Entwicklungsländer frustriert, weil sie offenbar nur Regierungen nach amerikanischem Vorbild gelten lasse, klagte der US-Historiker Stephen Wertheim. Zudem stoße Bidens Demokratiedoktrin nach den gescheiterten US-Interventionen in Afghanistan oder dem Irak auch daheim auf Widerstand. Sie gelte als Neuauflage des misslungenen »Versuchs, andere Länder nach dem Bild Amerikas zu formen«. Dabei hätten die USA doch genügend Probleme »mit dem Erhalt ihrer eigenen Demokratie«.[2]

Dass die Kritik des US-Professors nicht unbegründet war, erwies sich zweieinhalb Jahre später. Zu Bidens drittem Demokratiegipfel, den die südkoreanische Regierung in Seoul ausrichtete, ließen sich die Staats- und Regierungschefs diesmal nicht zuschalten. Südkoreas Außenminister sonderte lustlos ein knappes Grußwort ab, und die Rede seines US-Amtskollegen Antony Blinken machte nur deshalb Schlagzeilen, weil der nordkoreanische Diktator Kim Jong Un kurz zuvor eine Rakete über die Halbinsel gefeuert hatte, zur Begrüßung sozusagen. Über Blinkens Warnung vor den demokratiezersetzenden Cyber-Attacken autokratischer Regierungen war in der Weltpresse deshalb kaum etwas zu lesen. Wohl aber über seine Zusage, dass die USA »unerschütterlich« für die »Sicherheit Südkoreas« eintreten würden.[3]

Das traurige Schicksal der Biden-Initiative wirft ein Schlaglicht auf die Defizite des westlichen Diskurses um Autokratie und Demokratie. Die liberalen Eliten in Europa und den USA verteidigen ihr Regierungssystem gern mit hoch erhobenem Zeigefinger.

Doch zum einen werden sie ihren Ansprüchen oft selbst nicht gerecht. Und zum anderen stößt ihr Ansatz, die Welt nach eigenen Maßstäben in Gut und Böse einzuteilen, in vielen Regionen auf Ablehnung.

Im Globalen Süden zum Beispiel sind die westlichen Staaten nicht unbedingt als Leuchttürme von Freiheit und Menschenrechten in Erinnerung, sondern als ehemalige Kolonialmächte; und so gibt es in vielen Schwellen- und Entwicklungsländern den Verdacht, dass die reichen Nordnationen mit ihrem Demokratie-Mantra nur alte Privilegien zementieren wollen. In den heimischen Industriestaaten wiederum sind viele der Auffassung, dass ihre eigenen Demokratien schon mal besser funktioniert haben. Klammheimliche Freude löst das Projekt dagegen in den Zentralen der Autokraten-AG aus. Dort freuen sich die Spindoktoren, dass der Westen mit seinem spalterischen Ansatz wenig Anklang findet. Umso glaubwürdiger können sich Moskau und Peking unter dem Label der »Multipolarität« als vermeintlich neutrale Partner aller Staaten dieser Erde präsentieren.

Die liberalen Kräfte des Westens müssen ihren Kampf für die Demokratie deshalb auf eine neue Grundlage stellen. Selbstverständlich sind Meinungsfreiheit, Rechtsstaatlichkeit, Gewaltenteilung und Minderheitenschutz Werte an sich, die das westliche Regierungssystem der autoritären Konkurrenz voraushat. Wer in der Welt vor politischer Gewalt und Unterdrückung flüchten muss, strebt in der Regel nicht nach Moskau, Baku oder Budapest, sondern nach New York, Berlin oder Paris.

Doch es reicht nicht, die politisch Verfolgten aller Herren Länder sowie die gebildeten Akademikerschichten der westlichen Metropolen von den Vorzügen des liberalen Rechtsstaates zu überzeugen. Die Demokratie muss sich auch für jene bewähren, die sich von den aktuellen Diskursen in Parteien, Parlamenten oder Medien eher abgestoßen fühlen. Zumindest aber müssen die westlichen

Regierungen den Beweis erbringen, dass sie ihre originären staatlichen Aufgaben besser erfüllen können als die autoritäre Konkurrenz.

Ganz gleich, ob die Bürger in einer Autokratie oder in einem liberalen Rechtsstaat leben: Das Erste, was sie von ihrer Obrigkeit erwarteten, »sind Ergebnisse«, schreibt Tony Blair, der frühere britische Premierminister, der einst den Gleneagles-Gipfel leitete.[4] Die Menschen wollten glaubwürdige Politiker, die Vertrauen ausstrahlten; noch mehr aber wollten sie Politiker, »die liefern«, wie der ehemalige Labour-Chef meint: die für »höheren Wohlstand, mehr Lebensqualität, bessere Gesundheitsversorgung, Bildung und Sicherheit« sorgten.[5] All das also, was die westlichen Demokratien viele Jahrzehnte lang verlässlich lieferten.

Heute ist das längst nicht mehr überall der Fall. Viele Staaten haben ihre Sozialsysteme derart überdehnt, dass sie deren Leistungsniveau künftig kaum werden aufrechterhalten können. Ihren Pflichten bei Verteidigung, Bildung oder Infrastruktur kommen sie nur unzureichend nach. Und wenn sie dann auch noch die »ehrlichen Sorgen ihrer Bürger über wachsende Einwanderung zurückweisen«, schreibt Blair, würden »die Populisten [das] ausnutzen«.[6]

Zugleich zweifeln große Teile der Mittelschicht am westlichen Fortschritts- und Aufstiegsversprechen. In den Vereinigten Staaten haben die Innovationen der weltweit führenden Digitalwirtschaft zwar ein rasantes wirtschaftliches Wachstum geschaffen, doch kommt dieser Aufschwung bei vielen US-Amerikanern nicht an. In Europa dagegen werden die Früchte des Wirtschaftens zwar breiter verteilt, doch es fehlt an Innovation und Dynamik. Nachdem die EU den Anschluss an den Fortschritt der Digitalindustrie weitgehend verloren hat, will der Staatenbund den klimagerechten Umbau von Wirtschaft und Gesellschaft zu seinem Wachstumstreiber machen. Doch das auf diese Weise erhoffte Wirtschaftswunder blieb bislang aus. Stattdessen müssen die Länder, in denen das

Industriezeitalter einst geboren wurde, frustriert zusehen, wie ihnen China bei Solarpaneelen, Windrädern oder Elektroautos den Rang abläuft.

Der ökonomische Vorsprung der liberalen Demokratien droht verloren zu gehen. Jahrelang gingen die Vordenker in westlichen Regierungen, Parteien oder Forschungsinstituten ganz selbstverständlich davon aus, dass sich das Mehr an Freiheit in ihren Staaten auch in einem Mehr an Wirtschaftskraft niederschlagen werde. Schließlich war das die Erfahrung des Kalten Krieges, den die kommunistischen Diktaturen wegen Misswirtschaft und politischer Erstarrung verloren hatten.

Doch die Autokratien des 21. Jahrhunderts werden nicht mehr von fantasielosen Planbürokraten geführt. Ihre Strategen haben neue Wege gefunden, Diktatur und Marktwirtschaft zu versöhnen. Die Bürokratien in Russland oder China sind heute häufig schneller und digitaler als die der westlichen Konkurrenz. Wie anpassungsfähig und flexibel ihre Volkswirtschaften sind, haben sie im Ukrainekrieg bewiesen. Während die Länder Westeuropas den Stopp der russischen Öl- und Gaslieferungen nur mit Mühe abfedern konnten, hatten Moskau und Peking schon nach wenigen Monaten neue Produktions- und Lieferketten aufgebaut. Die westlichen Sanktionen schadeten der russischen Kriegswirtschaft weitaus weniger, als die Regierenden in Brüssel und Washington angenommen hatten.

»Wenn du dich und den Feind kennst, brauchst du den Ausgang von hundert Schlachten nicht zu fürchten«, lehrte einst der chinesische Kriegsphilosoph Sun Tsu. Doch das westliche Bild von den modernen Autokratien wird noch immer von Vorurteilen und Stereotypen geprägt. Manche glauben in ihnen die Zentralverwaltungswirtschaften der kommunistischen Vergangenheit zu erkennen. Andere sehen sie als industrielle Superstaaten, denen der Westen nicht mehr gewachsen ist. Beides ist falsch. Richtig ist vielmehr, dass die Diktaturen des

21. Jahrhunderts oft unter ähnlichen Umständen entstanden sind und, bei allen Unterschieden, zahlreiche gemeinsame Merkmale aufweisen, die sich mal als Stärken, mal als Schwächen zeigen.

1. **Die moderne Autokratie ist aus den Trümmern des Kommunismus hervorgegangen.**
   Der Westen hat den Kalten Krieg gewonnen, aber die anschließende Transformationsära verloren. Der überwiegende Teil der früheren kommunistischen Blockstaaten wird heute nicht demokratisch, sondern diktatorisch regiert. Ein Grund dafür ist, dass der schrittweise Umbau der Wirtschaft nach den Rezepten Deng Xiaopings erfolgreicher war als die vom Westen propagierte Schocktherapie in Russland. Ihr Versagen hat wesentlich dazu beigetragen, jene autokratischen Systeme hervorzubringen, die heute vielerorts als Vorbild dienen: den postkommunistischen Mafiastaat in Russland oder Ungarn, den politischen Kapitalismus in China.

2. **Diktaturen entstehen, wenn Demokratien versagen.**
   Ob in Moskau, Budapest, Ankara oder Caracas: Überall kamen die starken Männer an die Macht, als die Demokratien ihrer Länder in wirtschaftliche und politische Krisen gestürzt waren. In Russland waren es die gescheiterte Gutschein-Privatisierung sowie die Rubelkrise der späten Neunzigerjahre, die große Teile der Bevölkerung um ihre Ersparnisse brachten. Zugleich hatte eine kleine Schicht von superreichen Oligarchen die Jelzin-Republik gekapert. Das brachte Putin an die Macht.

   Die Türkei war ein westliches Nato-Land, aber in Wahrheit eine Militärdemokratie, in der die wechselnden zivilen Regierungen ständigen Putschdrohungen der Armee ausgesetzt waren. Als in dem Land nach Bestechungsskandalen eine Inflations- und Währungskrise wütete, war die Zeit reif für einen Retter, der einen politischen Neustart versprach.

In Venezuela sahen die Regierungen der Achtziger- und Neunzigerjahre aus wie gewöhnliche Mitte-links- oder Mitte-rechts-Kabinette des Westens. Tatsächlich wurde das Land von einer wohlhabenden Oberschicht dirigiert, die mit dem Staatsapparat, vor allem aber der staatlichen Ölförderfirma verfilzt war. Als Venezuela in eine Schuldenkrise stürzte und der Internationale Währungsfonds drastische Sparmaßnahmen verfügte, spülte eine Rebellion der Unterklassen den ehemaligen Putsch-Offizier Hugo Chávez an die Regierung.

Ungarn galt lange als eine der stabilsten Demokratien Osteuropas; doch hatten sich nach der Wende die Gegensätze zwischen städtisch-industriellen und ländlichen Regionen vertieft. Dann entwertete eine Währungskrise die Sparvermögen vieler Ungarn, und die sozialistische Regierung entpuppte sich als zynische Macht- und Selbstbereicherungsmaschine. Die anschließende Wutwelle wurde von Orbán genutzt, um sich als Saubermann und Volkstribun zu inszenieren.

In China galt stets das Machtmonopol der Kommunistischen Partei. Die ökonomischen Krisen im Russland Gorbatschows und Jelzins aber trugen dazu bei, es zu stärken. Wer der Anarchie entgehen will, so lautete die Parole, benötigt den starken Arm des Politbüros.

3. **Die Autokraten festigen durch Reformen ihre Macht.**
Die meisten Regierungen, die nach dem Mauerfall autoritäre Charakteristiken entwickelten, gewannen die Loyalität breiter Bevölkerungsschichten durch einen ökonomischen Aufschwung. Erdoğan, Putin, Orbán sowie die chinesischen Führer von Deng bis Xi: Sie alle setzten auf die Öffnung ihrer Ökonomien nach außen, auf marktwirtschaftliche Reformen, funktionierende Staatsapparate und Investitionen in die Infrastruktur. Im Zentrum ihrer Politik stand die Sicherung ihrer persönlichen Macht.

Diesem alles beherrschenden Leitprinzip waren zwei Unterziele beigeordnet: Wohlstand für breite Volksschichten sowie die Begünstigung jenes Teils der Eliten, der zu ihrer Machtkoalition gehörte. Das schuf die Basis für eine wirtschaftliche Blüte, die in der Türkei wie in Russland oder China umso größeren Eindruck hinterließ, als den Bürgern die Versäumnisse der Vorgängerregierungen noch gut im Gedächtnis waren. Die Integration von Marktwirtschaft und Unternehmertum unterschied die modernen Autokratien von den kommunistischen Diktaturen des vorigen Jahrhunderts.

4. **Die Diktatoren erproben neue Strategien gegen die Nachteile ihrer Regierungsform.**
   Mit der Ausnahme Chinas entstanden die modernen Autokratien in demokratischen Systemen. Putin, Erdoğan, Orbán und Chávez festigten durch freie Wahlen ihre Macht; erst danach bauten sie Schritt für Schritt die autoritären Züge ihrer Regime aus. Es begann die zweite Phase ihrer Herrschaft, in der die zentralen Schwächen jeder Diktatur zutage traten: Die Verhaftung und Enteignung des Ölmagnaten Michail Chodorkowski (in Russland), das Steuerverfahren gegen den Medienunternehmer Aydın Doğan (in der Türkei), die Schikanen Viktor Orbáns gegen seinen Unternehmerfreund Lajos Simicska (in Ungarn), die Verstaatlichung privater Ölfirmen in Venezuela zeigten den Unternehmern drastisch, dass auf das Recht kein Verlass mehr war. Um sie dennoch zum Investieren zu bewegen, fütterten die Herrscher sie mit Privilegien. In Russland schloss Putin seinen berühmten Nichtangriffspakt mit den Oligarchen und überließ die Konjunktur- und Geldpolitik öffentlichkeitswirksam seinen Fachleuten in Finanzministerium und Notenbank. Das sollte der Geschäftswelt das Vertrauen auf ein stabiles makroökonomisches Umfeld geben.

Putin, Orbán und Erdoğan lockten in großem Stil ausländische Investoren ins Land, die auf den Schutz ihrer Heimatländer und zwischenstaatlicher Abkommen bauen durften. Ungarn konnte ihnen zudem die Mitgliedschaft in der EU als Sicherheit bieten, die Türkei die Zugehörigkeit zu Nato und EU-Zollunion. Putin hatte für die heimischen Unternehmer eine weitere Annehmlichkeit bereit. Er ließ zu, dass die Oligarchen ihr Geld in westliche Steueroasen schaffen konnten, um sich ein Stück weit vor den Unwägbarkeiten der Moskauer Politik unabhängig zu machen.

Den innovativsten Weg aus der Rechtsstaatslücke fand China. Dengs Idee, die schöpferische Zerstörung des Kapitalismus durch einen Wettbewerb regionaler Public-Private-Partnerships zu ersetzen, gab den Investoren Sicherheit, frei nach dem Motto »China ist groß und der Kaiser weit«. Zugleich sorgte die bewusste Verzahnung von unternehmerischem Interesse und politischer Macht dafür, die Verwaltung den Wünschen der Unternehmen gewogen zu machen.

Die Ausnahme bildete wiederum Chávez, der seine anfänglichen Bemühungen um die Unternehmer seines Landes aufgab und unter Anleitung seiner kubanischen Berater auf die kommunistischen Methoden von Verstaatlichung und Planwirtschaft zurückgriff.

Das zweite Schlüsselproblem jeder Diktatur, das Informationsdilemma, gingen die modernen Autokraten auf ähnliche Weise an. Sie führten eine sanfte Form der Zensur ein, die den Großteil der Bevölkerung ihrer Propaganda unterwarf, aber Nischen der Kritik zuließ. Zudem gestanden sie ihren Beamten ein gewisses Maß an professioneller Unabhängigkeit zu oder errichteten für ihre regionalen Statthalter eine Art kontrollierte Autonomie.

5. **Die Autokratien erzeugen Korruption und Ungleichheit.**
Die modernen Diktatoren waren in ihren Ländern wirtschaftlich oft erfolgreich, zumindest in ihren ersten Jahren. Zugleich aber wurde der Boom durch eine allgegenwärtige Korruption erkauft. Besonders systematisch wurden Vettern- und Pfründewirtschaft in Ungarn und Russland betrieben. In Moskau schanzte Putin alten Geheimdienst- und Yogaclub-Kumpeln aus Sankt Petersburger Tagen große Teile des wertvollen Öl-, Gas- und Rohstoffgeschäfts zu. Sie durften reich werden und mussten im Gegenzug die politischen Interessen des Kremls unterstützen. Orbán wiederum nutzte Förderprogramme der Europäischen Union, um befreundete Unternehmer sowie Anhänger und Mitglieder seiner Partei zu bedienen. Ähnlich lief es in der Türkei, wo sich Erdoğan besonders um die Geschäfte ihm verbundener Bauunternehmer verdient machte. In Venezuela pflegte Diktator-Präsident Chávez wichtige Regierungs- und Managementposten vornehmlich mit Freunden und ehemaligen Militärs zu besetzen. In China war die Korruption ein ebenfalls zwangsläufiger Bestandteil des Systems. Weil Unternehmer und Parteikader Hand in Hand arbeiteten, war es geradezu zwangsläufig, dass sie die Gewinne ihrer Projekte untereinander aufteilten. Die Korruption war eine Art Katalysator, ohne den die chinesische Wirtschaft wahrscheinlich nicht so reibungslos funktioniert hätte.

Zugleich vertiefte sich in allen Autokratien die Kluft zwischen Arm und Reich. In China und Russland kletterte die Ungleichheit binnen weniger Jahre auf ein Niveau wie in den USA, in der Türkei und Ungarn profitierte die regimenahe Geschäftswelt.

6. **Die Autokraten sind in der Tyrannenfalle gefangen.**
Es gehört zum Wesen eines Diktators, dass er jenseits des Rechts regiert. Verliert er die Macht, läuft er Gefahr, für seine Vergehen zur Rechenschaft gezogen zu werden. So weit darf er es nicht

kommen lassen, und so muss er alles versuchen, um im Amt zu bleiben, so lange wie möglich.

Das ist die Tyrannenfalle, in der auch die modernen Autokraten gefangen sind; je länger sie regieren, desto mehr. Putin, Orbán, Erdoğan, Xi müssen ihre Macht um jeden Preis erhalten: durch die Manipulation von Wahlergebnissen, den Bruch der Verfassung, die Unterdrückung von Opponenten und Kritikern. In der Folge verstärkte sich der repressive Charakter ihrer Regime immer dann, wenn sie um ihr Amt fürchteten.

Putin ging in zunehmendem Maße gegen die Zivilgesellschaft vor, als es nach den Wahlfälschungen im Jahr 2012 zu Massenprotesten kam. Erdoğan ließ nach dem versuchten Militärputsch 2016 Zehntausende seiner Landsleute verhaften. Chávez übte nach dem Massenstreik der Ölarbeiter größeren Druck auf Oppositionelle und Gewerkschafter aus. Xi ließ seiner ersten »Säuberungs«-Welle gegen vermeintlich korrupte Kader immer neue folgen. Damit bereitete er den Boden zur Verlängerung seiner Amtszeit auf unbestimmte Zeit.

Als Regierungschef eines EU-Landes standen Orbán solche Methoden nicht zur Verfügung. Daher griff er bei Bedarf zu einer anderen Waffe, die er so geschickt zu führen verstand wie kaum ein anderer. Sanken seine Umfragewerte, verschärfte er die Propaganda gegen Flüchtlinge oder die EU.

Unter dem Zwang der Tyrannenfalle verstärken sich weitere Nachteile der Diktatur. Zu Beginn ihrer Amtszeit setzten Autokraten meist den ökonomischen Erfolg an die erste Stelle. Später jedoch wurden vor allem Unternehmer Opfer ihrer Machtpolitik. In Ungarn ging Orbán mit mafiösen Methoden gegen Auslandsfirmen vor, die er in sein Oligarchensyndikat einbauen wollte. Chávez verstaatlichte nach dem Putschversuch im Jahr 2002 zahlreiche Firmen und Konzerne. Xi schritt gegen Techunternehmer wie Alibaba-Chef Jack Ma ein, als die gegen den Primat seiner Politik aufbegehrten. Am weitesten ging Kremlchef Putin. Sein Überfall auf die Ukraine war der ultimative Rechtsbruch, der für einen Großteil der westlichen Wirtschaft mit dem Ende ihres Russlandgeschäfts verbunden war.

Auffällig war zudem, dass sich die handwerklichen Fehler der Despotenregierungen im Laufe ihrer Amtszeiten häuften. Putin entschied sich auch deshalb für die Ukraineinvasion, weil seine Geheimdienste unzureichende Informationen über die Kiewer Regierung, die Stimmung in der Bevölkerung und die Stärke des ukrainischen Militärs geliefert hatten. Erdoğan und Orbán trieben ihre Länder in eine teils galoppierende Inflation, weil sie aus Angst vor dem Machtverlust die Geldschleusen geöffnet hatten. Selbst im Wirtschaftswunderland China lief nicht alles nach Plan, seitdem sich Xi die Alleinherrschaft gesichert hatte. Erst zwang er große Teile des Landes während der Coronapandemie in fragwürdige Lockdowns. Dann kämpfte er mit begrenztem Erfolg gegen eine um sich greifende Schulden-, Immobilien- und Überinvestitionskrise.

Nirgendwo aber war die Lage so verzweifelt wie in Venezuela. Dort hatte Chávez und hat sein Nachfolger Maduro ihr ölreiches Land mit einer Mischung aus Inkompetenz und Hybris in einen gescheiterten Staat verwandelt, aus dem die Menschen in Scharen flüchteten.

7. **Die Autokraten unterliegen einem Zyklus von Aufstieg und Niedergang.**

Die modernen Diktaturen, die nach der Jahrtausendwende entstanden, erlebten in den ersten Jahren ihres Bestehens ihre wirtschaftliche Blüte. Zwei Jahrzehnte später zeigt sich jedoch ein weiteres typisches Problem personaler Diktaturen. Die Herrscher altern, ohne dass ihre Nachfolge geregelt ist. Putin, Xi und Erdoğan haben das siebzigste Lebensjahr überschritten, Orbán und Maduro sind ebenfalls im Rentenalter. Wollen sie ewig weiterregieren und ihre Autokratien in Gerontokratien verwandeln? Planen sie, einen Nachfolger zu bestimmen, oder wollen sie wieder den Wählern das Wort geben? Brechen nach ihrem Tod Erbfolgekonflikte und Machtkämpfe aus, so wie in vielen personalen Diktaturen der Geschichte? Niemand weiß es. Doch mit jedem Jahr, in dem die Nachfolgefrage nicht beantwortet wird, wächst die Unsicherheit.

Die modernen Autokratien haben die Probleme von Diktaturen gemildert, aber nicht gelöst. Sie verheißen Sicherheit und Stabilität, doch im Gegenzug beschränken sie die Freiheit. Sie wollen das Volk ruhigstellen, statt es zu knechten; aber hinter dem Wohlstand, den sie versprechen, lauern Willkür und Korruption. Ihre Parolen umschmeicheln die Massen, aber ihre wahren Prioritäten bestehen darin, ihre Vettern und Freunde zu bedienen. Das Privileg ist ihr Werkzeug, mit dem sie ihre Seilschaften pflegen und die soziale Kluft in ihren Ländern erhöhen.

Geht es ums Regieren, haben ihre Untertanen keine Stimme. Greift der Staat in privates Eigentum ein, sind die Rechte der Besitzer begrenzt. Dafür müssen die Bürger die Folgen tragen, wenn ihre Herrscher einer fixen Idee nachjagen. Wie Erdoğan, der mit einer Politik des billigen Geldes die Inflation bekämpfen wollte. Wie Chávez, dessen Erdöl-Sozialismus sein Land nicht reich, sondern arm machte. Wie Putin, der den Ukrainekrieg mit kruden Theorien über Russlands historische Mission zu rechtfertigen pflegt. Niemand kann sicher sein, dass der vermeintlich sanfte Autokrat nicht über Nacht zu einem Furcht-Diktator alter Schule wird.

Es sind die systembedingten Defizite der Diktatur, die den Demokratien des Westens die Gewissheit geben sollten, auf die autokratische Herausforderung mit Selbstbewusstsein und Gelassenheit antworten zu können. Doch davon kann keine Rede sein. Während die Regime von Peking bis Moskau und Caracas immer enger kooperieren, wirkt die sogenannte freie Welt verunsichert und gespalten. In Europa fürchten die Regierenden, im Wettbewerb der Supermächte abgehängt zu werden. In den USA hat der amtierende Präsident selbst damit begonnen, die Demokratie autoritär umzubauen.

Lange waren die demokratischen Parteien der Mitte überzeugt, dass es zu den parlamentarischen Systemen des Westens keine überzeugende Alternative gibt. Das ist vorbei. Stattdessen spiegeln ihre gegenläufigen Positionen die Überzeugung vieler Wähler, dass der einst so erfolgreiche demokratische Staat in vielerlei Hinsicht dysfunktional geworden ist.[7]

Nach dem Fall des Eisernen Vorhangs herrschte im Westen die Einschätzung vor, dass der Nationalstaat über kurz oder lang absterben und einer liberalen Weltordnung Platz machen werde, die von internationalen Großinstitutionen wie der UNO oder der Welthandelsorganisation bestimmt werde. Diese Idee war vermutlich schon immer ein schöner Traum, aber nach dem Überfall Putins auf die Ukraine ist er endgültig zerplatzt. Moskaus verbrecherischer Krieg hat den westlichen Staaten vor Augen geführt, dass sie auf die imperialen Reflexe der neuen Autokratien nur unzureichend vorbereitet sind. Die Europäer haben ihre Streitkräfte über Jahrzehnte vernachlässigt und kaputtgespart. Bei den Amerikanern wiederum führte Putins Invasion zu der immer dringlicher gestellten Frage, warum ihre 340 Millionen Einwohner die Sicherheit von gut 530 Millionen Europäern garantieren sollen.

Der zweite Irrtum bestand in der Annahme, dass die westlichen Gesellschaften wegen ihres Geburtenrückgangs von Einwanderung in praktisch jeder Größenordnung profitieren würden. Tatsächlich erwies sich die Migration als Sprengsatz, weil sie, wie in der

Flüchtlingskrise 2015, die Aufnahme- und Integrationsfähigkeit der Industrieländer übertraf. Dadurch wuchs die Sorge vor Kontrollverlust und sozialen Spannungen, und das Vertrauen in die demokratischen Kräfte schwand.

Vor allem aber gaben sich die Mitte-Parteien dem Fehlschluss hin, dass die politische Entwicklung kontinuierlich in Richtung einer immer stärkeren Individualisierung zu gehen habe. In einer »Gesellschaft der Singularitäten«, wie sie der deutsche Soziologe Andreas Reckwitz beschrieb,[8] waren die Rechte und Interessen des Einzelnen unbedingt zu stärken, die des Staates zurückzustellen.

Schließlich schien es für die Industrieländer der Nordhalbkugel mit dem Ende des Kalten Krieges außer einigen verirrten Islamisten keine ernsthaften Gegner mehr zu geben, und so nutzten die westlichen Regierungen die vermeintlich angebrochene Zeit des ewigen Friedens, um ihre liberalen Demokratien noch ein wenig liberaler und noch ein wenig demokratischer zu machen. Jeder Einzelne und jede gesellschaftliche Gruppe waren zu berücksichtigen und zu bedenken, jede soziale Unwucht auszugleichen, jeder Besitzstand zu wahren. Im Zeitalter der Postdemokratie sollte der Bürger noch Ansprüche an den Staat, aber der Staat keine Ansprüche mehr an den Bürger stellen dürfen.

In Wahrheit bedienten die Mitte-Parteien damit vor allem jene, die sich zu artikulieren und zu organisieren verstanden: die Interessenvertreter und Lobbyisten sowie die wohlhabenden Akademikerschichten, aus deren Reihen der Großteil ihres Personals und ihrer Programmatik stammte. Andere Wählergruppen dagegen gerieten aus dem Blick, Arbeiter zum Beispiel oder die Verteidiger von konservativen Werten wie Familie, Religion, Nation.

Der US-Ökonom Mancur Olson hatte bereits in den Achtzigerjahren argumentiert, dass der Einfluss von Interessenverbänden, Gewerkschaften und Lobbyorganisationen den ökonomischen Fortschritt hemme. Diese Organisationen sind noch immer ähnlich mächtig wie einst, heute indes kommt hinzu, dass der Staat auch noch die individuellen Klage- und Einspruchsmöglichkeiten stärkte.

Die demokratischen Parteien wollten die Rechte des Einzelnen und benachteiligter Gruppen stärken, tatsächlich aber stärkten sie vor allem die Verhinderungsmacht gegen staatliche Vorhaben und Projekte, gegen neue Brücken oder Bahntrassen, zusätzliche Stadtviertel oder Neubaugebiete. Zugleich gelang es ihnen immer weniger, pragmatische Lösungen für gesellschaftliche Großkonflikte wie die Einwanderung, die Klimakrise oder den demografischen Wandel zu entwickeln. Probleme werden nicht gelöst, sondern vertagt, was sich in einer zunehmenden Verschuldung des Staates und seiner Sozialsysteme niederschlägt.

Das drückt den Jüngeren erhebliche Lasten auf, und es nutzt jenen, die schon heute gut versorgt sind, den Etablierten und Alteingesessenen, die vom steigenden Wert ihrer Vermögen profitieren, während die junge Generation unter steigenden Steuern und Abgaben sowie explodierenden Mieten und dem Wohnungsmangel leidet.

»Not in my backyard«, überall darf gebaut werden, nur nicht in meinem Hinterhof: Das ist der Schlachtruf, mit dem sich die sogenannte Nimby-Gesellschaft des Westens in die Sackgasse manövriert. Alle klagen über die schlechte Infrastruktur. Aber niemand will, dass in seiner Umgebung etwa Bahntrassen gebaut werden.

Was den Regierenden einst »die Konsequenzen ihres Handelns vor Augen führen sollte, verhindert heute das konsequente Handeln der Regierenden«, schreiben die beiden US-Journalisten Ezra Klein und Derek Thompson in ihrem Buch über die Investitions- und Entscheidungsblockaden in den Vereinigten Staaten.[9] In Europa sieht es kaum besser aus. Auch dort sprechen die Regierenden gern vom Wohnraum als Menschenrecht, doch dass er bezahlbar bleibt, verhindern sie durch zahllose Lärmschutzvorschriften, Parkraumauflagen oder Energieeffizienzrichtlinien. Die Parteien der demokratischen Mitte geben sich umwelt- und klimabewusst, ihre Naturschutzvorschriften indes verhindern den Neubau von Windparks oder Stromtrassen. Bildung wird als Gerechtigkeitsfrage behandelt, die Kosten für Nachhilfelehrer oder Privatuniversitäten aber können sich vielerorts nur noch Wohlhabende leisten. Hinter dem Fortschrittsversprechen, das die Nachkriegsgesellschaften des Westens einst vereinte, stehen heute dicke Fragezeichen. Werden die Angehörigen der nächsten Generationen noch Zugang zu erstklassiger Gesundheitsversorgung, guter Bildung und sozialer Sicherheit im Alter haben? Dürfen sie hoffen, sich den Traum von den eigenen vier Wänden erfüllen zu können? Und vor allem: Werden sie besser leben als ihre Eltern? In der Nachkriegszeit war die Antwort fast überall im Westen ein klares Ja. Heute sind 52 Prozent der jungen Europäer überzeugt, dass sie im Vergleich zur Vorgängergeneration schlechter abschneiden werden. Nur 22 Prozent vertreten die gegenteilige Auffassung.[10]

Um eine politische Ordnung zu schaffen, die Fortschritt und Fairness gleichermaßen gewährleistet, muss nach Ansicht des Demokratieforschers Daron Acemoğlu ein starker Staat einer starken Gesellschaft gegenüberstehen. Dieses »Gleichgewicht der Macht« jedoch ist in der westlichen Welt gestört. Vielerorts läuft der Staat Gefahr, vor dem Einzelinteresse sowie dem Einfluss von Verbänden und organisierten Gruppen zu kapitulieren.

Noch immer ist der Westen den meisten anderen Weltregionen überlegen, wenn es um die persönliche Freiheit geht. Bei den Kategorien Wohlstand und Sicherheit dagegen ist der Abstand kleiner geworden. Das Gefühl, dass die Demokratien ihr Aufstiegsversprechen nicht mehr überall einlösen können, erklärt zu einem großen Teil den populistischen Reflex in Europa und den USA. Zudem ist es einer der wichtigsten Gründe, warum das Vertrauen in die Regierungen, die Parteien und Institutionen der westlichen Industrienationen seit Jahren schrumpft – und warum die Autokratie plötzlich einen unerwarteten Frühling erlebt.

Wollen die Parteien der demokratischen Mitte die antiliberale Welle brechen, müssen sie beweisen, dass sie die Hoffnung auf das Neue und den Traum vom besseren Leben noch nicht aufgegeben haben. Die Demokratien sind den Vertretern der sanften Diktatur, die häufig nicht mehr so sanft ist, in vielerlei Hinsicht überlegen. Nach den Gräueln des Totalitarismus haben sie der Welt in der zweiten Häfte des vergangenen Jahrhunderts den Weg zu Freiheit und Prosperität gewiesen. Sie haben den Kommunismus besiegt und den Kapitalismus gebändigt. Nun werden sie von einer neuen, besonders flexiblen Form der Autokratie herausgefordert, auf die sie mit einer Politik des Zukunftsvertrauens und der Stärke reagieren müssen. Ein demokratisches Programm gegen Populismus und Autokratie müsste mindestens fünf Punkte umfassen:

- Spätestens seit dem Ukraineüberfall ist unübersehbar, dass die Gewaltbereitschaft moderner Diktatoren im Laufe ihrer Amtszeiten zunimmt, so war es schließlich schon bei früheren Vertretern ihrer Zunft. Um dafür gewappnet zu sein, müssen die demokratischen Länder aufrüsten. Eine europäische Verteidigungsunion unter Einschluss Großbritanniens würde die nötigen Strukturen schaffen, zugleich müssen die Demokratien das erforderliche Geld und die gebotene Zahl an Soldaten bereitstellen.

- Die Staaten des Westens benötigen Einwanderer, aber sie brauchen auch die Bereitschaft ihrer Bürger, die Neuankömmlinge willkommen zu heißen. Dafür müssen die Regierungen ihren Bevölkerungen die Gewissheit geben, dass die Migration ihre Länder nicht überfordert. Eine Reihe von skandinavischen Staaten hat vorgemacht, wie sich die Einwanderung gleichzeitig steuern und begrenzen lässt. Daran sollten sich die Regierungen des Westens orientieren.

- Um den Autokraten standhalten zu können, müssen die Demokratien nicht nur militärisch, sondern auch wirtschaftlich stärker werden. Gebraucht wird eine dynamische Ökonomie, die ihren Wohlstand breit verteilt. Hier stellen sich die Aufgaben auf beiden Seiten des Atlantiks unterschiedlich. Die USA müssen die monopolistischen Strukturen ihres Techsektors mithilfe einer wirksamen Kartell- und Wettbewerbspolitik aufbrechen; daneben benötigen sie einen Mix aus höheren Steuern und geringeren Staatsausgaben, um ihre Haushaltsprobleme zu lösen und die extrem ungleiche Verteilung von Einkommen und Vermögen zu korrigieren. In Europa muss die Wirtschaft ihre Wachstumskräfte zurückgewinnen, durch Strukturreformen am Arbeitsmarkt und in den Sozialsystemen, durch die Vollendung ihres Binnenmarkts, durch eine EU-weite Banken- und Kapitalmarktunion. Beim klimagerechten Umbau ihres Industriesektors steht die europäische Wirtschaft in scharfer Konkurrenz zu China, trotzdem könnte ein konsequenter Ausbau der Umwelttechnologien die Wachstumskräfte in Europa stärken.

- Die westlichen Regierenden müssen ihrer jungen Generation das Vertrauen zurückgeben, dass sich ihr Leben in Zukunft verbessern wird. Heute werden die Perspektiven von Jugendlichen und jungen Erwachsenen durch Wohnungsnot, Bildungsmisere und Überregulierung verdunkelt. Um das zu ändern, müssen die westlichen Gesellschaften ihre Blockaden lösen, die oft unter schönen Begriffen wie »Lebensqualität« oder »Teilhabe« daherkommen, allzu oft aber nur den ökonomischen Interessen der Alten, Eingesessenen und Vermögenden dienen. Einen »Liberalismus, der baut«, fordern die US-Autoren Klein und Thompson,[11] und tatsächlich könnte ein Programm, das sich konsequent den Interessen der jungen Generation verschreibt, den müde gewordenen Demokratien wieder Zukunft und Optimismus geben. An der

Forderung nach bezahlbarem Wohnraum, besserer Bildung und verlässlicher Mobilität mangelt es in den Parteiprogrammen der westlichen Gesellschaften nicht. Woran es fehlt, ist die Erkenntnis, dass dazu jener Dschungel aus status-quo-sichernden Gesetzen, Regeln und Prozeduren gelichtet werden muss, der die Demokratien in zukunftsfeindliche Nimby-Gesellschaften verwandelt hat.

- Die Demokratien müssen sich von der Identitätspolitik der vergangenen Jahre verabschieden. Das Gemeinwohl steigt nicht, wenn die Politik eine möglichst große Zahl von Einzel- oder Gruppeninteressen bedient. Das Gemeinwohl steigt, wenn die Politik nach einem Konsens für die Gesamtgesellschaft sucht und den Interessen nachfolgender Generationen Priorität einräumt. Die Autokraten behaupten, diese Aufgabe heute besser bewältigen zu können als liberale Demokratien. Doch das stimmt nicht, wie die Entwicklung in Ungarn oder der Türkei, in Russland oder China zeigt. Dort wird im Zweifel alles dem Machtinteresse der alten Männer in der Tyrannenfalle untergeordnet, ihrer Günstlingswirtschaft und ihren fixen Ideen, zulasten von Rechtssicherheit, Meinungsfreiheit und Frieden.

Im Systemwettbewerb mit den modernen Autokratien geht es nicht nur um Werte und politische Ordnungen, es geht auch um die Frage, welchem System es besser gelingt, klima- und generationengerechten Wohlstand für alle zu schaffen. Viel spricht dafür, dass die Schwarmintelligenz einer liberalen Demokratie dafür besser gerüstet ist als jede noch so straff geführte Diktatur. Doch sicher ist das nicht. Die chinesische Autokratie beweist, dass ihre Machtvertikale flexibel genug ist, um für wirtschaftlichen Wettbewerb und Innovation zu sorgen. Die Demokratien dagegen müssen jene Handlungsstärke zurückgewinnen, die sie in früheren Jahrzehnten ausgezeichnet hat – und zwar, ohne an Toleranz und Liberalität, an

Rechtssicherheit, Gewaltenteilung und demokratischer Kontrolle einzubüßen.

Wie stehen dafür die Chancen? In Europa haben die Regierenden in Brüssel oder Berlin, in Paris oder London die besten Absichten und Programme. Höchst fraglich ist dagegen, ob sie auch die Kraft finden, eine Politik durchzusetzen, die den materiellen Interessen ihrer alternden Wählerschaft zumindest partiell entgegensteht.

Noch ungewisser ist die Lage in den USA. Zwar verspricht Trump den Amerikanern ein »goldenes Zeitalter«. Seine Politik indes bewirkt das Gegenteil. Seine Steuersenkungen werden die Notlage im US-Staatshaushalt nicht lindern, sondern verschärfen. Sein Vorgehen gegen Behörden, Universitäten und Richter verunsichert nicht nur die Opposition, sondern auch die Unternehmen. Seine Zollpolitik wird das Leben der Durchschnittsamerikaner nicht leichter, sondern teurer machen.

Trump inszeniert sich als Arbeiterführer, seine Maßnahmen aber laufen im Kern darauf hinaus, die amerikanische Mittelschicht zu belasten und die Konjunktur abzuwürgen. Damit geht er offenkundig anders vor als die Autokraten in Russland oder der Türkei, die er sonst so bewundert. Putin oder Erdoğan waren erfolgreiche Wirtschaftsreformer, bevor sie zu Alleinherrschern wurden. Trumps erste Maßnahmen dagegen laufen darauf hinaus, die Wirtschaft zu schwächen. Das erklärt, warum einige jener Unternehmensführer, die ihm zunächst so begeistert gehuldigt haben, sich nun als seine schärfsten Kritiker hervortun.

Was das für Trumps autokratische Ambitionen bedeutet, ist offen. Wird es dem Präsidenten gelingen, das politische System nach dem Putin-Orbán-Modell umzubauen? Oder stellen sich ihm genügend Politiker, Unternehmer und Richter in den Weg, die seinen demokratiefeindlichen Kurs für falsch halten? Werden ihm die amerikanischen Bürger bei den Kongresswahlen Ende 2026 das Vertrauen entziehen? Und wenn ja, kommt das Votum rechtzeitig genug, um seinen autokratischen Umbau von Rechtsstaat und Verwaltung wieder zurückzudrehen?

Seit Trump sein Amt angetreten hat, ist nicht auszuschließen, dass die moderne Demokratie ausgerechnet in jenem Land zu Grabe getragen wird, in dem sie einst geboren wurde. Es waren die Vereinigten Staaten, in denen ein aufstrebendes Bürgertum gegen den fernen König in London rebellierte und eine demokratische Republik ausrief. Es waren die Teehändler in Boston, die sich der Obrigkeit entgegenstellten. Und es waren ihre politischen Vertreter in Washington, die das Entstehen eines neuen Königtums um jeden Preis verhindern wollten. Wird es nun ausgerechnet das »Land der Freien« sein, das den Weg in eine neue Tyrannei weist?

Die Antwort hängt nicht nur von Trump ab, sondern auch von den Verteidigern der Demokratie in aller Welt. Vom italienischen Schriftsteller Giuseppe Tomasi di Lampedusa stammt das berühmte Wort, dass nur bewahrt werden kann, was zur Erneuerung fähig ist. So ist es auch mit der Demokratie. Wenn sie überleben will, muss sie sich verändern.

ANHANG

DANK

Dieses Buch hätte nicht entstehen können, wenn mir nicht zahlreiche Menschen mit Hinweisen, Einschätzungen und Kommentaren dabei geholfen hätten. Das gilt insbesondere für die Diktatoren-Kapitel, für die ich zahlreiche Gespräche mit Experten führen durfte, die oft viele Jahre in den jeweiligen Ländern gelebt und gearbeitet haben.

Zur Entwicklung Putins und der russischen Autokratie verdanke ich wesentliche Anregungen Benjamin Bidder, Michael Harms, Margareth Heckel, Sergey Lagodinsky, Andreas Metz, Alexandra Prokopenko und Matthias Schepp. Zu Osteuropa und Ungarn konnte ich auf die Analysen und Bewertungen von Ákos Ányos Hadházy, Philipp Haußmann, Mario Holzner und Sandor Richter zurückgreifen. Die Wirtschaft, Politik und Gesellschaft Chinas haben mir Georg Blume, Michael Clauss, Wolfgang Nowak und Bernhard Zand nähergebracht. Über die Regierungszeit von Venezuelas Präsident Hugo Chávez konnte ich mit Demian David Regehr sprechen. Wichtige Hinweise zur Regierung des türkischen Staatschefs Recep Tayyip Erdoğan verdanke ich Maximilian Popp und Thomas Schulze.

An der Erstellung und Überprüfung des Manuskripts waren Ursula Weidenfeld und Wolfgang Nowak beteiligt. Im SPIEGEL-Verlag stand mir Angelika Mette zu Seite, bei der Verlagsgruppe Penguin Random House durfte ich auf das kompetente Lektorat von Julia Kompe und Fabian Bergmann zählen.

Sämtliche Fehler und Versäumnisse gehen zu meinen Lasten.

LITERATURVERZEICHNIS

Acemoglu, Daron; Robinson, James A.: *Gleichgewicht der Macht – Der ewige Kampf zwischen Staat und Gesellschaft*, Fischer, Frankfurt a. M., 2019

Acemoglu, Daron; Robinson, James A.: *Economic Origins of Dictatorship and Democracy*, Cambridge University Press, Cambridge, 2012

AHK Deutsche Außenhandelskammern: *Konjunkturumfrage Mittel- und Osteuropa*, Frühjahr 2024

Akyol, Çiğdem: *Erdoğan – Die Biografie*, Herder, Freiburg im Breisgau, 2016

Amann, Melanie: *Angst für Deutschland – Die Wahrheit über die AfD*, Droemer, München, 2017

Amnesty International: *Jahresreport China 2005*

Appell, James: »The Short Life and Speedy Death of Russia's Silicon Valley«, in: *Foreign Policy*, 6.5.2015

Applebaum, Anne: *Autocracy, Inc. – The Dictators Who Want to Run the World*, Penguin Random House, New York, 2024 (dt. Ausgabe: *Die Achse der Autokraten*, Siedler Verlag, München, 2024)

Arin, K. Peren; Polyzos, Efstathios; Thum, Marcel: »Understanding the Populist Voter«, in: CESifo: *Econpol Forum* 25, März 2024

Autor, David H. et al.: »The China Syndrome, Local Labor Market Effect of Import Competition in the United States«, in: *American Economic Review* 103, 2013

Autor, David H. et al.: »The China Schock – Learning from Labor Market Adjustment to Large Changes in Trade«, in: *Annual Review of Economics* 8/2016

Bartels, Larry: *Democracy Erodes from the Top – Leaders, Citizens and The Challenge of Populism in Europe,* Princeton University Press, Princeton, 2023

Bartels, Larry: »The Populist Phantom – Threats to Democracy start at the Top«, in: *Foreign Affairs*, November/Dezember 2024

Belton, Catherine: *Putin's People – How the KGB Took Back Russia and Then Took on the West*, HarperCollins, London, 2020

Biebricher, Thomas: *Mitte/Rechts: Die internationale Krise des Konservatismus*, Suhrkamp, Berlin, 2023

Blair, Tony: *On Leadership – Lessons for the 21st Century*, Penguin Books, London, 2024

Buffett, Warren: »To the shareholders of Berkshire Hathaway Inc.«, in: Berkshire Hathaway Inc., Annual Report 2003

Bundesregierung: *Kommuniqué von Apulien der Staats- und Regierungschefinnen und -chefs der G7*, aus: G7/G20, Übersicht der Gipfeldokumente, Januar 2025, https://www.bundesregierung.de/breg-de/suche/uebersicht-der-gipfeldokumente-387332

Cao, Dan; Lagunoff, Roger: »The Dynamics of Property Rights in Modern Autocracies«, in: *American Economic Journal: Microeconomics* 15 (3), 2023

Corruption Research Center Budapest: *The New Trends of Corruption Risk in Hungarian Public Procurement from January 1998 to July 2023*, 17.10.2023, www.crcb.eu/?p=3450

Dahrendorf, Ralf: »Übergänge – Politik, Wirtschaft und Freiheit«, in: *Transit, Europäische Revue*, Verlag Neue Kritik, Wien, 1990

Deutsche Bank: »US-Präsidentschaftswahl 2024 – Blick auf die Märkte«, in: *Perspektiven im Fokus*, 25.10.2024, www.deutsche-bank.de/pk/sparen-und-anlegen/finanzmarktexpertise/perspektiven-im-fokus/us-praesidentschafts-wahl-2024---blick-auf-die-maerkte.html

Deutscher Bundestag: *Wortprotokoll der Rede von Waldimir Putin, Präsident der Russischen Föderation vor dem Deutschen Bundestag*, 25.9.2001

Dirsus, Marcel: *How Tyrants Fall*, John Murray Press, London, 2024

Disslbacher, Franziska: »Populismus – doch nur ein Modewort?«, in: *Wirtschaft und Gesellschaft* 4/2019, S. 597

Dorn, Florian; Gstrein, David; Neumeier, Florian: »Economic Causes for the Rise of Populist and Nationalist Movements«, in: CESifo: *Econpol Forum* 25, März 2024

Dornbusch, Rudiger; Edwards, Sebastian: »The Macroeconomics of Populism«, University of Chicago Press, Januar 1991, S. 7-13

Draghi, Mario: »The Future of European Competitiveness, Part A: A Competitiveness Strategy for Europe«, in: European Commission: *The Draghi Report on European Competitiveness*, Brüssel, September 2024

Economy, Elizabeth: »Chinas Imperial President«, in: *Foreign Affairs*, November/Dezember 2014

Edenhofer, Jacob: *Hitting the Competitive Authoritarian Sweet Spot – How the Combination of EU Membership and Euro Non-membership Can Facilitate Autocratic Consolidation*, Oxford University, Oxford, Mai 2024

Egorov, Georgy; Sonin, Konstantin: »The Political Economy of Nondemocracies«, in: *Journal of Economic Literature* 62 (2), 2024 (a)

Egorov, Georgy; Sonin, Konstantin: »Authoritarian Institutions«, in: Center for Economic Policy Research, Discussion Paper 19146, 10.6.2024 (b)

Emmons, William R.; Noeth, Bryan J.: »Household Financial Stability – Who Suffered the Most from the Crisis?«, in: *Federal Reserve Bank of St. Louis, Publications*, 1.7.2012

Enikolopov, Ruben et al.: »Field experiment estimate of electoral fraud in Russian parliamentary elections«, in: *Proceedings of The National Academy of Sciences (PNAS)* 110 (2), 24.12.2012

Europäisches Parlament: *Protokoll der Sitzung vom 9. Oktober 2024*, ausführlicher Sitzungsbericht, www.europarl.europa.eu/doceo/document/CRE-10-2024-10-09-ITM-002_DE.html

European Anti Fraud Office: *The Olaf Report 2019*, Luxembourg, Publications Office of the European Union, 2020

Freedom House: *The Annual Survey of Political Rights & Civil Liberties 1995 -1996*, New York, 1996

Freedom House: *2005 Freedom House Annual Report*, Washington, 2005

Freedom House: *Freedom in the World 2024*, Washington, 2024

Freedom House: *Nations in Transit. A Region reordered by Autocracy and Democracy*, 2024, https://freedomhouse.org/sites/default/files/2024-04/NIT_2024_Digital_Booklet.pdf

Fukuyama, Francis: *The Origins of Political Order*, Profile Books, London, 2011

Fukuyama, Francis: *Identity – The Demand for Dignity and the Politics of Resentment*, Macmillan USA, New York, 2019

Fukuyama, Francis: »The Year of Elections has been Good for Democracy«, in: *Foreign Affairs*, 4.9.2024

Funke, Manuel; Schularick, Moritz; Trebesch, Christoph: »Going to extremes. Politics after financial crises, 1870–2014«, in: CESIfo Working Paper 5553, Oktober 2015

Funke, Manuel; Schularick, Moritz; Trebesch, Christoph: »Populist Leaders and the Economy«, Kiel Working Papers, Juni 2022

Geddes, Barbara; Wright, Joe; Frantz, Erica: »Autocratic Breakdown and Regime Transitions«, in: *Perspectives on Politics* 12, Juni 2014

Ginsborg, Paul: *Silvio Berlusconi. Television, Power and Patrimony*, Verso, London/New York, 2004

Gott, Richard: *Hugo Chávez and the Bolivarian Revolution*, Verso, London, New York, 2011

Greenblatt, Stephen: *Tyrant – Shakespeare on Power*, Vintage Penguin Random House, London, 2018

Guriev, Sergei; Papaioannou, Elias: »The Political Economy of Populism«, in: Centre of Economic Policy Research, Discussion Paper DP 14433, London, Februar 2020

Guriev, Sergei; Treisman, Daniel: *Spin-Dictators: The Changing Face of Tyranny in the 21st Century*, Princeton University Press, Princeton, New Jersey, 2022

Huang, Yasheng: *The Rise and Fall of the East – How Exams, Autocracy, Stability and Technology Brought China Success and Why They Might Lead to Its Decline*, Yale University Press, New Haven, 2023

Jin, Keyu: *The New China Playbook, Between Socialism and Capitalism*, Penguin Random House, New York, 2023

Johnson, Simon: »Feudal Lords of Finance«, in: *New Republic*, 1.12.2009

Kaufmann, Daniel: »State Capture Matters: Considerations And Empirics Toward A Worldwide Measure«, 14.5.2024, https://ssrn.com/abstract=4946477 oder https://dx.doi.org/10.2139/ssrn.4946477

Kazim, Hasnain: *Krisenstaat Türkei – Erdogan und das Ende der Demokratie am Bosporus*, DVA, München, 2017

Klein, Ezra; Thompson, Derek: *Abundance – How We Build a Better Future*, Profile Books, London, 2025

Krekó, Péter: »The Birth of an Illiberal Informational Autocracy in Europe – A Case Study of Hungary«, in: *The Journal of Illiberalism Studies* 2 (1), 2022

Kuziemko, Ilyana; Longuet-Marx, Nicolas; Naidu, Suresh: »›Compensate the Losers?‹ – Economic Policy and Partisan Realignment in the US«, in: NBER Working Paper 31794, Cambridge, Oktober 2023

Lendvai, Paul: *Orbán – Europe's New Strongman*, Oxford University Press, Oxford/New York, 2016

Leitner, Sebastian; Tverdostup, Maryna: »Welfare Convergence or Social Dispercion? The Sociodemographic Developments of the EU-CEE-countries«, in: WIIW, Monthly Report, April 2024

Levitsky, Steven; Ziblatt, Daniel: *How Democracies Die – What History Reveals About Our Future*, Penguin Random House, New York, 2018 (dt. Ausgabe: *Wie Demokratien sterben – Und was wir dagegen tun können*, DVA, München, 2018)

Levitsky, Steven; Ziblatt, Daniel: *Die Tyrannei der Minderheit – Warum die amerikanische Demokratie am Abgrund steht und was wir daraus lernen können*, DVA, München, 2024

Li, Eric X.: *Party Life – Chinese Governanceand the World Beyond Liberalism*, Palgrave Macmillan, Singapur, 2023

Liu, Zongyuan Zoe: »China's Real Economic Crisis – Why Beijing Won't Give up on a Failing Model«, in: *Foreign Affairs* 5 (103), September/Oktober 2024

Magyar, Bálint: *Post-Communist Mafia State – The Case of Hungary*, Central European University Press, Budapest, 2016

Marcano, Cristina; Barrera Tyszka, Alberto: *Hugo Chávez*, Random House, New York, 2007

Martin, József Péter: *State-business relations and discriminatory measures against companies in Hungary – Some Remarks for Europeans Cont Committee*, Transparency International Hungary, 25.4.2023

Meier, Christian: *Caesar*, Siedler Verlag, München, Pantheon-Ausgabe, 2018

Merkel, Wolfgang: »Demokratische Resilienz als Konzept«, in: Nida-Rümelin, Julian; Greger, Timo; Oldenbourg, Andreas (Hg.): *Normative Konstituenzien der Demokratie*, De Gruyter, Berlin/Boston, 2024

Micklethwait, John; Wooldridge, Adrian: *The Fourth Revolution – The Global Race to Reinvent the State*, Penguin Books, London, 2014

Milanović, Branko: »Global Income Inequality by the Numbers: in History and Now«, in: World Bank, Policy Research Working Paper, November 2012

Milanović, Branko: *Kapitalismus global – Über die Zukunft des Systems, das die Welt beherrscht*, Suhrkamp, Berlin, 2020

Miller, Chris: *Putinomics – Power and Money in Resurgent Russia*, North Carolina Press, Chapel Hill, 2018

Müller, Jan-Werner: »Is the Media Really under Attack?«, in: *Foreign Policy*, 3.5.2024

Nachtwey, Oliver: *Die Abstiegsgesellschaft – Über das Aufbegehren in der regressiven Moderne*, Suhrkamp, Berlin, 2016

Nathan, Andrew J.: »The Tiananmen Papers«, in: *Foreign Affairs*, 1.1.2001

Nellis, John: »Time to Rethink Privatization in Transition Economies?«, in: *Finance and Development, A quarterly magazine of the IMF* 36 (2), Juni 1999

OECD: »Is the German Middle Class Crumbling?«, Paris, 2021

OECD: »Long-term scenarios: incorporating the energy transition«, Economic Policy Paper 33, Paris, Dezember 2023

Orbán, Victor: *Rede auf der 25. Bálványos Sommer-Universität*, 26. Juli 2014

Ötsch, Walter; Horaczek, Nina: *Populismus für Anfänger – Anleitung für Volksverführer*, Westend, Frankfurt a. M., 2017

Pei, Minxin: »Why China Can't Export Its Model of Surveillance«, in: *Foreign Affairs*, 6.2.2024

Pomerantsev, Peter: *Nothing is True and Everything is Possible – Adventures in Modern Russia*, Faber & Faber Ltd., London, 2015

Prokopenko, Alexandra: »Permanent Crisis Mode – Why Russia's Policy Has Been so Resilient against Sanctions«, in: Zentrum für Osteuropa- und Internationale Studien, Zois-Report Nr. 4, 2023

Putin, Wladimir: »Mein Russland wird gewinnen« [Übersetzung], in: *Nezavisimaya Gazeta*, 30.12.1999

Quiring, Manfred: »Putins Mimikry«, in: Bundeszentrale für politische Bildung, Deutschland-Archiv, 13.4.2022

Rachman, Gideon: *The Age of the Strongman – How the Cult of the Leader Threatens Democracy Around the World*, Vintage – Penguin Random House, London, 2021

Richter, Sándor: »Hungary: Heading into recession«, Wiener Institut für Internationale Wirtschaftsvergleiche, WIIW Forecast Report / Autumn 2022, Wien, Oktober 2022

Rodrik, Dani: »Why does Globalization fuel Populism? Economics, Culture, and the Rise of Right Wing Populism«, in: NBER Working Paper 27526, Cambridge, Juli 2020

Rosalsky, Greg: »How Shock Therapy Created Russian Oligarchs«, in: National Public Radio, Planet Money, 22.3.2022, www.npr.org/sections/money/2022/03/22/1087654279/how-shock-therapy-created-russian-oligarchs-and-paved-the-path-for-putin

Rosanvallon, Pierre: *Demokratische Legitimität*, Hamburger Edition, Hamburg, 2015

Ruderer, Stephan: »Augusto Pinochet – der Despot als Modell«, in: Krischer, André; Stollberg-Rilinger, Barbara (Hg.): *Tyrannen – Eine Geschichte von Caligula bis* Putin, C.H. Beck, München, 2022

Scheppele, Kim Lane: »Foreword«, in: Magyar, Bálint: *Post-communist Mafia State – The Case of Hungary*, Central European University Press, Budapest, 2016

Schlögel, Karl: »Wladimir Putin – Unvollendetes Porträt eines Großverbrechers des 21. Jahrhunderts«, in: Krischer, André; Stollberg-Rilinger, Barbara (Hg.): *Tyrannen – Eine Geschichte von Caligula bis Putin*, C.H. Beck, München, 2022

Schmid, Ulrich: »Die Renaissance des konservativen Denkens in Russland«, in: Cheauré, Elisabeth; Nohejl, Regine; Gorfinkel, Olga: *Russland in Europa. Europa in Russland – 200 Jahre Ivan Turgenev*, Begleitbuch zur Ausstellung, Baden-Baden, September 2018

Shakespeare, William: *König Richard III.*, Condor-Bibliothek im Apollo-Verlag, Wien, o. J.

Simonson, Karin: »The Gleneagles Summit – NGO and Civil Society Perspectives on the G8«; Appendix C, »Chairs Summary«, August 2005

Soldatov, Andrei: »Putins Secret Services – How the FSB Coralled the FSB«, in: *Foreign Affairs*, 31.5.2018

Sonin, Konstantin: »Make Sense of Russia's War Economy«, in: *Project Syndicate*, 4.10.2024

Stöllinger, Roman: »Von verlängerten Werkbänken und Headquarter-Ökonomien – Die Bedeutung funktionaler Spezialisierung in EU-Wertschöpfungsketten für die Lohnentwicklung«, in: WIIW, *Policy Notes and Reports*, Juli 2023

Südekum, Jens et al.: »Verliererregionen der Globalisierung in Deutschland«, in: Düsseldorfer Institut für Wettbewerbsökonomie, *Ordnungspolitische Perspektiven* 89, Dezember 2016

Ther, Philipp: *Die neue Ordnung auf dem alten Kontinent – Eine Geschichte des neoliberalen Europa*, Suhrkamp, Frankfurt a. M., 2014

Toro, Francisco: »Deep Down Just One Single Government« – Written Statement to the House Committee on Foreign Affairs, for the Hearing entitled: The Venezuelan Crisis, 13.9.2017

TUI-Stiftung: »Junges Europa 2023 – So denken Menschen zwischen 16 und 26 Jahren«, Hannover, 2023

Vogel, Ezra F.: *Deng Xiaoping and the Transformation of China*, Harvard University Press, Cambridge/London, 2011

Wagenknecht, Sahra (Hg.): *Aló Presidente. Hugo Chávez und Venezuelas Zukunft*, edition ost, Berlin, 2004

Wang, Jefferey; Wang, Yuheng; Xiong, Wei: »Taming Cycles: China's Growth Targets and Macroeconomic Management«, in: *Brookings Papers on Economic Activity*, März 2025, S. 34

Wertheim, Stephen: »Biden's Democracy-Defense Credo Does Not Serve U.S. Interests«, in: *The Atlantic*, Januar 2024

The White House: »Donald Trump – The Inaugural Address«, Washington, 20.1.2025

Wolf, Martin: *The Crisis of Democratic Capitalism*, Penguin Press, New York, 2023

Xi Jinping: »Jointly Shoulder Responsibility in Our Times«, Keynote Speech, World Economic Forum Annual Meeting, 17.1.2017, https://america.cgtn.com/2017/01/17/full-text-of-xi-jinping-keynote-at-the-world-economic-forum

Xi Jinping: »Self Reform: the Second Answer to Breaking the Cycle of Rise and Fall«, in: Xi Jinping: *The Governance of China*, Foreign Language Press, Peking, 2022

Xi Jinping: »Create a New Development Dynamic and Sharpen the Competitive Edge«, Part of a Speech at the second full assembly of the Fifth plenary Session of the 19th CPC Central Committee, in: Xi Jinping: *The Governance of China*, Foreign Language Press, Peking, 2022a

Yang, David Y.: »China – Autocracy 2.0«, in: National Bureau of Economic Research, Working Paper 32993, September 2024

Zakaria, Fareed: »Culture is Destiny – A Conversation with Lee Kwan Yew«, in: *Foreign Affairs*, 73 (2), März/April 1994

Zavarska, Zuzanna: »20 Years after the EU's Eastern Enlargement: Charting a Path for Sustained Economic Success«, in: Wiener Institut für Internationale Wirtschaftsvergleiche (WIIW), *News and Opinions*, 11.6.2024

Zenglein, Max J.; Gunter, Jacob: »The Party Knows Best – Aligning economic actors with China's strategic goals«, *Merics-Report*, Oktober 2023

Zheng Bijian: »China's peaceful rise to great power status«, in: *Foreign Affairs*, September/Oktober 2005

Zucman, Gabriel: *The Hidden Wealth of Nations – The Scourge of Tax Havens*, University of Chicago Press, Chicago, 2015

ANMERKUNGEN

Vorwort

1 Sauga, Michael: »Die Linke spricht nicht mehr für die Arbeiter«, SPIEGEL-Gespräch mit dem US-Ökonomen Daron Acemoğlu, in: Der SPIEGEL, 13.7.2024, S. 55 f.

Einleitung

1 Müller, Jan-Werner: »Viele unterschätzen ihn noch immer«, in: Der SPIEGEL, 9.11.2024, S. 110.
2 Applebaum (2024), S. 2.
3 Ebd.
4 Ebd., S. 86, S. 91.
5 Fukuyama, Francis: »The Year of Elections has been Good for Democracy«, in: *Foreign Affairs*, 4.9.2024.
6 Levitsky, Ziblatt (2018), S. 204 f.
7 Petersdorff, Winand von: »Das Comeback«, in: *Frankfurter Allgemeine Zeitung*, 7.11.2024, S. 17.
8 Bartels (2023), S. 219 f.; Bartels, Larry: »The Populist Phantom – Threats to Democracy Start at the Top«, in: *Foreign Affairs*, November/Dezember 2024, S. 123.
9 Burnett, Dean: »Why People Keep Electing Idiots«, in: *The Guardian*, 2.4.2015.
10 Burnett, Dean: »The Neuroscience of No Regrets; Why People Still Support Brexit and Trump«, in: *The Guardian*, 9.11.2017.
11 Meier (2018), S. 68.
12 Ebd., S. 35.
13 Fukuyama (2011), S. 20.
14 Acemoğlu, Robinson (2019), S. 567 f.
15 Machiavelli (1992), S. 47.
16 Acemoğlu, Robinson (2019), S. 15.

TEIL 1
WIE AUTOKRATEN AUFSTEIGEN

Die Rache des Kommunismus

1 »G8 sagt Terroristen den Kampf an«, in: SPIEGEL online, 7.7.2005.
2 Ebd.
3 »Schröder: ›Putin ist ein lupenreiner Demokrat‹«, in: *Hamburger Abendblatt*, 23.11.2004, S. 2.
4 Freedom House (1996/97), S. 8; Freedom House (2005), S. 17.
5 Diamond (2024), S. 130.
6 Simonson (2005), S. 83 f.
7 Ebd.
8 Freedom House (2022), S. 4.
9 »Chinas Economic Model retains a Dangerous Allure«, in: *The Economist*, 8.6.2024.
10 Freedom House (2024), S. 18.
11 Zit. nach Funke, Schularick, Trebesch (2022), S. 44.
12 »Viktor Orbán greift EU-Politiker an«, in: *Zeit Online*, 24.3.2019.
13 Mélenchon, Jean-Luc; Ramonet, Ignacio: »Warum Chávez?«, in: *Amerika 21*, Nachrichten und Analysen aus Lateinamerika, 6.10.2012.
14 »Präsident Xi mahnt zur Geduld – und keilt gegen den Westen«, in: SPIEGEL online, 17.8.2023.
15 Zit. nach Bundesregierung (2025).

Die Profiteure der Schocktherapie

1 https://x.com/PM_ViktorOrban/status/1809310861925707960.
2 Ebd.
3 Rachman (2021), S. 37.
4 Rosalsky, Greg: »How Shock Therapy Created Russian Oligarchs«, in: National Public Radio, Planet Money, 22.3.2022, www.npr.org/sections/money/2022/03/22/1087654279/how-shock-therapy-created-russian-oligarchs-and-paved-the-path-for-putin.
5 Meyer, Fritjof: »Raubtierkapitalismus auf Russisch«, in: Der SPIEGEL, 8.5.2000, S. 204.
6 Freeland, Chrystia; Thornhill, John; Gowers, Andrew: »Moscow's Group of Seven«, in: *Financial Times*, 1.11.1996.
7 Ther (2014), S. 165.
8 Schepp, Mathias: »Der Alu-Prinz«, in: Der SPIEGEL, 26.3.2007, S. 86 f.

9 Levitsky, Ziblatt (2018), S. 85.
10 Rosalsky (2022), www.npr.org/sections/money/2022/03/22/1087654279/how-shock-therapy-created-russian-oligarchs-and-paved-the-path-for-putin.
11 Nellis (1999), S. 18.
12 Belton (2020), S. 167.
13 Putin, Wladimir: »Mein Russland wird gewinnen« [Übersetzung], in: *Nezavisimaya Gazeta*, 30.12.1999.
14 Ebd.
15 Ebd.
16 Nawalny, Alexej: »Meine Angst und mein Hass«, in: *Der Pragmaticus*, 22.2.2024, www.derpragmaticus.com/r/nawalny-brief.
17 Dahrendorf (1990), S. 44 f.
18 Zavarska (2024), S. 12 f.
19 Stöllinger (2023), S. 10.
20 Zavarska (2024), S. 40.
21 Ebd., S. 14.
22 Leitner (2024), S. 22 ff.
23 Ther (2014), S. 145.
24 Zit. nach Funke, Schularick, Trebesch (2022), S. 95.
25 Ebd., S. 51; Mayr, Walter: »Im Namen des Volkes«, in: Der SPIEGEL, 29.6.2009, S. 87 f.
26 Transparency International; Corruption Perceptions Index, 2010, 2015, www.transparency.org/en/cpi/2010, www.transparency.org/en/cpi/2015.
27 Scheppele (2016), S. 12.
28 Magyar (2016), S. 37.
29 Lendvai (2016), S. 27.
30 Ther (2014), S. 245.
31 »Orbán will ›Ära der Banker‹ beenden«, in: *Der Standard*, 19.9.2011.
32 Lendvai (2016), S. 66.
33 Ebd., S. 77.
34 Seinitz, Kurt: »Nur toter Fisch schwimmt mit dem Strom«, in: *Kronenzeitung*, 10.6.2011.
35 Orbán, Viktor: Rede auf der 25. Bálványos Sommer-Universität, 26.7.2014.

Der Sozialismus des 21. Jahrhunderts

1 Wagenknecht (2004), S. 8.
2 Ebd., S. 22.
3 »Aufrecht auf dem Pferd«, in: Der SPIEGEL, 19.10.1992, S. 240.
4 Ebd., S. 241.
5 Gott (2011), S. 74.
6 Der SPIEGEL, 19.10.1992, S. 238.
7 Gott (2011), S. 67.
8 Levitsky, Ziblatt (2018), S. 17 f.
9 Gott (2011), S. 11.
10 Ebd., S. 282.
11 Wagenknecht (2004), S. 40.
12 Gott (2011), S. 124.
13 Ebd., S. 281.
14 »Venezuela; Crisis Manager«, in: *The Economist*, 17.9.1994, S. 42.
15 Toro (2017), S. 1.
16 Ebd.
17 Wagenknecht (2004), S. 40.

Chinas »friedlicher Aufstieg«

1 Nathan (2001), S. 13.
2 Ebd., S. 18 f.
3 Ebd., S. 20 f.
4 Vogel (2011), S. 621.
5 Nathan (2001), S. 33.
6 Ebd., S. 13.
7 Vogel (2001), S. 473.
8 Zakaria (1994), S. 114.
9 Micklethwait, Wooldridge (2014), S. 144.
10 Huang (2023), S. 54.
11 Vogel (2011), S. 460.
12 Ebd., S. 476.
13 Amnesty International, Jahresreport China 2005, www.refworld.org/reference/annualreport/amnesty/2005/en/92541.
14 Micklethwait, Wooldridge (2014), S. 145.
15 Zheng (2005), S. 24 f.
16 Ebd., S. 18.
17 Huang (2023), S. 128.

TEIL 2
WIE AUTOKRATEN HERRSCHEN

Die Tyrannenfalle

1 Shakespeare (o. J.), S. 75.
2 Greenblatt (2018), S. 53.
3 Dirsus (2024), S. 7.
4 Geddes, Wright, Frantz (2014), S. 321.
5 Balmer, Rudolf: »Oberst Gaddafi schlägt in Paris sein Zelt auf«, in: *Der Tagesspiegel*, 10.12.2007.
6 Hermann, Rainer: »Gaddafis letzte Stunden«, in: *Frankfurter Allgemeine Zeitung*, 22.10.2011, S. 6; »Gaddafi-Leiche ausgestellt«, in: *Neue Zürcher Zeitung*, 22.10.2011, S. 1.
7 Mayr, Walter: »Eine Mission der Ehre«, in: Der SPIEGEL, 11.10.2009, S. 108.
8 Ruderer (2022), S. 210 ff.
9 Guriev, Treisman (2022), Pos. 612.
10 Acemoglu, Robinson (2012), S. 127 f.
11 Funke, Schularick, Trebesch (2022), S. 29.
12 Egorov, Sonin (2024a), S. 596 f.
13 Müller (2024).
14 Kaufmann (2024), S. 16.

Die Havanna-Connection

1 Marcano, Barrera Tyszka (2007), S. 123 f.
2 Weiss, Sandra: »Der zweite Tod des Hugo Chávez«, in: *Le Monde diplomatique*, 11.5.2017, https://monde-diplomatique.de/artikel/!5406825.
3 Gott (2011), S. 178.
4 Weiss, S. 18 f.
5 Neumann, William: »Price Controls Keep Venezuela Cupboards Bare«, in: *New York Times*, 21.4.2012, S. 1.
6 Carroll, Rory: »The Problem with Insanely Low Petrol Prices«, in: *The Guardian*, 15.3.2011.
7 Toro, Quico: »Chavez Wasn't Just a Zany Buffoon, He Was an Oppressive Autocrat«, in: *The Atlantic*, 5.3.2013.

Der Erbe der Zaren

1 Elder, Miriam: »Discreet with a Deceptively Shy Grin«, in: *The Moscow Times*, 26.10.2007.
2 Guriev, Treisman (2022), S. 78.
3 Barber, Lionel; Foy, Henry; Barker, Alex: »Putin Says Liberalism has Become Obsolete«, in: *Financial Times*, 28.6.2019.
4 Soldatov (2018).
5 Schlögel (2022), S. 314.
6 Zit. nach Cohen, Roger: »The Evolution of an Enigma«, in: *New York Times*, 27.3.2022, S.1.
7 Deutscher Bundestag: Wortprotokoll der Rede von Waldimir Putin, Präsident der Russischen Föderation, vor dem Deutschen Bundestag, 25.9.2001.
8 Zit. nach Quiring, Manfred: »Putins Mimikry«, in: Bundeszentrale für politische Bildung, Deutschland Archiv, 13.4.2022, www.bpb.de/507240.
9 Putin (1999).
10 Miller (2022), S. 26.
11 Putin (1999).
12 Miller (2018), S. 81.
13 Prokopenko (2023), S. 3.
14 Miller (2018), S. 99.
15 Ebd., S. 82.
16 Zit. nach Rachman (2021), S. 34.
17 Bidder, Benjamin: »Putin wird sich bis zuletzt an die Macht krallen«, in: SPIEGEL online, 11.12.2014.
18 Enikolopov (2012), S. 1.
19 Bidder, Benjamin; Neef, Christian; Schepp, Matthias: »Zar ohne Kleider«, in: Der SPIEGEL, 12.12.2011, S. 102; Schepp, Matthias: »Auftritt des Löwen«, in: Der SPIEGEL, 29.1.2012, S. 94.
20 Stone, Oliver: *The Putin Interviews*, 2017, Teil 1, Minute 12:28 ff., https://www.youtube.com/watch?v=QCOl5E9V-4U.
21 Cohen (2022), S. 1 f.
22 Egorov/Sonin (2024b), S. 12.
23 Guriev, Treisman (2022), S. 52.
24 »Putin unterzeichnet umstrittenes Agenten-Gesetz«, in: SPIEGEL online, 21.7.2012.
25 »Oligarch kündigt Rückzug aus Russland an«, in: SPIEGEL online, 3.8.2012.
26 Pomerantsev (2015), S. 77.

27 Guriev, Treisman (2022), Pos. 2493.
28 Schmid, Ulrich: »Die Renaissance des konservativen Denkens in Russland«, in: Cheauré, Elisabeth; Nohejl, Regine; Gorfinkel, Olga: *Russland in Europa. Europa in Russland – 200 Jahre Ivan Turgenev*, Begleitbuch zur Ausstellung, Baden-Baden, September 2018, S. 121.
29 Miller (2018), S. 51.
30 Bidder, Benjamin: »Potjomkinsche Fabriken«, in: Der SPIEGEL, 26.11.2012, S. 142.
31 Appell, James: »The Short Life and Speedy Death of Russia's Silicon Valley«, in: *Foreign Policy*, 6.5.2015.
32 Prokopenko (2023), S. 3.
33 Ebd., S. 7.
34 Ebd., S. 3.
35 Miller (2018), S. 108 f.
36 Ebd., S. 110.
37 Jaroslawski, Konstantin; Bidder, Benjamin: »In Russland wird das Geld knapp«, in: SPIEGEL online, 1.9.2018.
38 Miller (2018), S. 134.
39 Rede von Ursula von der Leyen, Präsidentin der Europäischen Kommission, 14.9.2022 https://ec.europa.eu/commission/presscorner/detail/de/speech_22_5493.
40 Prokopenko (2023), S. 16.
41 Sauga, Michael: »Russland hat die Strafmaßnahmen klug gekontert«, in: SPIEGEL online, 5.8.2024.
42 Sonin, Konstantin: »Make Sense of Russia's War Economy«, in: *Project Syndicate*, 4.10.2024.
43 Kolesnikov, Andrei: »Putin's Children. Why Younger Russians Are not Rebelling – and What It Means for the Future«, in: *Foreign Affairs*, Oktober 2024.
44 Gabuev, Alexander: »The Russia That Putin Made«, in: *Foreign Affairs*, April 2025.
45 Åslund, Anders: »Putin's War is Fueling Russian Stagflation«, in: *Project Syndicate*, Januar 2025.

Der Pate

1 Europäisches Parlament: Protokoll der Sitzung vom 9. Oktober 2024, ausführlicher Sitzungsbericht, www.europarl.europa.eu/doceo/document/CRE-10-2024-10-09-ITM-002_DE.html.
2 Reuters: »Orban's ruling party had ›undue advantage‹ in campaign«,

4.4.2022, www.reuters.com/world/europe/orbans-ruling-party-had-undue-advantage-campaign-osce-report-2022-04-04/.
3 Lendvai (2016), S. 130.
4 Ebd., S. 127.
5 Ebd., S. 96.
6 Ebd., S. 107.
7 Kahlweit, Cathrin: »Ausverkauf – Ungarn überführt öffentliches Vermögen in Stiftungen«, in: *Süddeutsche Zeitung*, 26.4.2021.
8 Krekó (2022), S. 55.
9 Lendvai (2016), S. 118.
10 Guriev, Treisman (2022), Pos. 2291.
11 Levitsky, Ziblatt (2024), S. 74.
12 Ebd.
13 Grassegger, Hannes: »Die Finkelstein-Formel«, in: *Das Magazin*, 1.12.2019, S. 8 f.
14 Ebd.
15 Ebd.
16 Krekó (2022), S. 60 f.
17 Magyar (2016), S. 313.
18 Ebd., S. 257.
19 Ebd., S. 249 f.
20 Ebd., S. 313.
21 Puhl, Jan; Sauga, Michael: »Das Unternehmen Orbán«; in: Der SPIEGEL, 3.4.2023, S. 60.
22 Ebd.
23 Volkery, Carsten: »Systematische Schikane«, in: *Handelsblatt*, 28.3.2024, S. 14.
24 Puhl, Sauga (2023), S. 61.
25 Magyar (2016).
26 Lendvai (2016), S. 148.
27 Germany Trade and Invest (GTAI): *Kfz-Report Ungarn*, 14.10.2024.
28 Puhl, Sauga (2023), S. 62.
29 Edenhofer (2024), S. 27.
30 European Anti Fraud Office (2020), S. 39.
31 Martin (2023), S. 11.
32 AHK Deutsche Außenhandelskammern (2024), S. 16.
33 Martin (2023), S. 9.
34 Puhl, Jan: »Der Staat Orbán«, in: Der SPIEGEL, 4.12.2021, S. 88 f.

35 »Ihr Vermögen hört man wachsen«, in: *Budapester Zeitung*, 20.5.2024, https://www.budapester.hu/wirtschaft/ihr-vermoegen-hoert-man-wachsen/.
36 Corruption Research Center Budapest: »The New Trends of Corruption Risk in Hungarian Public Procurement from January 1998 to July 2023«, 17.10.2023, www.crcb.eu/?p=3450.
37 Garcia-Navarro, Lulu: »David Pressman is Alarmed by What he has Seen«, in: *New York Times Magazine*, 2.2.2025, https://www.nytimes.com/2025/01/16/magazine/david-pressman-interview.html.
38 Mayr, Walter: »Der Messias von Budapest«, in: Der SPIEGEL, 20.4.2024, S. 76.
39 Richter (2022), S. 88–91.

Der rote Kaiser

1 Zaslawski, Valerie: »Staatsbesuch mit Nebentönen«, in: *Neue Zürcher Zeitung*, 18.1.2017, S. 1.
2 Business-Lounge, in: *Handelsblatt*, 19.1.2017, S. 47.
3 Xi Jinping: »Jointly Shoulder Responsibility in Our Times«, Keynote Speech, World Economic Forum Annual Meeting, 17.1.2017, https://america.cgtn.com/2017/01/17/full-text-of-xi-jinping-keynote-at-the-world-economic-forum.
4 Ebd.
5 Goodman, Peter S.: »Xi Casts China as Champion of Openness«, in: *New York Times*, 18.1.2017, S. 1.
6 Zenglein, Gunter (2023), S. 16.
7 Li (2023), S. 3.
8 Economy (2014), S. 82.
9 Zand, Bernhard: »Der letzte Kaiser«, in: Der SPIEGEL, 10.11.2014.
10 Xi (2017). Der Satz von US-Präsident Abraham Lincoln in seiner berühmten Gettysburg Adress lautete: »Demokratie ist die Herrschaft des Volkes, durch das Volk, für das Volk.«
11 State Council of the People's Republic of China: »Resolution of the CPC Central Committee on the Major Achievements and Historical Experience of the Party over the Past Century«, Xinhua, 16.11.2021.
12 Yang (2024), S. 10 f.
13 Ebd.
14 Milanović (2020), S. 130 f.
15 Jin (2023), S. 4.
16 Ebd., S. 8.

17 Milanović (2020), S. 152.
18 Ebd., S. 154.
19 Ebd., S. 158.
20 Wagner, Wieland: »Liste zum Abschlachten«, in: Der SPIEGEL, 14.6.2009, S. 103.
21 Milanović (2020), S. 158.
22 Hirn, Wolfgang: »Treibjagd auf die Bosse«, in: *manager magazin*, 19.2.2016, S. 96.
23 Wei, Lingling: »Beijing Minister Allegedly Fired over an Affair«, in: *Wall Street Journal*, 20.9.2023, S. A1.
24 Huang (2023), S. 188 f.
25 State Council (2021).
26 Xi (2022), S. 632.
27 Pei: »Why China Can't Export Its Model of Surveillance«, in: *Foreign Affairs*, 6.2.2024.
28 Huang (2023), S. 297.
29 »When Party-Propaganda Falls Flat«, in: *The Economist*, 18.7.2024.
30 Huang (2023), S. 298 f.
31 Xi (2022a), S. 183 f.
32 Zenglein, Gunter (2023), S. 33 f.
33 Ebd., S. 84 f., S. 53 f.
34 Spegele, Brian; Feng, Rebecca: »Trillions in Hidden Debt Threaten China«, in: *Wall Street Journal*, 15.7.2024.
35 »The real problem with China's economy«, in: *The Economist*, 5.9.2024.
36 Zenglein, Gunter (2023), S. 89.
37 Ebd., S. 18.
38 »Leave the Hermès at Home«, in: *The Economist*, 22.6.2024.
39 Jin (2023), S. 47.
40 Liu (2024), S. 168 f.
41 Wang, Wang, Xiong (2025), S. 34.
42 Ebd., S. 30.
43 »Xi Jinping is trying to love-bomb China's entrepreneurs«, in: *The Economist*, 16.7.2024.

TEIL 3
DIE ANTWORT DER DEMOKRATIE

Bewegung auf dem Wählermarkt

1 The White House: »The Inaugural Address«, Washington, 20.1.2025.

2 Vgl. hierzu die Argumentation in: Funke, Schularick, Trebesch (2022), S. 8.

3 Vgl. hierzu Bartels (2023), S. 13.

4 Deutsche Bank: »US-Präsidentschaftswahl 2024 – Blick auf die Märkte«, in: *Perspektiven im Fokus*, 25.10.2024, www.deutsche-bank.de/pk/sparen-und-anlegen/finanzmarktexpertise/perspektiven-im-fokus/us-praesidentschaftswahl-2024---blick-auf-die-maerkte.html.

5 OECD: »Is the German Middle Class Crumbling?«, Paris, 2021, S. 9.

Die gespaltene Gesellschaft

1 Hujer, Marc: »Ruinen-Porno – Detroit wird zur Geisterstadt«, in: Der SPIEGEL, 14.10.2013, S. 106 f.

2 Stotz, Patrick: »Es waren nicht nur alte, weiße Männer«, in: SPIEGEL online, 12.11.2016, www.spiegel.de/politik/ausland/donald-trump-und-seine-waehler-es-waren-nicht-nur-alte-weisse-maenner-a-1120865.html.

3 Gall, Corinna: »Die Industrie der Zukunft«, in: *Neue Zürcher Zeitung*, 25.3.2023, S. 16.

4 Funke, Schularick, Trebesch (2022), S. 13.

5 Wolf (2023), S. 7.

6 »JP Morgan zahlt Jamie Dimon 39 Millionen Dollar für Rekordjahr«, in: *Handelsblatt*, 24.1.2025.

7 Kröner, Andreas; Krolle, Hannah: »Trump-Wähler haben ihre Gründe«, in: *Handelsblatt*, 17.7.2024, S. 4.

8 Johnson, Simon: »Feudal Lords of Finance«, in: *New Republic*, 1.12.2009.

9 Milanović (2012), S. 14.

10 Autor et al. (2016), S. 211.

11 Autor et al. (2013), S. 2122.

12 Südekum (2016), S. 1.

13 Kyriasoglou, Christina: »Arbeiteraufstand in der Techwelt«, in: *manager magazin online*, 23.9.2022.

14 Pfister, René: »Die gekaufte Revolution«, in: Der SPIEGEL, 5.6.2021, S. 91.
15 World Inequality Database, Top 10 % national income share, Germany, 1820–2023, https://wid.world/country/germany/.
16 Vgl. Wolf (2022), S. 89.
17 Milanović (2020), S. 63.
18 Bidder, Benjamin; Sauga, Michael: »In der Gesellschaft schwelt die Verzweiflung«, in: Der SPIEGEL, 20.6.2020, S. 61.
19 Nachtwey (2016), S., 144.
20 Burn-Murdoch, John: »Inequality hasn't risen. Here's why it feels like it has«, in: *Financial Times*, 3.1.2025.
21 Bartz, Tim et al.: »Reich, reicher, obszön reich«, in: Der SPIEGEL, 21.5.2022, S. 12.
22 Buffett (2003), S. 7.
23 Zucman (2015).
24 Emmons, Noeth (2012).
25 Gruiev, Papaioannou (2020), S. 61.
26 »The Anti-immigration Revolt«, *The Economist*, 27.7.2024.
27 Pantel, Nadia: »Die Vergessenen«, in: *Süddeutsche Zeitung*, 10.2.2017, S. 4.
28 »New York Migrant Crisis Merges With Older Problem: Homelessness«, in: *New York Times*, 10.8.2024, S. 9.
29 »Wettlauf um die Maschinenherrschaft«, in: Der SPIEGEL, 29.3.2025, S. 64.
30 OECD (2023), S. 21.
31 Europäisches Parlament: »Draghi to MEPs: Europe faces choice between exit, paralysis or integration«, Pressemitteilung vom 16.9.2024.
32 OECD (2023), S. 21.

Aufmarsch der Populisten

1 »The man who screwed an entire country«, *The Economist*, 9.6.2011.
2 Ginsborg (2004), S. 159.
3 Inhaltliche Wiedergabe nach Funke, Schularick, Trebesch (2022), S. 73.
4 Disslbacher, Franziska: »Populismus – doch nur ein Modewort?«, in: *Wirtschaft und Gesellschaft* 4/2019, S. 597.
5 Bachstein, Andrea: »Haftstrafe für Berlusconi«, in: *Süddeutsche Zeitung*, 27.10.2012, S. 1.
6 Zit. nach Ötsch, Horaczek (2017), S. 175.

7 Rodrik (2020), S. 2.
8 Dornbusch, Edwards (1991), S. 7 ff.
9 Simonson (2005), S. 84.
10 Rodrik (2020), S. 9.
11 Ebd., S. 10.
12 Dorn, Gstrein, Neumeier (2024), S. 11.
13 Guriev, Papaioannou (2020), S. 69.
14 Levitsky, Ziblatt (2023).
15 Bovermann, Philipp; Stephan, Felix: »Wir können die Wälle nicht immer höher ziehen«, Interview mit dem Politikwissenschaftler Philip Manow, in: *Süddeutsche Zeitung*, 9.7.2024, S. 9.
16 Merkel (2024), S. 345, S. 356.
17 Amann (2017).
18 Funke, Schularick, Trebesch (2022a), S. 2.
19 Zit. nach Ötsch, Horaczek (2017), S. 19, S. 25, S. 54.
20 Siehe Biebricher (2023), S. 11.
21 Kuziemko, Longuet-Marx, Naidu (2023), S. 3.
22 Sauga, Michael: »Die Linke spricht nicht mehr für die Arbeiter«, in: Der SPIEGEL, 13.7.2024, S. 56.
23 Gabriel, Sigmar: »Sehnsucht nach Heimat«, in: Der SPIEGEL, 16.12.2017, S. 30 f.
24 Fukuyama (2019).
25 Sauga, Michael: »Bunga-Bunga-Zeitalter«, in: Der SPIEGEL, 24.10.2020, S. 68.
26 Rodrik (2020), S. 21 f.
27 »The cavaliere and the cavallo – Berlusconi's legacy«, in: *The Economist*, 11.6.2011.
28 Zit. nach Ötsch, Horaczek (2017), S. 25, S. 198, S. 19.
29 Bartels (2023).
30 Arin, K. Peren; Polyzos, Efstathios; Thum, Marcel: »Understanding the Populist Voter«, in: CESifo: *Econpol Forum* 25, März 2024, S. 14.

Im Reich des Sultans

1 Kazim (2017), S. 159.
2 Ebd.; Güsten, Susanne: »Erdogan zieht Massenzorn auf sich«, in: *Die Presse*, 16.5.2014; »Erdogan: So etwas passiert ›überall auf der Welt‹«, in: *Frankfurter Allgemeine Zeitung*, 14.5.2014.
3 Akyol (2016), S. 122, S. 133.

4 Kazim (2017), S. 41.
5 Zit. nach Akyol (2016), S. 192.
6 Kazim (2017), S. 16.
7 Akyol (2016), S. 221 f.
8 Ebd., S. 293 ff.
9 Belli, Onur Burçak et al.: »Der wilde Mann vom Bosporus«, in: Der SPIEGEL, 1.4.2016, S. 20.
10 »Dogan v. Erdogan«, in: *The Economist*, 10.9.2009, https://www.economist.com/business/2009/09/10/dogan-v-erdogan.
11 Schlötzer, Christiane: »Erdogan zieht Anzeige gegen vier Studenten zurück«, in: *Süddeutsche Zeitung*, 17.10.2018, https://www.sueddeutsche.de/politik/tuerkei-erdogan-studenten-1.4173879.
12 Popp, Maximilian: »Endspiel«, in: Der SPIEGEL, 15.6.2018, S. 85 f.
13 Ebd., S. 82.
14 Akyol (2016), S. 164.
15 Popp, Maximilian: »Volkstribun von Anatolien«, in: Der SPIEGEL, 29.11.2010, S. 116.
16 Akyol (2016), S. 224.
17 Arsu, Sebnem et al.: »Erdogans Bad Bank«, in: Der SPIEGEL, 27.2.2021, S. 76–79.
18 »A mobster's allegations rock Turkey's Government«, *The Economist*, 29.5.2021, S. 5.
19 Mumay, Bülent: »Einiges ist faul in Erdoğans Reich«, in: *Frankfurter Allgemeine Zeitung*, 31.10.2024, S. 13.
20 »The Turkish economy is in pressing need of reform and repair«, in: *The Economist*, 21.1.2023.
21 Oswald, Andreas: »Erdogan gibt Spekulanten die Schuld am Absturz der Lira«, in: *Der Tagesspiegel*, 12.1.2017.

Ist die Demokratie zu retten?

1 Steffens, Frauke: »Im Kampf für die eigenen Ideale«, in: *Frankfurter Allgemeine Zeitung*, 11.12.2021, S. 6.
2 Wertheim, Stephen: »Biden's Democracy-Defense Credo Does Not Serve U.S. Interests«, in: *The Atlantic*, Januar 2024, https://www.theatlantic.com/ideas/archive/2024/01/joe-biden-democracy-defense-foreign-policy/677221/.
3 »Nordkorea feuert Raketen während Blinken-Besuchs ab«, in: *Frankfurter Allgemeine Zeitung*, 19.3.2021, S. 4.
4 Blair (2024), S. 47.

5 Ebd., S. 49.
6 Ebd., S. 55.
7 Micklethwait, Wooldridge (2014), S. 11.
8 Reckwitz (2017).
9 Klein, Thompson (2025), S. 5.
10 TUI-Stiftung (2023), S. 21.
11 Klein, Thompson (2025), S. 16.

PERSONENREGISTER

E

F

G

H

I

J

K

U

V

W

X

Y

Z